Voices of Leith Dockers

The Scottish Working People's History Trust

The aims of the Trust, a charitable organisation founded in 1992, are to find, catalogue and encourage permanent preservation by deposit in public repositories, all surviving documentary sources of working people's history in Scotland; to record the spoken recollections of working men and women throughout Scotland about their working lives and other aspects of their experience; and to publish in edited form such documentary and oral sources.

The Author

Ian MacDougall is secretary and research worker of the Scottish Working People's History Trust. His other books (the first two for the Trust) include:

Bondagers: Personal Recollections by Eight Scots Women Farm Workers (2001)
Oh, Ye Had tae be Careful: Personal Recollections by Roslin Gunpowder Mill and Bomb Factory Workers (2000)
Voices from Work and Home (2000)
Voices from War (1995)
Voices from the Hunger Marches (2 vols) (1990-1)
Voices from the Spanish Civil War (1986)
A Catalogue of Some Labour Records in Scotland and Some Scots Records Outside Scotland (1978)
Minutes of Edinburgh Trades Council, 1859-1873 (ed.) (1969)

Forthcoming from the Trust (the first in collaboration with the Scottish History Society):

Minutes, 1894-1918, of Mid and East Lothian Miners' Association (ed.)
Ingan Johnnies: Personal Recollections by Nine French Onion Johnnies of Their Working Lives in Scotland

Voices of
Leith Dockers

IAN MACDOUGALL

PERSONAL RECOLLECTIONS OF WORKING LIVES

MERCAT PRESS
EDINBURGH
www.mercatpress.com

in association with
THE SCOTTISH WORKING PEOPLE'S HISTORY TRUST

First published in 2001 by Mercat Press
James Thin, 53 South Bridge, Edinburgh EH1 1YS
in association with The Scottish Working People's History Trust

ISBN 184183 0321

Set in Caslon at Mercat Press
Printed and bound in Great Britain by
Bell & Bain Ltd., Glasgow

Contents

Illustrations

(following page 144)

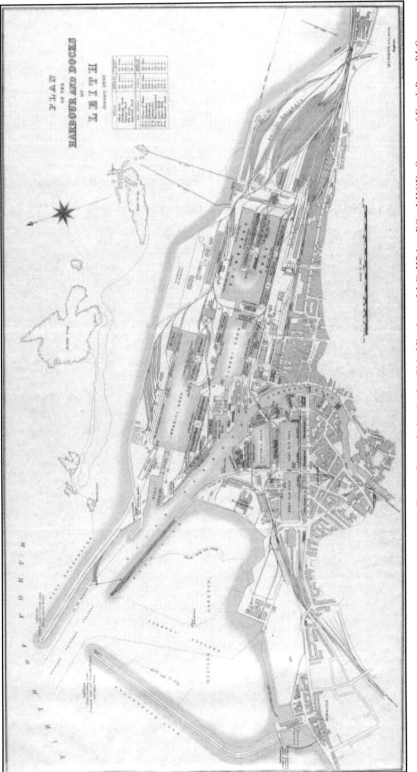

Plan of Leith docks in 1956, drawn for Leith Docks Commission by its Chief Engineer M.C. White, BSc, MICE. *Courtesy of Forth Ports PLC*

Introduction

These spoken recollections by seven veteran Leith dockers were recorded in interviews by the Scottish Working People's History Trust in 1996-7. The ages of the seven veterans at the time of interview ranged from 58 to 87 years. Of the seven, six had each worked at Leith docks for between 34 and 40 years, and the seventh, Tommy Morton, for 26 years, having begun as he says as a wartime docker: 'Ah went on the buroo in 1943 and they sent me doon tae the docks, to the dockers' union. They were wantin' men. See, that wis the dauft thing: they sent a' the dockers away tae the war! Of course Leith wis at a standstill when the war started. Oh, there wis one young lad in the docks had written tae Ernest Bevin [then Minister of Labour and National Service] why the port wis lyin' empty and they couldnae cope wi' the stuff doon there in England. And Ernest Bevin's supposed tae have said, "Where the hell's Leith?"'

Each of these seven veterans therefore speaks directly, in his own words, from a wealth of personal experience about his decades of work at the docks. The seven give their testimonies in an order more or less according to the year in which they began work there: first Jock McDougal and George Baxter, both of whom began in 1928, soon after the General Strike; then Bobby Rodger, who as he says was a pre-Second World War 'crisis' docker from 1936, then Tommy Morton, and finally Eddie Trotter, Tom Hart and Tom Ferguson, all three of whom became dockers in 1955.

It goes without saying that their recollections, personal and spontaneous as they are, do not amount to a comprehensive, scholarly history of Leith docks or Leith dockers. These men were dockers, not historians. None of the seven had more than a few days' notice of his interview and none so far as is known had prepared any written notes or consulted any surviving documentary sources. Their recollections and comments sprang directly from their own memories.

How accurate, how reliable are these dockers' memories, and, more generally, can this kind of oral history make any worthwhile contribution to knowledge and understanding of at least the recent past? Answers to these questions emerge partly perhaps from posing a further question:

how accurate and reliable is history based on documentary sources? After all, documentary sources—minutes, correspondence, etc.—are written by fallible human beings who may be influenced by a variety of assumptions or loyalties or by a concern to curtail or even conceal rather than to analyse and explain. That said, the problems of oral history, of history dependent on the spoken memory, are well known. They include the shortcomings of memory, subjective and retrospective as it is, especially when recalling matters that took place many decades earlier. Reliance on the memory of only one individual would certainly be unlikely to provide a wholly accurate picture. But oral history of the kind presented here, where a group of people speak from their common experience of their daily work during many years in a particular industry or occupation, offers a range of testimonies that enables comparisons and assessments to be made. The comparisons are bound to identify some contradictions but also some confirmations.

The accumulation of spoken recollections below has perhaps some analogy with evidence given in trials in court. Here are seven witnesses, each of whom (although, unlike those called in court, not under oath) speaks as honestly and fully as memory permits from lengthy experience of work at Leith docks. None of the seven, of course, worked there throughout all the years between 1928 and 1989. But there were overlaps in their periods of employment at the docks. Thus Jock McDougal and George Baxter both began work there in 1928 and, apart from several years' absence on war service and also, in Mr McDougal's case, for other reasons, remained employed there until their retirement in the early 1970s. Bobby Rodger worked at the docks for forty years from 1936, Tommy Morton from 1943 until 1972, apart from a gap in 1946-9, and Eddie Trotter, Tom Hart and Tom Ferguson all from 1955 until 1989.

Inevitably, some recollections by the seven about certain aspects of their lives and work are fuller or sharper than others. Jock McDougal admits, for example, that 'Ah dinnae remember anybody bein' killed in the docks.' His more or less exact contemporary there, George Baxter, however, recalls a fellow docker being killed by a shunting railway waggon and his recollection appears to be confirmed by that of Bobby Rodger. The accumulation of such recollections, at least concerning particular aspects, thus makes it possible for a reasonably clear composite picture to emerge of life and labour at Leith docks during those sixty years between 1928 and 1989. Each witness contributes something distinctive to the picture. The accuracy and reliability of that picture, although no doubt rarely if ever complete, can be strengthened by the provision wherever possible of notes based on contemporary or other surviving documentary sources, such as minutes, correspondence, or newspaper reports, that confirm or correct the spoken memory. It is above all where no or few documentary sources survive (as appears to be the case with any minutes or correspondence of Leith dockers' own organisations), or were never created, that this kind of oral history can be helpful, sometimes even indispensable, in shedding some light on what might otherwise remain dark corners of a past still within living memory.

Moreover, since oral history is the testimony of living witnesses, expressed in their own words, it can be a particularly lively and stimulating form of history that encourages the reader to find out more about the subjects it deals with. For these reasons the Scottish Working People's History Trust is undertaking oral history interviews of working men and women throughout Scotland in as many occupational or industrial groups as possible, while simultaneously trying to find, list, and encourage the permanent preservation by deposit in public repositories of surviving documentary sources for working people's history north of the Border.

The recollections of these seven veteran Leith dockers are of course chiefly concerned with their daily work and conditions at the docks. That was an experience in which they all shared, each in his own phase, for some decades between 1928 and 1989. But their recollections touch also on a wide range of other aspects of their lives, including housing, families and childhood, schooling, youthful ambitions or the lack of them, unemployment, religion, poverty, ill-health, the impact on them or their families of the 1914-18 and 1939-45 wars, recreational or leisure activities, changes in the industrial and other features of Leith itself, trade union activity, and their employment for a time other than at the docks—such as being an apprentice barber, working in a chartered accountant's office, being a Regular in the Scots Guards, taking (very briefly) knots out of sausage skins, radio work, upholstery, warehousing and whaling.

Four of the seven veterans were born before the 1914-18 War and some of their recollections stretch back to that war or even shortly before it. Through their recollections of parents and grandparents and of snatches remembered from their conversations, some of the seven veterans touch on events or people in Leith or elsewhere before or long before their own time. Recalling his grandmother, who was born about 1880 and died at the age of 96, Tom Ferguson, youngest of the seven veteran dockers, says: '...she took the manifests from her father down tae the ships in Leith when they were sailing ships. This she did tell me. Ah got this out o' her one day ah wis sittin' talkin' tae her.... And she told me then that in the Edinburgh Dock wi' the sailin' vessels you could walk from one side o' the docks to the other over the ships. There wis that many ships—sailin' ships, in the docks at that time.' Bobby Rodger recalls that his maternal grandfather, a corn trade porter at the docks, who died at a ripe old age about

1922, '...could talk about the bloomin' Crimean War and things like that!' On the other hand, Tom Ferguson expresses a common regret: 'Unfortunately, ma grandfather Ferguson never spoke tae me about his life in the docks. Ah mean, there are times like this now you wish that you had asked your grandfather all about the docks when you were young.... Well, when he came back from the [1914-18] war he went back intae the docks.'

Housing is one of the recurring themes in these recollections. In Leith, as in so many other places in Scotland in the earlier years covered, many working people lived in overcrowded slums. 'In Hamilton Street,' Tommy Morton recalls of a tenement house he lived in there as a boy during the 1914-18 War, 'ah can remember the bloody clockers [coackroaches], if you come in at night, if ye'd had the lights on. In fact, ah can remember we came in and Jane [an infant sister] that died wis in the cot, and it wis covered wi' clockers. It wis like a black cover wi' clockers.' On the other hand, Bobby Rodger, who moved with his mother and sister from Burntisland to Leith in 1917 to live at his grandfather's house in Assembly Street, was more fortunate as the tenement there had been built for foremen employed by the Leith Gas Board. 'And we were kind o' a wee bit snooty,' he recalls. 'We had hot and cold water and a bath, and a kitchen. It wis very unusual.' Two and a half miles westward, at West Cottages, Granton, George Baxter, second oldest in a family of ten children living there during and after the 1914-18 War, remembers, 'There wis only a room and kitchen. And there were nae water. Ye had tae carry your water frae a pipe ootside, a well ootside. Ye had tae go away up the top. And the toilets: there were nineteen toilets this side, and nineteen toilets that side. There were 39 houses in that bit, ye see.' Jock McDougal and Tommy Morton, like George Baxter, were members of large families of children. 'Ma dad, wi' havin' TB, he had tae have the window wide open and a bed for hisself,' recalls George Baxter. 'He and ma mother slept in the room. And the eight o' us [twin girls having died at the age of three or four]—the four brothers and the four sisters—slept in the kitchen.... Ma mother gave us this big bed. The eight o' us slept heid tae tail, we slept that wey. The four boys at the top and the four girls at the bottom o' the bed, the eight o' us in the bed. Oh, it couldnae have been uncommon in these days, ye see, they had big families then.'

The need to help eke out meagre family income led several of the seven veterans as schoolboys to take on early morning jobs. 'When ah wis a laddie at the school,' says Jock McDougal, 'ah went wi' milk wi' the Leith Provident [Co-operative Society] in Annfield. Ah started about six o'clock in the mornin'. Oh, ah wis up before six o'clock, maybe it wid be about twenty tae six or somethin' like that. And ye were out on a Sunday an' a' then—seven days a week. Ah wis deliverin' for maybe about a couple o' hours and then ah used tae come home for ma breakfast and then go tae school after that…. The pay for deliverin the milk wis six shillins [thirty pence] a week.' Tom Hart recalls that as a boy: 'Well, ah even used tae go doon the docks sometimes tae Granton, and the men would be loadin' the fish off the ships on tae the trucks. And they would slide off or they wid kick ye two or three off and a' that… we used tae go roond the doors sometimes. We'd get the herrin' and put a bit o' wire through their eyes and have aboot a dozen or two dozen, and knock on the door: "D'ye want tae buy two herrin' or four herrin'?" And they wid gie ye a penny or tup-pence, ken. That wis a lot o' money then.' Pumping a church organ earned George Baxter 6d., of which his mother allowed him to keep half. He describes how he 'liberated' for the family cooking pot leeks, carrots and potatoes from the fields of a local farm: 'And ma mother said, "Now, mind, when ye're gettin' tatties don't pull the shaws oot. Dig underneath and leave the shaws standin'." Oh, ye didnae pay for them. Everybody done the same. Ye know, it wis jist a way o' livin'.'

Four of the seven veterans left school at age fourteen; George Baxter, because of the death then of his father, at age twelve, Eddie Trotter at fifteen, and Tom Ferguson at sixteen. The two latter, post-1945 pupils, attended senior secondary schools but neither evidently harboured any youthful ambitions about their future employment. Jock McDougal, after a brief experience of that work on leaving school, recalls that if he had had the resources he would have liked to have become a fruit merchant; Bobby Rodger and Tom Hart wanted to go to sea (the latter did so for some years); and Tommy Morton sought to prepare himself for a career as a professional footballer. Some indication of the range of jobs the seven actually worked at before they became dockers has already been given above. Four of them became dockers between the ages of 20 and 25, Tommy Morton not until he was 34, and Tom Ferguson and apparently George Baxter from the age of 17. The parents of at least three of the seven appear to have tried to discourage them from working at the docks. 'They never explained tae me,' recalls Bobby Rodger. 'They jist said, "Oh, no, you're no' goin' down there." Oh, well, ah think they were a wee bit ambitious for me!' Of his father, who had paid the fees for his attendance at Leith Academy, Eddie Trotter says: '…ah think he had hopes for better things for me rather than ah would finish up in the docks beside him. But that's what happened, ye know.' And Tom Ferguson, born blind in one eye, was told by his father, '"Oh, no way are you goin' tae the docks." So he had it in his mind that ah wis goin' tae get a job sittin at a desk or doin' somethin' like that.'

All seven veterans, except Bobby Rodger, who was born in Burntisland and lived there for his first five years, were born in Leith or, in George

Baxter's case, Granton, whose harbour was regarded as part of the Leith docks complex. With apparently one exception, their fathers, as well as several of their grandfathers, were all dockers or ancillary workers at the docks. The exception was Tommy Morton's father, who, apart from working for a few years as a miner in Midlothian, was a warehouseman; and Tommy Morton himself began work in the docks only because of the exceptional demand for labour there during the 1939-45 War.

For in the field of labour in Britain being a docker had a rare, probably unique, aspect to it. What these recollections make clear is that from some date it has not proved possible to specify here but which was almost certainly before the 1939-45 War, and possibly as early as the 1920s (when the main dockers' union, the Transport & General Workers' Union, was founded), to be the son or other close relative of a docker ceased to be merely an everyday fact of life for most dockers and became a prerequisite for entry to the job. 'It was sons, sons o' dockers,' Eddie Trotter says, 'that got jobs in the docks. It wis a list o' priorities—it wis dockers' sons. The first priority wis a docker's son maybe whose mother wis a widow—his father had been a docker, and the son wis still livin' at home wi' his mother. He got first priority tae come in. Dockers' sons, their grandsons, then their nephews, brothers. Ah mean, this wis an agreement. There wis nobody at all, other than a son, grandson, or a nephew or brother o' a docker got a job as a docker, well, no' tae ma knowledge. Ah worked in the docks at Leith for 34 years and in that time there wis nobody employed as a docker that wasnae the son, grandson, or relative o' a docker. They were all related in some way. The procedure was that the union branch committee— we had a registration committee, and when there wis an intake comin' in it wis the union that interviewed the men, and indeed a lot o' cases they asked for birth certificates tae be shown, ye know, that they were who they were supposed tae be. And then we passed on the list to the employers. On one or two occasions the employers protested, possibly because they had knowledge that a man had maybe a prison record or something like that. But they had tae prove this tae us before we would say no tae it.' Achieving such tight control over admission to their ranks took the dockers many years and many struggles.

In July 1989, when the Conservative government led by Mrs Thatcher passed the Dock Work Act abolishing the National Dock Labour scheme established in 1947, and with it the statutory monopoly of dock work for dockers registered under the Scheme in the 46 ports (including Leith) then covered and which handled about 70 per cent of Britain's trade, there fell with the scheme a whole structure or history of practices, traditions and improved working conditions—some of them recalled in the testimonies below—that dockers had struggled for a century and more to establish. That struggle, aimed at replacing notoriously casual by more secure employment with a minimum guaranteed payment and at achieving better working conditions and wages, had by the earlier twentieth century usually placed dockers and their unions, along with the miners, in the vanguard of the labour movement. Landmarks in that lengthy struggle had included the Court of Inquiry, chaired by Lord Shaw of Dunfermline, in 1920, concerning transport workers' wages and conditions of employment of dock labour, which had emphatically denounced the casual employment of dock labour; and the government Inquiry set up in 1964 that was chaired by Lord Devlin, to which references are made in the recollections below.[1]

Exactly a century before the Dock Work Act was passed in 1989 there had taken place the great London dock strike by men the vast majority of whom were not members of any trade union. That strike appeared an historic turning point in the struggle by many unskilled workers to improve their working conditions and wages and to form permanent organisations—the New Unionism—that would defend and advance them.

Even before the London dock strike of August 1889 Leith dockers had already formed a branch of the National Union of Dock Labourers. Established on 25 May that year at a mass meeting the Leith branch was one of several that arose from the foundation of the Union itself in Glasgow in February that year by two Irishmen, Richard McGhee and Edward McHugh, neither of whom was a docker. The Leith branch, however, appears to have had a short life and gone out of existence some time between 1891 and 1895.[2]

Still earlier in the nineteenth century than 1889 Leith dockers had formed a union, indeed possibly more than one. The year 1858 inscribed on a banner titled 'Dockers of Leith', which is preserved in The People's Story Museum in Edinburgh, suggests that a union was formed or already existed then. If that was so, then it must have succumbed before 1866 because it was on 8 February that year that a public meeting of the dock labourers was held in the Temperance Hall, Queen Street, 'for the purpose of forming themselves into a Union.' Some weeks later the new union, evidently titled the Leith Dock and Harbour Labourers' Union, asked the dock employers for an increase in wages, but having received no answer struck work. When the employers imported strike-breaking labourers from Denmark, the dockers' strike ended a week after it began but it appears that the dockers won an extra 1d. and in some cases 2d. on their former wages of 5d. or 4d. per hour.[3]

Trade unionism became more lastingly established among the Leith dockers only from the spring of 1911.[4] It remained in continuous existence and activity until at least 1989, sometimes a stronger force than at other times as trade at the docks prospered or declined. The importance of the union in the working lives of the Leith dockers is clearly indicated in the recollections of the seven veterans below, of whom all but one (Jock McDougal) were at one time or another active members of their branch. In 1922 the National Union of Dock Labourers had merged into the Transport & General Workers' Union founded that year, and the Leith dockers became its No. 7/45 branch, with the ancillary workers, such as cranemen, in the No. 7/125 branch. Precisely when a closed shop was established at Leith docks is not clear. George Baxter says it was a closed shop when he began work there in 1928; Tom Ferguson that 'it would probably be jist prior tae the war the docks became a closed shop.'

It is, however, above all with their daily work at the docks that the recollections by the seven veterans below are concerned. Their first days there are recalled by some of the seven as something of a shock. 'Oh, it wis a different world tae me when ah first started at the docks. I could hardly believe it, ken,' Tommy Morton says. Bobby Rodger, previously employed briefly in a chartered accountant's office and then for some years as a warehouseman in Edinburgh, recalls that when he first passed through the dock gates, 'Ah didnae get a job, no' the first day. Ah went down wi' a collar and tie on and everythin' like that, ye see! So ah about turned and....' George Baxter's introduction to work at the docks was traumatic: '...how tae put a rack on the chain: a black eye and a broken nose all in the one day.'

The twice daily selections of dockers at the stance by foremen of the stevedoring or shipping companies to load or discharge vessels are graphically described. Jock McDougal, starting work as a young unmarried man in 1928 at the docks where his father was a foreman, took the experience calmly: 'Well, every mornin' ye had tae stand and they a' pushed for their jobs. When the foremen like ma father come out wi' the checks they a' crushed roond aboot him. He had tae hand out the checks. He wid know what men he wanted, ye know. And he wid maybe come tae me and say, "Oh, no"—and gie it tae somebody else, ye know. Oh, well, ah understood it wis married men he wanted. Ah understood his ways. Well, a lot o' the dockers, ah'll no' say they were fightin' but they pushed one another oot the road and, oh, it wis a scramble. It wis a scramble. Ma father hadnae told me before ah started in the docks what conditions were like. But the scramble for jobs didnae bother me.' It did bother Eddie Trotter, who began work in the docks in 1955 directly after serving for several years as a Regular in the Scots Guards, during which he had, for example, taken part in the trooping of the colour and the coronation of the queen in 1953. 'What ah didnae like aboot the docks tae begin wi' wis the old casual bit, the books, and havin' tae force your attention on tae a gaffer. You reported for work in the mornin' tae the stance at Tower Place. It wis commonly known as the howff. It wis a massive big hall, wi' this stance that the foremen went up on. They went up steps and came up along a kind o' platform. Ye were inside the place maybe about 7.30 a.m. Well, these lights flashed at 7.45 a.m. and over the tannoy came: "It is now 7.45." This is when the foremen went up all taegether on the stance. They jist trooped up the staircase and filed along. On the barrier along wis the different stevedores' names. Well, the men knew themselves where they were goin' tae try for a job that day, and they would assemble in groups, standin' round aboot. And when the foremen made their way tae go on tae the stance there wid be a surge forward by the men—a cavalry charge for work! Oh, it wis terrible really. Oh, what a system. It wis hellish. Ah mean, in the Guards ah had been accustomed tae order and discipline. Oh, ah couldnae take this on board. Tae be honest, the first thing ah says tae ma old man when ah seen this on the Monday mornin' ah started, ah says, "Dae you dae this every day?" He says, "Aye." Ah says, "Ah don't think ah'll be stayin' here long, dad." His words tae me were, "Well, dinnae gie me a rid face." He says, "Stay a couple o' weeks anyway."' When in Rome... appears to have been the attitude adopted by Tom Hart toward the daily scramble for work, when he too began work at the docks in 1955: '...the dockers acted like animals tae get jobs—because that's what it wis. Oh, of course there wis a lot o' jostlin' among the dockers, especially ma size. Ah wis an awfy bugger for climbin' on top o' men's backs and everything. Oh, it wis as bad as that, definitely. Men were desperate tae get a job. Ah've seen me runnin' up the back o' a guy six feet tall, right up tae his shooders, sittin' on his shooders, tae get this book, ken! He didnae say nothin'—he wis too busy tryin' tae get a job hissel'. He never noticed me! Well, ye see, ah'm only five feet four, five three, that's a' ah am. And some o' them were great big guys. And ye're a' packed there at the howff, as ye ca'ed it. Well, ah would try and get in the front obviously a' the time. But then in ma case, oh, once you were in the gang the foreman o' the cement boat he had two gangs and we were a' the time as the two gangs. And ah could be away at the back but he'd wait until it wis clear and then he would come and take ma book. He widnae make mistakes. Ye see, ye always went tae his boats. If the docks wis full o' ships he wis sure you would go wi' him, 'cause when the docks wis quiet his boat wis always there, ye see. So ye always went where your bread wis buttered.' The twice daily selections of dockers at the stance, Eddie Trotter recalls, '...didnae dae any good for trade union solidarity because, ah mean, it wis an old story. When ye come out the crowd somebody wid ask ye, "Did ye get a job?" "No. Did you?" "Aye, ah got a job." Ye know, there wis always an undercurrent o' divide and rule. Oh, the employers loved it, they loved that—sixty men fightin' for ten jobs. Oh, they loved it.' Moreover, in Tom Ferguson's recollection, the daily struggle at the stance for employment led to what was known as jug filling: 'Well, it wis the system that we were in where this foreman had the power. Ah mean, when he got up on that stance he had the power for tae leave you standin' there idle or tae give ye work. And if ye wanted money these were some o' the type o' things that ye had tae do. Well, it took all sorts o' forms. Like, one bloke used tae bring a regular parcel o' fish down for a particular foreman. Other ones they went tae the pub at night wi' him and they ca'ed them joug fillers. Joug fillers, ye know—they bought him drink, and the foreman wis fa'in' oot the pub at night drunk. He never put his hand in his pocket because certain men were buyin' him drink so that they would know there wis certain ships comin' in, there wis good pay in it. This wis the type o' things that they did.'

The wide variety of work at the docks is clearly recalled. 'Well, to me the docks wis an interestin' job,' says Tommy Morton. 'If ye didnae like that job one day ye didnae have tae go back the next day, ye ken.' Recalling his early days of work there from 1928, Jock McDougal says: 'There wis a lot o' shippin' companies based in Leith then. Gibson's, Currie, Henry MacGregor. Henry MacGregor they were the cement boat. And there wis the chinae cley boat. Ah've worked at the chinae cley an' a'. That's a' taken up wi' a grab, ye know. Then Gibson an' a' used tae work salt boats. And ah've worked the grain boat in the Edinburgh Dock wi' 17,000 ton. And timber boats.' An impression of the wide range of cargoes handled at Leith docks during the years covered by these recollections is indicated in Appendix VI below. Though dockers might be classified as unskilled since, unlike compositors, joiners or other craftsmen, they served no formal apprenticeship, their work obviously demanded skill and experience if cargoes were to be efficiently and safely loaded or discharged. 'We didnae ken the half o' it—how tae stow stuff and that, ken,' Tommy Morton recalls of his early days in the docks during the 1939-45 War. 'Sometimes it wis quite simple but other times ye were makin' awfy mistakes!'

Some cargoes were dirty or dangerous or both. '...ah think the loadin' would be more dangerous than unloading, unless it wis maybe scrap metal,' says Bobby Rodger. 'Well, ye see, jist after the war there wis a big influx o' scrap metal comin'. And they used to fish it, as what they called it—they'd all get underneath and try and loop it through and see if they could get a lot up. But some o' it wis kind o' loose. You always had tae get under shelter all the time. And there wis quite a few accidents that way.' Cement was a particularly dirty job. '...ah worked cement boats,' says Tom Hart. 'Ah didnae prefer that, it wis for the money, it wis for the money. Well, ye see, ah worked two days on this boat and ah'd a good wage for the next again week. Oh, the cement paid well, paid better than other jobs. That wis 'cause the cement wis both dirty and heavy—oh, hundredweight bags.... Naebody likes tae knock their pan in, let's be truthful aboot it, especially in the summer months, when the sweat wis pourin' oot ye and the dry and your nostrils a' cakin' up, sweatin'. And then your skin wis dryin' up as well. Your fingertips, the blood wid come right through them. But ah wis quite lucky, ah didnae suffer frae dermatitis.' Sulphur was another especially difficult cargo for the dockers to work and in 1956 it gave rise to one of the relatively few strikes at Leith recalled by the veterans. 'Of course,' Eddie Trotter says, 'sulphur does irritate your eyes and what have ye, and some o' the men's faces were in a hell o' a mess—rashes and what have ye, ye know. And the dust wis a fire hazard as well. Ah mean, if the grab, for instance, hit the coamings—the coamins is the side o' the ship in the hold—a spark could be set off. And if the grab wis tae strike that—the craneman, ye know, could slew the coamins, a spark could cause a sheet o' flame. It wis a sheet o' flame shot across the hold. And the fumes off it wis ghastly, it could almost choke ye, asphyxiate ye, ye know. And the dockers werenae issued wi' protective clothin', no' then, no' in the '50s.'

Almost all of these seven veterans were injured at one time or another during their work at the docks. 'Oh, the docks were prone for accidents,' recalls Bobby Rodger, who was himself off work for thirty-two weeks with a compound fracture of tibia and fibula. A serious accident to his ankle while he was working on a cargo of pit props forced George Baxter to remain off work for two years. Jock McDougal, himself once knocked unconscious in an accident at work, has a clear memory of a fellow worker employed on grain cargoes whom he used to see waiting for a bus at Bonnington Road: 'Oh, it could be dangerous work workin' wi' grain. Ye got a lot o' dust off o' grain... he worked wi' the Dock Commission at the grain. And he used tae stand and tae *phit, phit, phit*—bitin' the air, gaspin'. And they used tae take him intae Leith Hospital for so long till he got his wind back and they let him out again.' And Eddie Trotter recalls that, '...any cargo could be dangerous—the mere fact that there is somethin' goin' over your head day in day oot. Ah mean, ye always had this tendency, especially if you were workin' boxes or bags o' tatties or whatever, you're bendin' down. Some o' them could easily have come off the board but you were that busy trying tae get your next board loaded that if somethin' came doon and struck you, ah mean, ye didnae always stand religiously and watch that goin' oot off the ship. Ye couldnae, it wis the nature o' the work, you had to get on with it.' 'Oh,' says Bobby Rodger, it wis a dangerous place to work, the docks.'

It was also a place full of characters, some of them best known by their nicknames, a few others of them, at least in the earlier years covered by these recollections, surprisingly old. 'Oh, ah remember some auld dockers,' says Tommy Morton. 'Christ there wis one man... went on till he wis aboot 76. And sometimes the gaffers wid refuse him, ken.... And, oh, he used tae kick up murder: "Ah'm bluidy sure ah can dae this job," ken.... And Kipper Morrison wis another one. He'd only one eye, tae.' 'When ah went in the docks [in 1955],' Eddie Trotter recalls, 'there wis old guys o' eighty workin' there. Well, there wis an old guy Jock Nicholson, he wis reputed tae be 80 year old. He worked on the North o' Scotland boats in the hold, carryin' bags. He wis 80 year auld, an old man wi' a stoop....Oh, there were quite a few older dockers then. They could work on till any age then, ye know.' One of the improvements in working conditions won in the early 1960s was a pensions scheme for dockers and in the same decade the age of retirement became 65.[5] Of dockers with nicknames George Baxter has a particularly clear recollection: 'Then there wis Medals, a bloke ca'ed Medals, because he'd been a Territorial or something.... Then there wis the Scottish Soldier. And he wis in the army tae, a Royal Scot. He had been a Regular, ye see. And then there were See's a Light. And he wis See's a Light when he heard ye had a match....' Even had minutes, correspondence, and other main documentary sources survived about Leith dockers it is unlikely they would have contained information of this kind which so often can be one of the strengths of oral history.

Among many other subjects or aspects of work at Leith docks mentioned in the recollections of these seven veterans are the shipping and stevedoring companies of the port whose numbers declined during the period of sixty years covered; the growth from the 1960s of containerisation; the filling in of old docks and major redevelopments and extensions of the docks that began before the 1939-45 War but were interrupted by it before being resumed in the 1960s; relations between the dockers and seamen; the transfer, sometimes in quite large numbers depending on the demand for and supply of labour, of dockers from Leith for a day's, or more than one day's, work at other ports such as Glasgow, Grangemouth, Burntisland, Kirkcaldy, Methil and Dundee—an experience that allowed the dockers to compare their own wages and conditions with those of fellow dockers elsewhere; the Onion Johnnies, for whom Leith was a main port of discharge in Scotland for their onions as well as providing several old shops where they lived during the selling seasons and strung them;[6] improvements in working conditions after, sometimes long after, the Second World War that included the provision of protective clothing: '...then the firms, the employers, were obligated tae issue ye wi' gear— overalls, boots, a' these things,' says Eddie Trotter. 'That wis part o' the Devlin report. Oh, conditions o' work improved dramatically in

1967. Oh, it wis like night and day. Ah had had twelve years in the old regime!'; more amenities such as flush toilets and showers, and the introduction of fork lifts, electric barrows and other labour-saving devices that, like containerisation, were factors in the decline in the number of dockers employed at Leith: as Eddie Trotter puts it, 'So in ma time in the docks, between '55 and '89, oh, there wis a massive change in the number o' men. There wis about 800 in '55. There wis only a hundred when we left in '89.'

The cameraderie of the dockers, although occasionally there were also fisticuffs among them, is recalled by the seven veterans. Bitterness, however, about the events of 1989 is expressed by several. 'Bein' a docker ah think wis one o' the greatest labourin' jobs there was, both financially and for variety and companionship as well,' concludes Bobby Rodger, 'though it wis rough and ready at times. But they would all stick by each other, you know. They were very good that way. Oh, ah think it's a tragedy the docks now.'

These recollections thus offer a contribution toward the history of working people in Scotland, so many aspects and periods of which remain to be studied and published. Much has already been lost through the absence of systematic, comprehensive and continuous attempts to harvest the huge fields of memory of so-called 'ordinary' working men and women, who rarely write anything down about their experiences. The Scottish Working People's History Trust is determined to contribute all it can to the gathering of that harvest, and welcomes the interest and support of all who share its concern.

This is the third volume of such oral recollections by working men and women in Scotland that the Trust has completed. Two earlier published volumes dealt with workers formerly employed at the long closed gunpowder mill and bomb factory at Roslin in Midlothian, and with bondagers—full-time women farm workers of the south-east of Scotland. The Trust has many other volumes in various stages of preparation, including crofters, fishermen and other veterans in the Hebrides and north-west Highlands, miners, journalists, Penicuik paper mill workers, public librarians, Leith seamen, Co-operative society workers, Onion Johnnies, Peeblesshire textile factory workers, Sutherland farmers and fishermen, building trades workers, Leith shipyard workers, Borders farm workers, and lighthouse keepers.

To all those who contributed to the present volume—above all to the seven veteran Leith dockers whose recollections it presents—thanks are due. It is sad that Bobby Rodger and Tommy Morton passed away before they could see their recollections in print. Iain Maciver, Keeper of Manuscripts, and his colleagues at the National Library of Scotland, as well as

Fiona Myles and Ian Nelson and their colleagues in the Scottish, Edinburgh Room, Reference and Leith departments of Edinburgh Public Libraries, Marilyn Rorison, Dalkeith Registrar's Office, Captain John Landels, Eskbank, and John D. Stevenson, Edinburgh, were chief among those who helped by providing surviving source materials or answers to some of the innumerable queries that arose in checking the recollections. Seán Costello was unfailingly encouraging, courteous and skilful in guiding the work towards publication. For their generous financial support in ensuring publication, the Scottish Working People's History Trust wishes to thank The Binks Trust, Leith Dockers' Club, and Transport and General Workers' Union, City of Edinburgh Branch 7/133/86—and any other groups from which similar support came, but too late to be acknowledged here by name. My wife Sandra gave indispensable moral and practical support. Any shortcomings that remain in this work are to be blamed on me alone.

Ian MacDougall,
Secretary and Research Worker,
The Scottish Working People's History Trust.

Jock McDougal

Ma father wis a docker, always been a docker as far as ah know. Ah never heard o' him doing anythin' else. And his two younger brothers were dockers, James and Bob. Ah went tae the docks—1928.

Ah wis born on 30th October 1908. Oh, well, as far as ah know it wis in Cannon Street, Leith. It's done away wi' now, though, as far as ah know. It wis down at the Caley Station, at the end o' Commercial Street, as you go towards Newhaven.[7]

Ah jist had the one brother, James, and ah had three sisters: Lizzie, Margaret and Nan. Lizzie wis the oldest, and then James, Margaret, me and then Nan. But they're all dead, they're all gone.

Ma mother wis a Leith woman, belonged to Pitt Street, No. 8 Pitt Street. Oh, ah couldnae tell ye what ma mother worked at before she got married.

Ah don't know anythin' about ma grandfather McDougal. He wisnae alive when ah wis growin' up. Ah never mind ma father sayin' anythin' about ma grandfather at a'. Ma grandmother McDougal she stayed in Graham Street in Leith. And ma father had a sister that stayed with her. His sister worked in Crawford's biscuit factory.[8] She never married. We were all Protestants but ma Granny McDougal and ma father's sister they're both buried in Mount Vernon.[9] Ah couldnae tell ye if ma granny wis Catholic but ma father's sister wis Catholic, well, turned Catholic. Seeminly it was from Christmas time—this wis the story ah heard—that this Christmas somebody asked her tae come tae high mass on Christmas Eve. And she seemed tae take tae it, that she liked it. She kept goin' tae the Catholic church. Ah cannae mind o' ma Granny McDougal but ah think ah mind o' her dyin'.

Ah remember ma grandparents on ma mother's side. Ma Grandpa Shanks ah think he worked in the bakery mill. When ma Granny Shanks died in Pitt Street ma mother had two brothers and three sisters and none o' them wanted tae take ma grandfather like. So ma mother and father said, 'Oh, we'll take him,' ye know. So we took ma old grandfather. He lived wi' us for a while. Oh, ah wis only a laddie but ah remember him quite well. So here ah had tae take Granpa Shanks tae the bathroom and everythin' like that. Ah had tae take his trousers down, put everythin' back up for him. But here we used tae hide as bairns, ye know, under the table and he used tae come through wi' his stick and say, 'Where are ye, ye characters? Ye're hidin' somewhere.' Aye, fun and games! Grandpa and Granny Shanks are buried in Rosebank cemetery an' a'.[10]

As ah say, ah wis born in Cannon Street, Leith, but ah cannae mind o' livin' there. We moved frae there tae Bathfield, jist before ye come tae Lindsay Road, ye know. It's a brae, Bathfield Brae they used tae call it. It used tae take ye up Fort Place intae Fort School when Fort School wis there. Ah've always been round about this district a' ma life. So Bathfield wis the first house ah can remember. Oh, it wis only a room and kitchen in a tenement. There were ma parents and the five o' us children. Ah'd say there were about eight houses in the stair when we lived there, eight anyway.

Oh, there wisnae much form o' heatin' at Bathfield! Ma mother had tae boil a' the water. She didnae have a kitchen range, it wis jist an ordinary fire. Ah believe ma mother wid have a gas ring tae cook on. Oh, there wis maybe an oven but no water tank, oh, no hot water at a'. Ye had tae boil the water for what ye wanted yersel'. And it wis jist gas lightin', same as the stair wis gas. It wis a flush toilet, it wisnae a dry lavatory, and there wisnae any sharin' o' the toilet. Some people had tae share toilets in these days but at Bathfield we a' had our own toilets.

Oh, well, the sleepin' arrangements wis ma brother and me and ma parents slept in the kitchen. The girls, ma three sisters, slept in the room. Ye darenae come in that room on a Sunday night when the girls were a' gettin' bathed or goin' tae bed. We were kept separate.

Ma brother and me, well, ma mother used tae tell us tae get tae the Victoria Baths, right along Great Junction Street. And there used tae be the fire station in there at one time. And the dust carts were a' in there at one time, that wis the dust cart depot. When you went down in the mornin' at seven o'clock ye could see a' the horses wi' the carts comin' along Junction Street goin' tae the different districts tae pick up a' the refuse round about. But ma mother used tae say tae me, 'Don't you be sittin' in that bath in the Victoria Baths.' As you went in the Victoria Baths ye turned right, as ye got in the main door where the pool wis. And when ye went along there wis a bit in there where there wis a long bath, ye know, and a' the laddies used tae lie in it. And ma mother used tae say tae me, 'Don't you be lyin' in that bath among a' thae dirty wee laddies.' Some o' them used tae lie shiverin' like that, ye know. Well, ah used tae get money frae ma mother for the spray. It wis either a penny or tuppence, it wisnae much anyway ye had tae pay. There wis only two sprays or somethin' in the Baths at that time. And maybe about half a dozen o' ye were standin' like this. That's where we got washed. Well, they supplied the soap. They wid give ye the soap and ye washed your hair and everythin'. Oh, a lot o' people in Leith had tae do that. They widnae have baths at home.

Then we stayed for a time in Lindsay Road, No. 7, on the top flat. It wis when we stayed there ma Granny Shanks died in Pitt Street and Grandpa Shanks lived wi' us for a while. Then ah'd be maybe about sixteen—it wid be 1924, 1925—and we moved tae Summerside Place. Ah stayed there wi' ma parents till ah got married when ah wis 26 in 1934.

Ah started in North Fort Street School, ah wis never in another one. Ah started when ah wis five, ah left when ah wis fourteen. I liked the school. I'd go back the morn! The only thing ah didnae like wis woodwork. Ah wisnae fond o' that. But we had good teachers in Fort Street. Ah'll tell ye one wis our teacher, we called him Daddy Little. And this Daddy Little his brother wis a head one in the tramways in the Corporation, ye know, manager or somethin'.[11] But, oh, ah liked the school. Ah liked sums and a' the likes o' that. Oh, well, ah widnae say ah wis good but ah enjoyed them, och, aye. And ah enjoyed writin' stories and things like that, essays or anythin' like that.

Ah wis never a reader. Ah never got comics at home and ma pals didnae pass comics tae me tae read, and ah didnae join the public library. Ah didnae read much at a' but sometimes they had football things, ye know, when it wis Hibs and the likes o' that. Ah wis interested in football. When we were young we used tae go tae Easter Road and maybe walk it from Lindsay Road up tae Easter Road tae try and see the football. And at that time it wis Harper, McGinnigle and Dornan, Kerr, Miller and Shaw, Ritchie, Dunn, McColl, Halligan, and Walker. That wis the Hibs team then. We were only tots then but ah can aye mind a' their names. That wis after the First World War.[12] Ah widnae be that old then but we used tae go up there and say, 'Mister, will ye take iz in?' Some men were a' right and wid say, 'Aye, right, son, c'mon. Jist bob under the turnstyle,' ye know. We got in for nothin' then! We hadnae any money tae get in. But we were keen tae watch, tae see them.

Ah didnae play football maself. Ah never played for the school team. Sometimes ah went wi' ma pals when they were havin' a trial or anythin' like that. But, oh, ah liked tae watch football, oh, aye, aye.

When ah wis at school ah remember sittin' the Qualifyin' exam. Ah wis a' right, ah passed. If ye didnae pass you were put back a class, ye see. But ah never even thought o' stayin' on at school. Ye thought it wis great ye were gettin' away tae start workin'. Ma parents didnae try tae encourage me tae stay on at school: ah think they needed the money!

Ah cannae say there wis any job ah wis keen tae do. Ah didnae know what tae do.

When ah wis a laddie at the school ah went wi' milk wi' the Leith Provident in Annfield.[13] Ah started about six o'clock in the mornin'. Oh, ah wis up before six o'clock, maybe it wid be about twenty tae six or somethin' like that. And ye were out on a Sunday an' a' then—seven days a week. Ah wis deliverin' for maybe about a couple o' hours and then ah used tae come home for ma breakfast and then go tae the school after that. Ah used tae get a plate o' porridge and a roll maybe and away tae the school. The pay for deliverin' the milk wis six shillins a week. It used tae be five shillins at one time and ah mind the milk boys a' went on strike. Ah wis on strike then, tae. And we a' went down to Bangor Road and the manager wis Terris. And his offices wis up a stair and they had a bank up the stair where people could put money intae the Leith Provident Bank. So we were a' on that stair and stood there. But here we got the rise anyway. We got it from five shillins up tae six shillins a week for seven days a week.

Ye had tae be twelve when you started goin' wi' the milk. And ah must ha' been there tae ah wis about fourteen, till ah left the school.

When ah left the school ah wis unemployed for the first two or three weeks. Ah didnae have any job at a'. Well, ah believe, you wid maybe have got a job in the shipyards or somethin' like that as a rivet boy or somethin' like a heater boy, ye know. Ah didnae try for that. And yet ma brother James he wis in the shipyards. He wis a joiner. And ah had an uncle and he wis a gaffer in Ramage & Ferguson's, ye know, the shipbuilders in Leith. See, there wis a lot o' shipbuilders there then. There wis Hawthorn, Cran & Somerville and a' them that had slips, ye know, for launching boats at the seafront there, down at the Caley. Even at Junction Bridge there, there used tae be a bit there where they built ships. That wis Hawthorn's, they had that. But the shipyards didnae attract me at a'.[14]

So when ah left school ah'd maybe be a wee while ah had nothin' at a'. Then ah got a job wi' a fruit merchant. This fruit merchant he stayed in Bathfield. William Holt wis his name, and he had been in the Air Force in the First World War. And he come back and he started wi' a horse and lorry. And then he opened a shop in Lindsay Road. It used tae be a mission hall at one time. Ah often went tae that mission hall when ah wis in Lindsay Road when ah wis a laddie, on a Sunday. Ma mother used tae send us tae the mission hall. And here William Holt he says tae me, 'Come on, son. Ah've got a wee job for you. Ye can come wi' me and gie me a hand wi' some o' ma customers.' He used tae go up Lochend Road and up East Restalrig Terrace, down Cornhill Terrace, up Ryehill Terrace, Ryehill Avenue, Ryehill Grove, Ryehill Gardens. He took ye a' roond thae districts. And they were a' main doors, right enough. But ye had tae help tae weigh the potataes, ye know, and maybe a pound o' apples, and another person wantin' a half dozen bananas. Ye know, ye jist supplied them wi' their order.

Ye maybe started about nine o'clock, well, about nine o'clock before we got to the start o' the round. So ah maybe started about eight o'clock or before eight. Ye see, he had the horse and everything—the cart, the horse tae harness and bring it tae the shop and then load the stuff on tae the lorry. Ah helped him tae load it on. It wis jist the mornin' ah went out wi' Holt, that wis his time for sellin' his stuff. Ah didnae go out again in the afternoon. He maybe went tae the market hissel' tae pick up fruit at Market Street in Edinburgh. So, well, ye were always finished kind o' early there. We were always back at Bathfield maybe by one o'clock or somethin' like that. That wis me finished for the day then.

Ah cannae mind, tae tell ye the truth, what ma wages wis wi' Holt. Oh, it widnae be that much—a few shillins. It wis only a matter o' pastime. Ah always gave ma parents ma wages. They needed the money. But they didnae press me tae find a full-time job. Ah wis always lucky if ye got a shillin' or that tae go tae the pictures and go along tae the Palace at the foot o' The Walk. It wis only about thruppence tae get in then, and ye could come out and go and get a fish supper or something. Oh, ye were fair away wi' yoursel'! Happy days.

Ah wis wi' Holt maybe about a year or more. Then Holt gave it up hissel'. He selt the horse and lorry, he selt the lot tae this fruit merchant in Restalrig Road. And this Restalrig Road merchant asked me if ah wid come wi' him. And ah said, 'Oh, well, ah'll come and gie ye a hand.' So ah stuck wi' him for quite a while.

Ah used tae do Restalrig and round about in the forenoon. Sometimes the fruit merchant he come wi' me, sometimes he didn't bother. Ah'd come back and maybe have somethin' tae eat at the shop, ye know, wi' his wife and that. His wife wis in the shop. Sometimes he wisnae in. But when ah had something tae eat at dinnertime ah used tae go away up tae Northfield way, ye know, tae try and pick more trade up that way. And ah got quite a few customers up that way. Oh, ah enjoyed the work. Ah drove the horse and cart. Ah wisnae nervous o' the horse. He wis a horse frae the First World War. He had the markin' on him, ye know—War Department or somethin'. Ah think it wis an 'S' if ah mind right that wis on him. And, oh, he wis a nice beast. Ah stabled him and everythin'. The stables were over at Links Place in Leith. Ah always had an idea ah would have liked tae have started a fruit business on ma own, ye know, but ah hadnae the money.

But there wisnae much assistance comin' frae him at a'. Ah took the money bag and everythin'. His wife gave me change and everything wi' me. But the boss hissel' used tae come up tae me when ah wis on ma own on the round and say, 'Gie me £5', or £4. And ah says tae him, 'Oh, your wife says ah'm no' tae give ye it.' He says, 'Oh, no, come on, come on. Gie me the money now.' And of course ah, softie, ah jist had tae gie him it. It wis his money. And when ah went back ah coonted oot the money what ah had and ah told his wife that he had the remainder, how much ah'd given him. And she says, 'Oh, ye shouldnae ha' given him it.' Ah says, 'What can ah do?' And that's what made me pack the job up. Ah wis worryin' about it. He had a bit o' a problem wi' the drink. Ah mean, he had times that he wis a' right, and other times he jist seemed tae go tae the drink, ye know. Well, ah wis wi' the Restalrig fruit merchant four or five years. Then ah got fed up wi' that.

The docks—that wis ma next job. 1928—that's when ah went in the docks. Ah wis about twenty. See, ah used tae go down and try and get a job wi' ma father. Ma father wis a foreman in the docks. But he couldnae gie ye a job. The men that had black books he took first. And he would always take his own men. Even ah wid get left out. Ah've been left oot even when later on ah've had a black book masel'! [15]

Ma uncle Bob McDougal he stayed in Bowlin' Green Street, jist along Great Junction Street. He used tae coal Gibson's boats at one time. But then he got a job at Granton coalin' trawlers.[16] And he says tae me when ah started in the docks, 'How about takin' a job at night?' He says, 'About six o'clock at night ye'd maybe make yoursel' some money durin' the week.' Ah says, 'Oh, well.' Sometimes ye were lucky if ye got three days a week in the docks at that time, and the wages wis only twelve shillins a day. And they could pay ye off at dinnertime: ye were left wi' six shillins. And if ye worked all day and they wanted ye at night time tae work ye went for your tea from five tae six, and after that ye went back at six o'clock. Maybe ye could work tae ten o'clock. But they had weekly men that were wi' the firm and had the black books and were there a' the time.[17] So they could pay you off at eight o'clock—they had tae give you two hours, from six tae eight—they called it ghostin'! At eight o'clock they wid come along and say—ma father, if he wis the foreman, wid say, 'Get your money, John.' And a weekly man wid take ma place. Oh, it wis a' very uncertain.

So ah used tae go down tae the docks and try and get a job. Sometimes ah succeeded if they were busy. But if they weren't busy ah didn't succeed. Ah wisnae in the union. Ah wanted in the dockers' union but, ye see, ah had tae wait. Ah waited quite a wee while before ah got intae the union. The dockers had a meetin' every month and ah think it wis in the Assembly Rooms in Leith they had it. Ye had tae wait. If ye didnae get nominated this month ye had tae wait the next month, ye know. Well, ah'd tae wait quite a few months before ah got in. So in those months ah wis goin' down tae the docks and sometimes ah wis gettin' work and sometimes ah wisnae. It wis jist like a straggin' job, ye know. That's a' it wis.[18]

And then ah got intae the union. But ah hadnae a black book. Ye didnae get a black book right away, ye see. The men that had the black books they were taken first for work. Although ah wis in the union then even ma father didnae take me. They took the black book men first, ye see. They were married. And ma father used tae say tae me, 'You're single, John. Thae men need it more than you. They've got families tae keep.' That's what ma father used tae say tae me.

The docks wis a different world frae workin' wi' the fruit merchant. Ah really enjoyed the dock work. Ah enjoyed it because ye had a variety o' different things tae work at. One day ye'd maybe be at a fruit boat, and it wis maybe a' barrels o' apples and pears, tomatoes—everythin' like that. And in fact there used tae be a Gibson's boat the *Landrick* comin' in tae Leith on a Monday mornin'. It came frae Rotterdam. And the deck used tae be loaded that ye couldnae get even a board landed on it. When they couldnae get boards landed on the deck tae put the fruit on, they used tae have men walkin' back and forrit carryin' it a', passin' it, until they got a place made tae put the boards down, ye know. And then they got the men aboard tae load the boards and the crane could lift it then. It wis hydraulic cranes then in Gibson's berth. When ah finished there it wis a' electric cranes, but when ah started there it wis a' hydraulic cranes. And if they had a burst pipe or anything it knocked the whole lot off, ye know! And a' the men—Gibson even employed railwaymen then—loaded railway vans wi' the fruit for different places.

When ah started at Leith docks in 1928 there wid be, oh, well, about 500 dockers. There could be more, aye, there might have been more than that.[19] Well, every mornin' ye had tae stand and they a' pushed for their jobs. When the foremen like ma father come out wi' the checks they a' crushed roond aboot him. He had tae hand out the checks. He wid know what men he wanted, ye know.[20] And he wid maybe come tae me and say, 'Oh, no'—and gie it tae somebody else, ye know. Oh, well, ah understood it wis married men he wanted. Ah understood his ways. Well, a lot o' the dockers, ah'll no' say they were fightin' but they pushed one another oot the road and, oh, it wis a scramble. It wis a scramble. Ma father hadnae told me before ah started in the docks what conditions were like. But the scramble for jobs didnae bother me

But there wis different stevedores that had different starts—even Gibson's.[21] But ah wis never in any o' thae starts—early hours in the mornin'—wi' Gibson in ma time. But there wis a firm Langlands, the Coast Lines, they used tae have starts for dockers maybe at two or three in the mornin'.[22] It depended when they thought the boat wi' cargo wid be comin' in, ye see. And a lot o' men had tae go out then, at that time in the mornin'. If they didnae get a job they jist had tae go home again. They didnae get nothin' for it, ye see.

But mainly ye had tae be away down tae the docks at half past seven in the mornin' at the latest. Ye had tae be there at half seven, waitin' tae see what work there wis. The foremen come out at maybe quarter tae eight or somethin' ye see. And you said, 'Ah wonder how much Gibson's got, how much work Langlands got? Ah wonder how much the London boats got?' That wis ower the old side o' the docks again, the Commercial Street side. And then there wis the cement boats. There wis a' different boats.

Ye used tae try and find out what boats wis due. Well, at one time, when ah wis a laddie ma father used tae send me round men's doors tae tell them what time tae come oot in the mornin'. He knew what he wis about. He had a good idea when boats wis comin' in. See, some boats came in regularly. Gibson had their weekly boats: the *Landrick* on a Monday mornin'. And then there wis the *Crichton* an' a'. She come from Ghent again, see, on a Monday mornin' an' a'. Sometimes there wis three boats there and ma father had tae dish out checks.

Ma father wis a sort o' head gaffer at the docks wi' the Gibson Line. But there wis a few gaffers below ma father at that time. There wis ma father, Longmuir, Tom Young, Donaldson. Then there wis the railway one— Mungo wis his name. That wis them a', ah think, wi' Gibson's.

When ah started at the docks in 1928, oh, well, there wis the Old Dock, the Albert Dock, the Edinburgh Dock, the Imperial Dock. Ah'm callin' it the Old Dock. That wid maybe take in Commercial Street an' a'. There wis these four docks, ah cannae mind o' any others.[23]

There wis a lot o' shippin' companies based in Leith then. Gibson's, Currie, Henry MacGregor. Henry MacGregor they were the cement boat. And there wis the chinae cley boat. Ah've worked at the chinae cley an' a'. That's a' taken up wi' a grab, ye know. Then Gibson an' a' used tae work salt boats. And ah've worked the grain boat in the Edinbury Dock wi' 17,000 ton. And timber boats. The Ben Line jist come in tae Leith now and again. There werenae regular every week like.[24]

Oh, there wis regular boats comin' in tae Leith docks every week. Every week ye had Currie's boats and ye had the butter boat—the Danish boat: it come in wi' butter and bacon. The dockers wid try tae find out when the boats were comin' in. Ye see, usually the Danish boat itself wis in on a Sunday. Ye could see it there on a Sunday, maybe about four o'clock in the afternoon. And ye knew that wis there for startin' on Monday mornin'. But ye knew Gibson's boats wid be due on Monday an' a'.

Oh, Monday wis a good day for work. That wis a busy day. Other days might be quieter. Sometimes ye went down and there wis nothing at a', ye see. Sometimes the men only got three days' work in the week, even them wi' the black books only got three days a week. Oh, it wis uncertain, there's no doubt about that. Ye jist had tae take what ye got. Ye thought ye were lucky. Ah wisnae sae bad—ah wis single. But the married men, wi' havin' the black book they got the black book stamped what days they worked. And the others had tae go tae the Bureau—it wis along Tower Place—and they went in there and reported tae the Bureau. They had tae apply there for benefit for their family, tae make them up.[25]

Oh, the dockers had struggles in these days. Ah don't think any o' them were very rich! They werenae rich men but they were good men. They were good company. There were always jolly, ye know. They had nicknames for a lot o' them. When ah wis workin' at Granton there wis one that always wanted a box tae stand on when he wis at the coal, takin' it intae the railway waggons. They ca'ed him Huddie Box. He wanted tae stand on the huddie box, ye know, a fish box, tae stand on tae reach up tae give him height.[26] And another one he used tae say, 'Leave it tae me,' ye know. They ca'ed him Leave-it-tae-me. He wis maybe daein' his landin', and at that time it wis nearly a' barraes. It wis years later, after the Second War, that Furness, Withy had electric bogies. That wis the only stevedorin' firm that had them then.[27] Then Gibson got them. Before that it wis a' barraes. It wis four barraes on a tackle, ye know, and six stowers and six holders. When ye had them a' numbered it wis what ye needed.

When ah started in 1928 ah had jist missed the 1926 General Strike. Ah mind o' the General Strike—that's when ah wis wi' the fruit merchant up at Restalrig. Ah mind durin' the strike ma father wis sick because it wis students that he had tae employ in the docks. Ma father wis on Gibson's staff, that's how he had tae continue tae work durin' the strike. He didnae go on strike but he still had tae gaffer these students—blacklegs—when they come down. And he didnae like it but he had tae do it. Ma father wis in the union before he took the staff job, ah think. But ah think he had left the union by the time o' the General Strike. He'd had tae give it up when he took the staff job, as far as ah know. But, oh, he wisnae happy about employin' those students, oh, ah know that. He wisnae happy later on employin' maself, when he used tae say, 'Oh, no, the married men first.'

Well, durin' the General Strike there wis other blacklegs—they werenae students—they come tae work in the docks. And even the union didnae get them out right away. They were still employed in Gibson's in the docks after the strike when ah started. There were still blacklegs workin' then in Gibson's. They got the job before you even got started wi' the gaffer ootside the gate. Ah think there wis about half a dozen o' them in Gibson's at that time. The dockers couldnae get rid o' them, couldnae get rid o' them. It wis a job tryin' tae get them oot. The bosses stuck up for them, ye see. They had put the blacklegs in there. They kept them on a' the time. They were there all week, every day o' the week, a full day. Ye see, they would be gettin' full pay, twelve shillins a day. An ordinary docker'd be lucky if he got three days a week.

Oh, there wis a lot o' ill feelin' between the dockers and them. One blackleg used tae stay just up there where Scott Lyon the baker used tae be, at the corner o' Trafalgar Street. There wis another stayed about Duke Street, D'Arcy wis his name. Oh, ah knew them a' by sight. Ah don't think the blacklegs had ever worked in the docks before the General Strike. They werenae popular wi' the dockers! Ah never seen any fights. But there wis animosity among them. The dockers used tae say, 'Oh, thae blackies.' Some o' the dockers, if it wis a derrick workin', ye know, landin' stuff, if there were maybe a blackie on the barrae he pit it doon wi' a bang and maybe up-ended it, ye know.[28]

When ah started in the docks ye jist had tae take what work ye could get. Ma father used tae say tae me when ah went intae Gibson's, 'Ye'll learn.' And he used tae send me down below in the hold and maybe one day it wid be steel girders, thirty feet long. And ye had tae learn how tae put the chain on. Ye couldnae put two chains on, because it wouldnae get up out the hold. Ye had tae put one chain on so as it went up. And they landed them on the long railway gondolas. They used tae put the swivel on them and chain them up. Oh, it wis dangerous work. But ah cannae say ah remember accidents at work, and yet we worked a lot o' angle iron and the likes o' that. Ye see, angle iron ye only put one chain on and ye always put the hook o' the chain tae the front. But when it wis girders ye put the hook tae the back. And ye left the chain slack and when ye put it on the crane the craneman gave it sich a run, a quick run, that they a' jerked up and down so it wid lock them. And sometimes when it went up some o' them slid oot the middle. Oh, it wis quite dangerous work. And some o' the girders were standin' on the wooden floor o' the hold when ye had reached the floor. And other times they slid down and we jist used tae let them slide back and let them drop down again in the hold.

Other days it wid maybe be plates, steel plates ye got. Well, wi' them maybe there were long an' a'. It depended on the lengths. Ye maybe got double clamps—a clamp for this end and a clamp for the other end so it wis lifted up. And they put a sort o' belly on them so as they lifted up out the hold.

It wis a' interestin' work. It wis varied as well. Ye were always on differ-ent things. And ye had tae make yersel' a sort o' all-rounder. That took a bit o' time, maybe two or three years. Well, ah got right used tae it. Ah wis interested in learnin' a' that.

Ah cannae say there wis cargoes ah tried tae avoid workin' on if ah could. Ah didnae work cement sae much, only what wis in Gibson's boats. But ah'll tell ye what ah worked a lot among—basic slag. Gibson used tae get a lot o' that comin' in boats. Ah couldnae say what they used basic slag for.[29] But they used tae get an awfy lot o' it. It wis a' in hundredweight bags. It a' used tae go tae lorries. Wi' that ye put fifteen bags in a sling. And it wis belted, and the eyes were shaped like a v on the end, and the same on the other end. Ye had tae measure your sling so as it come up in the front and it come up at the back, tae jam when the crane lifted it. So ye had a sling on the hook. Ye put the ring on the crane and ye had two chains wi' a hook at each end. One went on one clamp and one on the other, so that when it drew thegither it drew it tight that they couldnae slip. Oh, there wis a lot o' skill and experience in handlin' the cargoes. Ye had tae know what ye were doin' tae be safe.

Ah never worked on cargoes o' sulphur. See, it sometimes took flame wi' the grab bitin'. That often happened. But it wis usually the stevedorin' firm Young & Leslie that worked that stuff. They did that sort o' work.[30]

But wi' Gibson we used tae work a lot o' kenet salt, wi' the same berth where they worked their sulphur.[31] They were at the Imperial Dock. We used tae work the salt wi' the grab, a big, big grab. And the grab wid maybe lift about four tae five ton. It wid be about fourteen or fifteen feet long. And ye had tae land that there, direct the craneman where it wis.

As ah say, when ah first began in the docks in 1928 ah worked anywhere at a'. Ah worked at locust boats an' all. Ye had tae fill bags wi' locust—cattle feed—ye had tae fill eight bags. There were maybe about twelve o' ye in the hold. And two men fillin' the bags, and another man spreadin' the sling and helpin' another one tae sling them for goin' on the crane. And it went round on your turn, ye know, till ye got it filled. Wi' locust ye did get a bit o' dust.

And ah'll tell ye another thing. The worst thing ye got dust frae wis the grain. The leg—the hoist—at the Edinbury Dock, we worked at that. And ye had tae trim tae that a' the time. Ye maybe jist had your hankie over your mouth and your nose. Ye had tae trim that—shovel it—a' the time. And ye didnae get very much for that. Ye got a trimmin' shovel and ye a' had tae trim tae the leg a' the time. It wis different later on when the suckers for the grain come on the scene, because ye could shift the suckers aboot—plunge them here or there, wherever ye wanted.

Oh, it could be dangerous work workin' wi' grain. Ye got a lot o' dust off o' grain. Ye do swallae a lot wi' grain. Ah mind ah used tae get the bus at the top o' Bonnington Road tae the docks when ah wis stayin' wi' ma folks in Summerside. Ah used tae go down and get a bus at Bonnington Road, because it took me right tae the dock gate. And there wis a man there at the bus stop, he worked wi' the Dock Commission at the grain. And he used tae stand and tae *phit, phit, phit*—bitin' the air, gaspin'. And they used tae take him intae Leith Hospital for so long till he got his wind back and they let him out again. An' ah used tae feel sorry for him.[32]

When ah first started in the docks you jist wore your own clothes, your own clothes what you stood in. Ye didnae get any hats or boots or anythin' like that, no protective clothin', nothin' like that. There wis nothin' like that. Ye wore jist your ordinary clothin', a jacket and trousers, a pair o' boots, jist your hat—a bunnet—and maybe an old raincoat, anything ye could put on. The employers didnae give ye waterproof clothin' or steel-capped boots, nothin' like that. They didnae gie ye anythin'!

Well, as ah say, ah got married in 1934 when ah wis 26. Ma wife wis a Leith girl. After ah got married ah stayed in Bridge Street—jist before ye go doon tae Dock Place and jist in tae the docks. But ah lost my wife. She died in 1937. And ah went back tae stay wi' ma parents at Summerside Place. About that time ah won a wee bit money on the pools—Littlewood's. And ah went back tae ma folks and ah sort o' seen that they were all right, ye know.

At that time, 1937, ah wis workin' in Granton coalin' trawlers. And sometimes it wis pans, ye know, ye had tae fill thir up. That wis what ah wis tellin' ye about Huddie Box. Oh, it wis hard work. But it wis a' right. And then ah wis on the trawler and ye run up the two back holds and then you come to the centre holds and then you run so much. And then ye go tae the third ship hold, ye know, there's a third ship in front o' the winch. Ye jist run the boat up first, and then ye had tae go doon and trim it. And ye had leather knee caps and everythin' for kneelin' on the coal. And ye had tae trim the boat tae the roof. Oh, that wis hard work. And it wis a' steam pipes and some o' them leakin' and ye're tryin' tae jouk it, ye know. Oh, ye were in an awfy mess by the time ye were finished—oh, ye had a' black shirts and everything. Oh, covered in coal dust. Ah had a push bike. Oh, that wis a good thing, because it wisnae easy goin' on trams and buses. In fact, ah've seen me takin' one o' the boys on the back step o' the bike, ye know, in Lower Granton Road. And it wis cause'ays then, it wisnae like what it is now. Oh, it wis bumpy!

But at Granton ye always maybe wi' the trawlermen got a bit o' fish or anything like that. Oh, ah got on fine wi' the trawlermen. Oh, the trawlermen's life wis hard, I think they must still have a hard life. Ah widnae fancy that at a'. Oh, a dangerous job. Ah never had any notion tae become a fisherman. But the fishin' and trawlin's a' gone now. Ye used tae could go tae Newhaven market in the mornin' and get as much fish as ye wanted when ah wis a laddie. Even in Newhaven wi' the herrin' season ye seen the seamen comin' up wi' their big waders on and a' the yawls loaded up wi' herrin', ye know.[33] Even at Leith docks: ye used tae see a' the sprats in the docks—loaded, shoals o' them. Ye never see nothin' like that now. That's a' died away now. Ah don't know where they've disappeared to.

Well, as ah said ah won a wee bit money on the pools. Ah left the docks then in 1937. Well, ah didnae leave the docks but ah handed ma book in. Ye had a black book at the time and ye had tae go tae the buroo and hand it in. The buroo wis down by the Shore, jist at the entrance tae the Albert Dock, on the right hand side.[34] So ah handed it in there. And ah says tae the folks, 'Ah don't know whether ah'll go back tae the docks or no'.' So that's what made me hand the book in.

So ah gave up workin' for a wee while. Ah didnae want tae go anywhere else. So here ah didnae do much. Ah jist dodged about and ah didnae make ma mind up. It took me a long time tae make ma mind up. So then the war came along and the army come on the scene. And ah got ma papers tae join up. Ah says, 'Ah'll join a dock company.' Ah went tae George Street in Edinburgh for ma medical and everythin' and when ah got ma callin'-up papers ah landed in the Royal Engineers up in Elgin, tae the base up there. So ah passed at Elgin and got posted tae Barton Stacey down in England for overseas draft. So we got out there intae Egypt. But in Egypt ah didnae get intae a dock company and we were hangin' on and hangin' on. Some o' the chaps beside ye were volunteerin' for this 3rd Cheshire Field Squadron. So ah says, 'Och, ah think ah'll put ma name down there an' a', 'cause ah'm gettin' fed up lyin' about here.' So ah wis wi' the Field Squadron for quite a while in the Western Desert. Ah wis at Alamein, the 23rd o' October 1942. We went through Alamein and right up through intae Tripoli. In fact, we had tae travel quite a distance every day tae catch up wi' the main forces, they were advancin' that rapidly.

So here ah got tae a place and ah billeted down for the night. Oh, well, when ah woke in the mornin' ah felt ma arm terrible. Ah went tae the medical officer and here it wis a scorpion bite on the arm. Ah had tae get it operated on. Ye could have put your fist inside the wound, it wis jist like a big mouth. Ah got posted down intae the 'ospital in Tripoli and the doctor used tae come round and see how you were. Ah says, 'Oh, ah'm no' bad but,' ah says, 'ah have an awfy tickly feelin' in ma arm.' He says, 'Well, it's maggots.' It wis a way the doctors had o' cleanin' wounds. But when ah used tae tell people about the maggots bein' in ma arm they didnae believe me. They thought you were talkin' a lot o' rubbish.[35]

After that ah got posted down tae Gaza tae this field squadron comin' in frae Blighty.[36] And ah used tae gie them maybe an idea o' the liftin' o' the mines or odds and ends what ah'd done maself. Then I went tae Sicily—ah wis on the first day, the first mornin' o' the landin'.[37] And ah went from there tae Italy, roond the toe o' Italy, round the Messina Straits and on tae the mainland. We went right up through Italy. We wis at Naples and a' thae places, Rome, Rimini. Ah wis always a sapper, a private. Ah didnae want promotion.

We landed up in Austria at the finish up. We woke up this mornin' and somebody says, 'The war's finished.' Ah says, 'Don't tell me we'll a' be gettin' hame the morn?!' So here, right enough, we seen the hundreds o' German prisoners a' comin' marchin' down. They were tryin' tae sort out the SS frae the other ones, ye know. And a wee while after that ah got put in charge in a quarry beside a lot o' German prisoners, and ah used tae blow the rock and they done the mixin' o' the stone tae break it down tae chips for the road. It must have been roond about 1946 when ah got back home. Ah got married again in 1950.

Ma father wis still there then in 1946 workin' as a foreman in the docks. Ah wanted tae do somethin'. Ah decided ah wid go back tae the docks. Ah says, well, ah wouldnae like tae go anywhere else. Ah wanted ma black book back! And ah says tae ma father, 'Ah want tae go back in the docks.' Ah enjoyed bein' among the men and the likes o' that, ye know. Ah got back nae trouble. Mr MacLaughlan wis the manager in Gibson's and ah think he had somethin' tae do wi' the workin' o' the men. Well, ah wis a weekly man wi' Gibson's at the finish up.

Oh, ah've seen a lot o' changes in Leith in ma day. There were hundreds o' dockers there in ma day. There's no' sae many now. See, they've cut them a' down. See, a' this containers service's done away wi' men.[38] See, when you went tae start a boat and ye were sent down a hold ye had tae dig for everything. That wis a' flaired over in layers—cement an' a' and everything, ye know. Ye had tae maybe go about eight bags down, skim that off first intae your slings. And then dig another eight down, another sink, till ye got tae the floor. The depth o' the holds ah worked in wid be, oh, thirty feet anyway, it wid be that easy, maybe more. Oh, aye, you had your depth.

The ships that come intae Leith—the grain boat wis the biggest one ah done. That wis 17,000 ton. That wis at the Edinburgh Dock. And they have stiffeners for the grain shiftin', ye know, that they put in. Well, this boat ah had they didnae want it taken out, because they were goin' back for another load. And ah says, 'Well, ah'll need tae look after thae men that's doon below. That's ma responsibility,' ah says. 'But ye'll need tae get your crew tae lash a' these stiffeners round aboot the top o' the hatch.' See, ye could get the sucker pipe down and everything, but ah wis feared maybe if any o' thae boards got shifted. They were planks, they werenae boards. If they went doon they wid ha' killed a man, ye know. But anyway the skipper got the crew tae lash them a'. And ah says, 'That's satisfactory wi' me, as long as they're a' lashed.'

Oh, relations between the dockers at Leith and the seamen wis very good, always friendly. Ye see, often when ye went aboard a boat some o' them had steel hatches, steel lids. The crew lifted them theirself for ye.

But when it wis ordinary wooden hatches and that the holders took them off. And we used tae take the beams off and everything wirselves. And the same night when ye battened down, the holders had tae batten everything down, put covers on and everything at night when ye finished. But, oh, we got on well wi' the seamen. There wis one wis a steward on one o' the boats—Andy Irvine wis his name, a Leith man—and ah used tae go about wi' him. He used tae work in a pub, ye know, and that's what he finished up doin'—steward on one o' the Gibson boats. But ah never had any notion o' goin' tae sea. Ah didnae want tae go tae sea. Ah had enough when ah wis in the Atlantic, when ah went abroad durin' the war!

Ah dinnae remember anybody bein' killed in the docks. Ah only mind o' one Sunday ah'm takin' a man out the dock. He drowned hissel', a suicide. He wisnae a docker. He belonged tae Glasgow or somethin'. This chap that wis on the electric bogie he says tae me, 'John, come here and see. Is that a man's head there under the fore end o' the boat?' Ah says, 'Aye, it's a man.' So the police come wi' a steel bed, jist long like that and wi' a sling on each end, and put it on the crane. And ah directed it right down tae where his body wis. And ah got it first time. Oh, gosh, ah had tae run frae one side o' the boat tae the other. It very near turned ma inside out. See, he'd been down that long. It takes so long and they come up again. When ah come home at twelve o'clock for my dinner ah couldnae eat anythin'. Ah'd tae say, 'Ah'm no' wantin' anythin'.' The police knew he had committed suicide because they had found his jacket and that. He'd left it on the side o' the quay, wi' his name and address and everythin' in it.

As ah've said, the docks could be dangerous work. Ah wis injured maself one time. It wis a fruit boat come in, and we had jist started it about six o'clock at night. It wis a windy night. And this wooden container, they'd nailed the bit on, ye know, it wis a square about four feet square. And the wind blew this off. And ah wis in the hold and it blew back in the hold and struck me on the head. Ah jist mind o' seein' lights. That's a' ah seen wis lights. Ah wis knocked unconscious. Ah jist mind o' ma mate—Geordie Baxter wis his name—ah mind o' him gie'in me a slap and sayin', 'Jock! Jock!' Ah says, 'Oh, aye, what's up?' That wis the only time ah had an accident.

Ah believe the work in the docks come safer durin' ma workin' life there. See, ah've worked a container boat on the quay, and ye have a walkie-talkie and ye can talk tae the craneman up above. When ah wis gettin' a bit older they gave me the hatch man's bit tae dae, and ah used tae direct the craneman where he wis tae go. And the same when it finished up when ah wis on containers and that. Ah used tae get the different weights so as tae balance the boat—maybe a heavy one and another one the same weight tae counteract it, tae go inside, ye know. That wis so as the boat didnae list tae one side. Ye've got tae watch what ye're aboot. It disnae matter sae much about the midships. But ye've got tae watch the offside and the inside, tae have them the same sort o' weights, tae keep the boat steady.

Oh, the containers made things easier. This checker in Gibson's he used tae be a mate on Gibson's boats, and he looked after a' the weights and that o' the containers. And he used tae say tae me, 'John, ah want number so-and-so and so-and-so and so-and-so. And ah want that one for the off side and that next one for the in side,' ye know, for tae balance the ship. And ah'd say, 'Right-o,' and ah could jist tell the craneman, 'Right, ah want number so-and-so container. Go tae Granton'—that meant go tae the west. And, ye know, the crane could run along the rails and go tae Granton. And if it wis a different one ah'd say, 'Go tae Portobello'—ye know, travel the other way, tae the east. Well, the crane has the clamps that come down and ye direct them over the top o' the container and he jist lifts it and takes it away. Well, a lot o' them used tae go away tae drink tea or somethin' in the bothy and ah wis left wi' the walkie-talkie. Ah jist had tae carry on! But ah enjoyed it.

Ah got intae the union after ah went tae the docks in 1928. Ah wis never an active member o' the union, ah wis never on the committee. The only time ah ever got masel' intae trouble in the docks wis one night we were workin' at the big crane at the Albert Dock, the 120 ton crane, tae put a couple o' lifts in. There wis only that one 120-ton crane. That wis the heaviest crane in the docks. And we put this lift in and we were waitin' on this other one. And ye were only allowed tae work tae seven o'clock, ye see. But the foreman that wis there wis Bob Aitken. He took the lift and sent it aboard. We were in the hold and we didnae know what time it wis. But he wid know what time it wis—see what ah mean? And when we received the lift it wis very near on seven o'clock. By the time we got it landed and everythin' it wis after seven o'clock. Well, the union took us up for workin' over time. We should have stopped at seven o'clock and left it alone. And ah says, 'A funny thing that. Ye cannae leave a thing lyin' in the air anyway. Ye'd need tae land it.' So anyway we landed it and that wis it. The boat wis tryin' tae catch the tide tae get away, and this wis the last lift tae go, ye see. Anyway the union made a row about it. And they must have decided, 'Well, we're goin' tae fine them for workin' over time.' Well, we a' got fined £2 each. That wis a lot o' money then. This wis jist before ah left, maybe 1969 or round about then. Bob Batchelor wis the secretary o' the union in that time. He stayed in Newhaven. He used tae work wi' the Navigation Company at one time, before he wis the union secretary. And he come round and told us we were a' bein' fined £2 each. We were tae put it in an envelope and he wis tae collect it and it wid go tae the band or something—the dockers' band. At that time there wis a dockers' band. We said, 'Oh, well, it's a' right. It's goin' tae the dockers' band.' So that's how it finished up.

That's the only time ever ah got intae trouble. Ah wis never active in the union but ah still wouldnae let anybody overrule the union, ye know. Ah wis a loyal member. Ah'll tell you, we went out one Sunday tae do a boat and it didnae turn up. And the full squad wis a' standin'. The gaffer come along and there wis another boat that had been workin' on the Saturday wi' a squad on it. They didnae bring that squad out on the Sunday but they wanted us tae go and work it because our boat hadnae turned up. And ah says, 'Oh, we cannae do that. We cannae do that. They should ha' had the men that wis there yesterday tae do that job.' So anyway ah says, 'Ye'll need tae get the delegate for we're definitely no' goin' tae work it.'[39]

Well, as ah say, ah wis a weekly man wi' Gibson's at the finish up. Ma father in his time wis a sort o' head gaffer wi' Gibson's, he wis at the top. But ah never got that length! But when ah wis finishin' at the docks ah gaffered a few boats maself.

Well, ah worked in Leith docks from 1928 tae 1937, then again after the war tae ah left in 1973. Ah must say ah enjoyed the dock work. And ah liked the men, tae tell ye the truth. Ah had no regrets about workin' in the docks. Ah wid go back again if ah wis startin' up again.

George Baxter

Well, ma father come back frae the 1914-18 War minus an eye, minus a hand, and a runnin' wound in his back. And he had been a craneman in Granton harbour, but he didnae have another job after the war, ye know. So ma dad didnae do very much after he come back frae the war. And then he contracted consumption—TB—and eventually died. Ah had tae leave school when ah wis twelve because ma mother had ten o'a family. So ah didnae get very much education. Ah got a job as a barber, an apprentice, and ah stuck three year at it and ah couldnae stick it any more. Ah couldnae stand the stinky breaths and that. And ah jist packed in and ah never went back.

And at that time Granton harbour wis a very busy harbour, ye see, with esparto grass. Well, ah wis comin' on sixteen, ah would say. Ah wis a bit young but ah got a job, ye ken—esparto grass. There were maybe three or four boats lyin' outside in the Firth o' Forth waitin' tae come in. And the wages then were eight shillins a week for a boy o' sixteen. And it wisnae very much certainly, but it wis always somethin' for ma mother. And when ah got a job wi' the Leith docks like it come tae eight bob a day, ye see.

Ah wis born in 32 West Cottages, Granton, on the 7th o' February 1911. Before he went tae the war, as ah say, ma dad wis a crane driver in Granton harbour. It wis the Duke o' Buccleuch's estate. Ma dad wis a Newhavener, born and bred in Newhaven. He went off tae the war—oh, the Royal Engineers. It must have been France or somewhere he wis wounded, because it wis somethin' that wis lyin' when they were clearin' the.... And he picked this up and it blew his hand off, ye see. That wis that. He had a hook for his hand. He never recovered frae his wounds and died wi' TB. He wis a young man. Ma father died—now ah may be tellin' a lie—but ah think ma dad died in aboot the age o' 38, d'ye ken, roond aboot that, in 1923. When ma dad died that wis the reason ah had tae leave school, because ma mother had nae money.

Before she wis married ma mother wis a midwife. That's what ma mother was, 'cause ah always remember her wi' a wee bag, a box, ye ken, a case. 'Oh, ah have tae go and so-and-so. Mrs Duncan's havin' a bairn. So-and-so and so-and-so.' And she wis away. Ah'm no' sure, ah couldnae tell ye where ma mother belonged, whether it wis Leith or Edinburgh or Newtongrange. Ma mother, as ah say, had ten o' a family. Now ma mother—ah'll tell you this—ma mother, before she married ma dad Andrew Baxter, had married when she was seventeen. Her first man she married wis Wullie Anderson from Newtongrange. And he wis killed in the pits. And she had this son John, so he wis ma half brother. But we werenae brought up, ye know, as half brothers: John wis ma brother, a' through life he wis ma brother. Oh, John would be aboot four or five years older than me. Ah wis the second oldest o' the family. Ah had four sisters and three brothers. Then there wis the twins—girls—that died. They died when they were just three or four maybe, ken, jist wee sowls, never got to school.

Ah don't know about ma mother's side o' the family. But ma father and his father, ma grandfather Baxter, were crane drivers. Ma grandfather Baxter, oh, ah can remember him very well. Now he wis a craneman, too, at Granton. And he wis self-taught by *The Children's Newspaper*, an old, old paper ca'ed *The Children's Newspaper*. He wis self-taught. He learned tae read and write from readin' *The Children's Newspaper*. And when ah used tae go tae see him he used tae say, 'Come on', and he used tae dae the map. There wis always a map there in that *Children's Newspaper*, and he'd say, 'That's that and that's that.' And he learned me.[40] He wis a keen reader. And he wis a very religious man. He wis in the Brethren at Canonmills. Oh, he went tae church wi' the bowler hat on, too. Ah remember he wis a great old man, a wonderful character. Ma grandad Baxter lived a long time after ma dad died.

Ah ca'ed grandad Baxter grandfather because ma mother and her sister married father and son. It's a wee bit mixed up, it's a bit confusin', ye ken. Ma father and his father married two sisters. So on one side grandad Baxter wis ma grandfaither, and on ma other side he wis ma uncle. Ma father married the younger sister o' ma Auntie Maggie, so it made oot that she was ma granny and ma auntie. Ah gave it up, ye know, ah gave it up. Ye'd never get tae the bottom o' it. And they would never tell ye, ye know. Ah tried, but ah gave it up. Ma mother and ma Auntie Maggie they both o' them were Grossarts. That wis their maiden names, the two Grossarts. And they were definitely sisters

Ma mother had a hard life, yes, she definitely had a hard life. But at the same time ah would say that she had a no' bad life, because she used tae go out tae the Theatre Royal and the King's Theatre wi' ma Auntie Maggie, ye see. Oh, ma mother liked the theatre. Ah havenae got photies now o' them. But ma mother and ma Auntie Maggie were chorus girls when they were young. They used tae go tae the pictures, go tae the Gaiety Theatre in Leith. Ah sat and waited on the last tramcar so that ah could take them hame. And ah wis very young.

As ah said, ah wis born in Granton, No. 32 West Cottages. And we moved tae No. 8 because it wis near ma Auntie Maggie. She lived in No. 3! Ah'd only be aboot eight then when we moved tae No. 8. Ma mother, ah think that her and ma Auntie Maggie wanted tae be close tae each other. Ye see, they were never away frae each other.

Oh, at West Cottages there wis only a room and kitchen. And there were nae water. Ye had tae carry your water frae a pipe ootside, a well ootside. Ye had tae go away up the top. And the toilets: there were nineteen toilets this side, and nineteen toilets that side. There were 39 houses in that bit, ye see. We had a pee bucket, ye see, in the house, we ca'ed it a pee bucket. But if ye wanted tae sit ye had tae go to the toilet. And ma mother used tae say, 'Come on! Get up!' It wis frozen early in the mornin'. And if ma sister wis in she'd say, 'Oh, ye cannae get in. Ah'm a lassie.' And ah had tae stand ootside shiverin' till they'd done their business. It wisnae a dry toilet, it wis a flush toilet. A great big tank, well, when this tank filled it tumbled and it slushed everything down. Where the old Granton School is, well, these were the Cottages then. That's where the 39 cottages were—down the steps. And that tumble tank cleaned the toilets. Oh, they were flush toilets. Each family had a toilet to themself. Oh, it wis away oot the road from the Cottages, ye had tae walk for it.

The house wis lit wi' gas, gas lamp. Well, it wisnae very far frae the Granton gas works. Oh, we had gas. Ma mother did the cookin' wi' an old gas cooker, a real old oven, ye know. And then she had a fire, a coal fire, jist an open fire. That wis No. 32. No. 8 it wis jist the very same, jist the very same.

Ma dad, wi' havin' TB, he had tae have the window wide open and a bed for hisself. He and ma mother slept in the room. And the eight o' us— the four brothers and the four sisters—slept in the kitchen. It wis only a room and kitchen. Ma mother gave us this big bed. The eight o' us slept heid and tail, we slept that wey. The four boys at the top and the four girls at the bottom o' the bed, the eight o' us in the bed. Oh, it couldnae have been uncommon in these days, ye see, they had big families then.

Mrs Duncan, a neighbour at West Cottages, she had nineteen o' a family. And she wis jist in a room and kitchen, tae. Well, maybe her older ones were away by the time the younger ones.... There wis a woman could beat Mrs Duncan. This woman in Newhaven she had twenty-one o' a family. Her husband wis a fisherman. And she committed suicide. She threw hersel' ower in Newhaven harbour. Neither wonder. But that wis life, ye ken. Her house wis opposeet the habour, at the back end, ye know. Ye could see the harbour. It couldnae hae been a very big house. They would be lucky if there were two rooms in it.

Baths—oh, we had a tub, a cask, ye know, a half cask, a barrel, half a cask, jist sawn through the middle. You sat in there and got washed. Oh, ah used tae get baths, ah think, aboot three times a week 'cause ah wis a dirty....

Ma mother, well, when mother needed coal—ye see, this is how it wis an amazin' life—when ma mother wanted coal she'd say, 'Away go doon and get a bag o' coal.' Well, what ah done was ah stole it off the waggons at the sidins at Granton harbour. Ah learned the trick of it. Any coal that wis lyin' on the rails, ye could lift. Nobody'd touch ye. So what ah used tae dae, go up the waggon and shift great big lumps o' coal jist on the edge o' the waggon, so as when they shunted the coal fell doon and that wis it. Och, it wisnae dangerous collectin' the coal frae the sidins. Ye used tae watch when the polis went past, because the polis went on a bike. And he passed at a certain time every night and he went right roond and he went along tae the quarries, right away along and up the Gypsy Brae and up past Hangman's Tree. Sandy Souter wis the polisman. Well, you jist watched him: 'That's him away.' And then ah went and got the coal.

Ah dinnae remember any laddies bein' injured wi' the railway waggons, never. But we watched then. Ah think masel' that everyone o' us watched. And we watched to see if the trains werenae runnin'. We used tae jist go tae Granton and the trains used tae stop there, ye ken. That wis a station. And ye saw there were nae shunts. Well, if there were nae shunts ye could get on it, see. Ye didnae dae anything when they were shuntin' them, ye see, ye didnae go near them. Ye kept clear. Ye jist watched.

Now at that particular time there must have been aboot two hundred trawlers in Granton. It wis a very busy port Granton. And ma mother used tae say, 'Away ye go doon and see if ye can get some fish. Away ye go doon and get a cod heid.' Well, ah used tae get a great big cod heid frae one o' the trawlermen. They made soup wi' it: we ca'ed it codheid broth. And sometimes ma mother used tae stuff the codheid wi' oatmeal and onions. Oh, ma mother wis a great cook, a good cook. Ma Auntie Maggie wis an expert. She made the loveliest haddock. She could make it, it wis lovely. Oh, ah can still taste them yet, ye know.

Ma mother used tae say, 'Now here, you'll need tae go up and get some leeks and carrots.' Well, there were no houses then in Granton. It wis jist Baillie's wis the farm then. And ye used tae go right away up there. And ma mother said, 'Now, mind, when ye're gettin' tatties don't pull the shaws oot. Dig underneath and leave the shaws standin'.' So we used tae dae that—go for carrots and turneep and leeks. Ah stole them frae the fields. It wis jist known as Baillie's farm. Oh, ye didnae pay for them. Everybody done the same. Ye know, it wis jist a way o' livin'. And this wis ma mother showin' that ye leave the tattie shaws standin', but the tatties—there were nane.

In our younger life—ye know how the police used tae gie them shoes and stockins and a' that? Well, we used tae go up there and we got oor shoes, and there were five holes in them. And that five holes wis so ye couldnae pawn them. And ye went doon tae B. Hyam's, jist doon frae the polis office in the High Street in Edinburgh, and got shirts or jerseys, whatever. That's how we got our clothes when ah wis a boy.[41]

Ah remember at Christmas time we were gettin' an apple and an orange and a brand new penny. That wis it. Nothing else. That wis your Christmas! But it's never done us any herm. It's never done us any herm.

Ah always wanted a mooth organ, ye know. But ah never got one. Ma mother jist couldnae afford. Then ah wis in the Boys' Brigade for a wee while. And ma cousin, Bert Baxter, he wis a sergeant and he always said that ma wee haversack wis always dirty. And ken what he used tae dae? He used tae throw it in the trough where the horses used tae get a drink in Granton Square. He threw it in, ah wis tae clean it. So ah packed that in. Ah couldnae stand it.

Ah went tae the church as a boy. Ah went tae the church when ah wis eight, nine. And ken what ah done? Ah pumped the organ, sat behind the organ and used tae pump it. And if you fell asleep or ye slowed up—boom! It wis great. Ah got 6d. That wis a lot o' money. Ma mother took 3d. off it. Ah got 3d off it. Oh, ah used tae go down wi' ma 3d. tae what they ca'ed Coffee Joe, jist in front o' the harbour at Granton. Oh, he used tae sell cups o' tea. And ah used tae say tae some o' the bairns, 'Come doon and ah'll gie ye a sook.' Ye had a long sook o' sugarallie, ye ken. And ah used tae get a bowl and put it in and gie them a sook.[42]

When ah started the school ah wis five. Ah started at Granton School. That's where ah finished. Ah went up frae the lower bit o' the school tae the higher. Ye ca'ed it the high school. And when you were twelve you went to a higher school like North Fort Street or Boroughmuir or some o' the other places. But that wis me finished when ah wis twelve when ma father died. Ah jist left Granton School then, ah never went back tae school. Ah got permission tae leave because o' ma father's death.

Ah kipped the school a' the time ah wis there. Ah remember Sir Alex Cobham or somethin' landin' wi' an aeroplane in the fields at Granton. He wis doin' an exhibition.[43] And whae wis standin' there? Ah kipped the school tae see this marvellous aeroplanes. And Paddy Miller wis the heidmaister o' Granton School and he got me by the ears! And he took me intae his office and he said, 'Bend down.' And he gave me six ower the backside and gave me six on each hand. And he said, 'Now that'll quieten ye. That'll stop ye frae kippin' the school.' He struck me wi a leather belt. Oosh! Ma hands were a' blistered—eighteen strokes o' the belt for kippin' the school. And ah went hame and telt ma mother and ah got another beltin'. And when ma father came in he had a hook in his hand and he used tae hook your jersey and that wis it. Oh, ah never, never, never liked the school. But gardenin', ah loved gardenin'. Ah think it wis Miss Ross, the teacher, but she says, 'Away ye go. Ye've no brains. Go oot tae your garden.' And yet ah could pick up a' the weeds and ah could tell them a' what they were. Ah wis interested in nature, actually creatin' it. And yet ah couldnae coont five and five. Ah'll be quite honest: ah wis a dope.

Ma mother couldnae afford tae buy me a comic tae read. The only paper that ah ever got tae handle wis *The Children's Newspaper*. That wis frae ma grandad Baxter. He bought it and he made me sit and read it. That's the only paper ah read. Ah cannae mind o' any *Comic Cuts* or…. Ah didnae get a comic delivered and ah didnae exchange comics wi' ma pals.[44]

Ah played football for Granton School. Ah wis goalkeeper. But ah didnae last that long. But in later years ah played for Leith Trinity and ah played for the dockers—the Dirty Dockers, as they ca'ed us. Ah played ootside left then.

Well, as ah say, ah had tae leave school when ah wis twelve because ma father died and ma mother had ten o' a family. So ah didnae get very much education. When ah left school ah got a job as an apprentice barber. The barber's shop wis in Portland Place in Leith—doon the three steps. The buildin's still there yet. It's a coffee shop now. But it used tae be a barber's, and a fruit shop next door. Mr Blackie wis the barber when ah wis there, oh, ah cannae mind his first name. That wis about 1923 when ah started there.

The hours wis nine o'clock in the mornin' tae ha' past nine at night. That wis Monday tae Saturday, tae. Saturday night you didnae finish till half past nine. Ye got an hoor for your dinner, twelve o'clock tae one, and that's a'. Then you went back. There wis no tea breaks in the mornin' or afternoon. You worked from nine till twelve and then one right on tae half past nine. Ye didnae get a break for your tea at six o'clock. It wis eleven and a half hours a day and an hour for your dinner. It wis sixty-nine hours a week. Ah wis a laddie o' twelve then when ah began. It wis hard work. The pay ah think it wis eight shillins a week. It wis a wee bit more than aboot a shillin' a day.

Ah think ah wis only three year there. And ah learnt tae shave. And ah wis a good shaver. That wis the open razor. Ah wis soapin' at first and then ah wis roughly cuttin' hair, ye know. But by ma third year ah wis cuttin' hair and ah wis shavin' and everything. Ah wis doing everything. And Mr Blackie wid say, 'Right.' He wid look at ye and say, 'Seven minutes, seven minutes tae cut your hair.' So if you started your hair—it didnae matter what state your hair wis in—ma time wis seven minutes. Ah had tae finish it in seven minutes.

Oh, it wis a busy shop, oh, you were kept goin'. Ye didnae get a seat for a few minutes. Ah used tae knock off half way in the afternoon and have a cup o' tea masel', ken, make a cup o' tea. Mr Blackie didnae stop ye but he wid say, 'Come on! Come on!' Oh, it wis a long day. Oh, it wis wicked. Ye didnae get anything tae eat at a' from one o'clock tae half past nine, jist a cup o' tea. Ye could make a cup o' tea. Drank it as you were workin'. Ye jist kept the cup o' tea by the side and ye were cuttin' hair and then another moothfae o' tea. That wis the good old days, they say!

At dinnertime ah took sandwiches, ah jist had sandwiches. It wis cheese and jam or a kipper and jam, whatever it wis, ye ken. Ah sat in the shop through the back and ate it. Oh, the wee back room it wis a dungeon. There were nae electric light away at the back. Ye jist sat there at a wee fire and put the fire on. When it come tae the bit, ye know, it wis really hard.

It wis 4d. for a shave, 8d. for a haircut, 1s.6d. for a shampoo and singe. That wis it. Oh, ye got tips from some o' the customers. Ye used tae get 2d. and 3d. Well, any time ah made 6d. ah used tae go and have a bet at the bookie's. Oh, the tips varied frae week tae week. It would be maybe a couple o' bob or three bob a week, sometimes more, sometimes less. Ye didnae make much. No, ye were lucky if ye got a penny at times. We had a Christmas box. Ah put up a Christmas box and it wis up for months and months and when it come tae the finish there were £2-odds in it. But that wis a lot o' money. It wis a lot o' money for me.

Ah remember some characters that came in tae the shop. Oh, Tiger Carnie wis one. He had a business—Carnie's the fish merchant in New-haven. He had lorries and everythin'.[45] He come in tae the shop wi' a beard. He had a beard and he widnae haud his chin up and, oh, the beard wis a' dye wi' the smoke wi' the pipe or whatever it wis, ken. And he used tae say, 'How much is that?' 'It's a shillin'.' 'It's no' a shillin',' 'Well, 8d. and 4d. then, make it that wey.' 'Oh, aye, then, there ye are. And that's for you'—a ha'penny tip.' 'Thank you very much' (ye miserable auld so-and-so!).

Oh, it wis men only, nae women, at Blackie's shop. Later on, ah believe, he got women but then there wis no women. Ah remember Mrs ——.... Oh, ah cannae remember her name. She wis goin' tae a big dance. She come in tae the barber's. At dinner time Blackie always went away for half an hoor. He went away for a pint or whatever it wis. And Mrs —— she come in tae the shop and she says tae me she wanted her oxters shaved! She wis goin' tae a big dance. Ah wis, och, roond aboot fifteen, comin' on for aboot sixteen. Ah says, 'Aye, ah'll dae it, nae bother.' Ah got a shillin' for daein' it.

And ah remember aboot twenty-past nine this night there wis a knock at the door. He never shut the door, old Blackie. 'Open the door,' he says, 'open the door.' Here's a woman at the door. 'What's wrong?' Blackie says. 'Oh, ma husband's passed away. He'll need tae get a shave because he'll never get oot o' purgatory if he disnae get a shave.' Old Blackie says tae me, 'Right. Come on. Come up here.' And we got up tae Albany Street the two o' us, Blackie and me. Ah've tae chum him, ye see. And he goes in tae her house and he says tae me, 'Come on. Get the soap up.' And here's this guy lyin' in his kip and his sweat's poorin' oot o' him and ah've tae soap him. And the woman says, 'It's a' right. He's deid.' And ah says, 'Aye.' So here Blackie he gets the strops oot, has his razor, pits his razor, and he pushed the man doon the way—'Oggghhh.' And Blackie got such a fright he dropped the razor and run away and left iz. So ah had tae shave the man. And when ah got intae the shop in the mornin' Blackie says tae me, 'Did ye get the half croon?' That wis a half croon for shavin' the deid man. Ah says, 'Aye.' Blackie took it!

Ah stuck three year at it. Ah couldnae stand the stinky breaths and that. But the reason ah packed in wis Blackie. Ah says tae Blackie, 'Ah think ah'm comin' up three year, Mr Blackie. Ah'm entitled tae get a rise.' He says, 'Aye, aye, son. It'll be a' right.' It wis different then—nae electric razors then, ye know. And ah had everything disinfected, a' the things done clean. Ah got fifteen shillins in the third year. And ah says tae Blackie, ken, 'Can ah get a rise?' Ken what rise ah got? Up the three steps intae Portland Place. That wis me finished. He threw me out because ah asked for more money. Ma first year ah got eight shillins. Ah wis jist almost on the third year and he gave iz fifteen bob. Then after that he says, 'That's it—finish. Ah'll get somebody else.'

Oh, that wis quite usual then. Ye see, ye had nothing—nae proof or anything that ye were an apprentice. So they jist gave ye the.... Ah think ma pal Mick Graham had the same. He wis a fully fledged hairdresser. But when he wis young he says, 'They a' dae the same,' he says.

But ah wis glad, ah wis really glad tae leave the barber's shop. Ah don't think ah wis made for tae be that, ye know. It wis long hours. But ye never felt it sore on the legs or the back, never felt anythin' like that. It wis jist the stink o' the.... Ah couldnae stand it. That's what wis really killin' iz, ye know. It wis like—what do they ca' it now?—claustrophobia. It wis a wee place and it seemed tae be comin' doon on me a' the time. Ah wis really glad tae get out o' it.

Then aboot that time we got a council house at 14 Granton Terrace. Ah'd be about fifteen or sixteen by the time we got up there—1926. That wis the General Strike when we were put up there in Granton Terrace. Oh, it wis a bigger house than ma mother had lived in before. See, ye had a front and back room, then ye had a kitchenette, ye had a toilet in itself, and ye had a big like livin' room. So it wis a good house, ye know. It wis a big change for us. Oh, it wis marvellous. To think we had a bath! Ye could lie in the bath. It wis super. And electric light. Then ye had a garden. It wis great at that time. Oh, it wis like night and day. Oh, we thought we were millionaires.

When ah left Blackie's barber's shop what happened wis ah went intae Leith docks but ah couldnae get a job in Leith docks, ye ken, 'cause ah wisnae known. Ah wisnae a union man. Well, at that time it wis a closed shop, ye understand it wis a really closed shop. And at that time Granton harbour wis a very busy harbour, ye see. Granton wis a very busy port with esparto grass. There were maybe three or four boats lyin' outside in the Firth waitin' tae come in. Well, ah wis comin' on sixteen, ah would say. Ah wis a bit young. But ah got a job, ye ken—esparto grass. And the wages then were 8s. a week for a laddie o' sixteen. And it wisnae very much certainly, but it wis always somethin' for ma mother.

But Granton got sort o' quiet and ah went intae Leith. Ah'd be seventeen or eighteen. It wis after the General Strike, about 1928. At that particular time when ye heard o' jobs there'd maybe be twenty men after that job, ye know. It wis scrannin', scrannin' for a job it wis.[46] It wis very, very difficult tae get work. At that time ah could tell you there were about 500 dockers in Leith docks. But bein' new ah couldnae get a job there, ye see. And this was straggin', by the way. What ye ca' straggin' was, after a' the dockers were started, then they started unemployed blokes like me. So I was what ye called a strag, which meant ah could get a check tae work only after all the union dockers wis workin'.[47]

And ah remember ma first check ah got from a gaffer named Brown Jack—that wis his name, Brown Jack. Ah don't know how he got the name. But the firm was the Coast Lines, and they started men any time of the day, ah should say. But they always had a notice board at the side o' their office, tellin' how many squads they were goin' tae start. So ah went down on the Sunday tae look at this notice board and ah saw there were four squads gettin' started at two o'clock in the mornin'. So ah went down there then and this man Brown Jack gave me a check for a job. And then ah had tae go across tae the ship side, show him the check and ma name. He looked at me and he says, 'Did ah bloody start you?' Ah says, 'Yes.' He says, 'Well, ah want ma bloody heid looked.' Ah said, 'Oh!' Well, at that time you could get paid off an an hour's notice, ye know. You could just get, 'That's it.' So I said, 'Oh, well, I'll get an hour's pay anyway.' Well, he wis goin' round and he wis passin' this one and that one and he never come tae me. Ah says, 'A' right.' So seven o'clock in the mornin' come and he come along tae me and he says, 'Away hame for your breakfast, son, and come back at eight o'clock.' Well, by this time ah'd been pullin' bags—a barrow, ken, one o' thae dock barrows, wi' fifteen hundredweight in it o' sugar. And ma hands were raw. And this docker says, 'Let's see your hands, son.' He says, 'Oh,' he says, 'ye ken what'll cure them? Pee on them. Piss on them.' Ah says, 'Eh?' He says, 'Go on.' So ah went and done it and—ohhhpphew!

So we started at eight o'clock again and ah worked tae twelve and he's passin' iz and everythin', he's payin' a' the rest o' them, ken. And he come back and he says, 'Come back at one o'clock again, son.' So—right. Five o'clock come and he come ower and he says, 'We're workin' tae seven tae finish the boat.' Ah says, 'Oh.' Ah could feel maself, ah wis absolutely knackered. Well, it come seven o'clock and ah just went ower, and he says, 'That's it then, lad.' He said, 'Now you stand in tae me any time and ah'll give you a check.'

Ah worked tae seven o'clock and what ah got in ma hand wis £1-odds, ye ken, £1.18.0 or somethin' like that. But that wis frae two o'clock in the mornin' tae seven o'clock at night. So that wis the hard side. But that's how ah got tae be established, jist through bein' a willin' worker. Ye see, ah wis determined tae think of ma mother and money for the bairns, ye see. It wis always that way. And that was ma start.

One time ah couldnae get work, ah wisnae workin'. And ah met a fellow ca'ed Hughie Hume. Ah says, 'Ah cannae get a job in the docks,' ah says, 'but ah'm goin' tae look for a job.' He says, 'Ah'll come wi' ye.' So we went tae Portobello and we jist got tae very near Musselburgh and we come back. And as we were comin' back along the same road ah said, 'Here, Hughie, that hut wisnae there when we went that wey. Come on, we'll go up and see if there's a job.' 'Och,' he said, 'dinnae be sae bloody daft.' So ah went up and knocked at this hut door and the man says, 'Yeah?' Ah says, 'Are ye lookin' for any labourers?' He says, 'Yes—start right away.' And it wis a pumpin' thing for tae put pile drivin'. And that wis the job, emptyin'. So ah got it. Ah says, 'And ah've got ma pal here.' The man says, 'Get him. Get him started.' So ah says tae Hughie, 'How much have you got?' He says, 'Ah've only got a wing'—a penny. Ah says, 'Ah've only got a ha'penny.' So ah went ower tae the shop across the road a bit and ah got three Abernethy biscuits. This wis about half-past four in the afternoon we were started. We worked tae nine o'clock.

Ah got nine weeks oot o' that job. Then ah went tae the buroo and ah got a green caird and that green caird allowed me a job wi' Kalas, a Dutch firm, puttin' up the breakwater. They were puttin' a new pier in Newhaven. So ah got a job and ma mate got a job, tae. And this big Mr Ackers wis the manager. He says, 'Right—bargemen.' And this job wis tae empty the barges when the tide wis in—a' these big stanes, empty them ower the side, shovel a' the... whatever it wis, bottomin' and a' that. And Mr Ackers says, 'You're special men,' he says, 'your wages'll be £4.10.0 per week.' That wis great, that wis great.

Ah worked wi' the tide. You started at eight o'clock in the mornin', and if the tides were suitable we could dae two barges in the shift. We went home then we come back when the tide wis up, see. We were workin' wi' the tides. As soon as the tides went back then they couldnae get these big sett stones thrown in. They said, 'Come back so-and-so.' We went home. But it wis always daylight when we worked. Ah must say we were very good workers. We could finish two barges in aboot four and a half hoors, workin' wi' the tides. Startin' at eight o'clock in the mornin' we would finish roughly twelve o'clock. We took the two barges, ye see, because the tide wis away then. And we got paid £4.10.0. a week. That was a good wage. Mr Ackers said hissel', 'The best workers ah've ever had.' Later on, when the war come, ye ken, things went banky. The Dutchmen a' got interned. Kalas's Dutchmen they a' got interned, the whole lot o' them. They were neutrals at the beginnin' o' the war.

Ah come intae Leith docks again and ah got started on a props boat—pit props. And ye know, ye had tae make a big set up on the chain. Well, ah wis told tae put a rack in the chain. Well, ah didnae know what a rack in the chain was. And ma mate that ah wis workin' wi' he didnae know either. So every time it come tae our turn—there were six o' us in the hold, ye see—every time it come tae our turn it what they ca'ed jollied. The set o' props jist went splatter, ye see—the props came out o' the chain! And the old hatch man up the top said, 'Ye white heided bastard,' he says, 'put a rack in the f—in' chain.' Ah says, 'Aye!' But ah didnae know what it wis. So dinner time come and ah says, 'Well, ah'm no' goin' hame. Ah'll go intae the Tower Cafe and ah'll buy somethin' tae eat there and ah'll ask somebody tae show me how tae rack a chain.' So ah went intae the Tower Cafe and this guy says, 'Where are ye workin'?' Ah says, 'Prop boat.' 'Well,' he says, 'when ye get back ower ask for a man ca'ed Stamp on the Bacon.' So ah go ower and ah see this fat guy comin' doon, and ah says, 'Excuse me,' ah says, 'but could ye tell me where Stamp on the Bacon is?' Bang! And he hit me on the eye. 'Ah'm Mr Jones—no' Stamp on the f—in' Bacon.' 'Oh,' ah says, 'oh, dear.' He says, 'What do ye want anyway?' Ah said, 'Ah want tae learn how to rack a chain, sir.' He says, 'Call me Bob.' And he said, 'By Christ, ye're goin' tae have a beauty now, son, wi' your eye.' But he showed me how tae rack a chain.[48]

So when ah got down the hold again the hatch man says, 'Now, you white heided bastard, put the rack on the f—in' chain,' he said, 'and everythin'll be a' right.' And ah said, 'Aye, right ye are, sir, right ye are.' So ah got doon, hauled the set up, put the rack on the chain, then the set goes sailin' right up out the hold—beautiful. The next thing—ah got a broken nose. Ma pal hit me right across the nose. He says, 'Ye dirty bastard! Ye kenned how tae pit a rack on yon!' But ah hadnae known before at a'. That wis ma introduction tae the docks—how tae put a rack on the chain: a black eye and a broken nose all in the one day.

Well, by 1934 things wis a bit dodgy. Ah wis workin' in Granton again, ye see. Ah didnae always go tae Leith, ah come tae Granton. And Mr King, who wis a foreman wi' the Duke o' Buccleuch, the owner o' Granton harbour, he asked iz if ah would take a job as a capstan boy. And ah says, 'Aye, too true, ah'm gettin' a weekly work. Ah'm goin' tae get a weekly wage.' And Mr King says, 'It's a good job. At least you'll get about £2 a week.' Well, this wis great money, ye see, it wis good money. The boats used tae come from London for coals, the *Cory* boats we ca'ed them. They come back and forrit. They were ca'ed the *Cory Sea* and, oh, they were a' different names.

The capstan job wis pullin' the wire and on tae waggons. When the esparto grass boats or the waggons were gettin' filled the capstan pulled them along, ye see. And ah wis there watchin' tae see that everything wis a' right, the wirin' wis a'—ye know. The esparto grass wis comin' frae Oran in Algeria. Most o' the boats come frae Oran. And the esparto grass went to the paper mills everywhere, all over the Lothians. Clapperton's, ah think, wis the motors firm that took it away, they were the lorries.

What ah had tae do before ah got this job workin' wi' the capstan, ah had to pay a shillin' to become a protected member of the union. So ah paid ma shillin'. Well, at that time the docks wis a closed shop, it wis really a closed shop. But wi' joinin' the protective union ah found ah could put in for a transfer tae the docks section. So it wis about three or four months after, whilst we were waitin' on the *Cory* boat comin' in, ah'm readin' the union rules tae this other fellae, Willie White. And ah says tae him, 'Here, Willie, look at this yin, No. 28. Ye can get a transfer intae the docks section from....' He says, 'Ye cannae dae that!' Ah says, 'It's in black and white. There's nothin' like tryin' it.' Well, whae comes doon but the secretary o' the Transport & General Workers' Union. And ah went tae him and ah says, 'Oh, Mr Booth,' ah says, 'is it quite a' right if ah put an application in for a transfer intae the docks section?' 'Christ, laddie,' he says, 'ye cannae dae that.' Ah said, 'Excuse me,' ah said, 'but would you read that rule No. 28 to me? Ah'm maybe makin' a mistake.' 'By Christ, ye're right, tae. Put an application in.' So Willie White and me we put an application in and in due time we were called in front o' the Dock Committee, ye see. Well, they were roond this big table. There were aboot twenty dockers and this yin's firin' questions. And one o' them says, 'Ah dinnae ken whae telt ye....' Ah says, 'Nobody told me,' ah says, 'ah read the rule No. 28.' And Mr Booth he's sittin' there, and ah says, 'He didnae know aboot that rule.' 'Get oot!'[49] So Wullie White and I were thrown oot—and then we were brought in again and we were goin' tae be made dockers, black book dockers at that time. Ye had tae have the black book tae be a docker. We jist went in and he says, 'We have to inform you that you're goin' to be dockers. But there's a stipulation here,' he says. 'Ye only peyed a shillin'?' Ah says, 'Yes.' He says, 'Well, you've got £4.19.0. tae find in two days.' So that's it. Right, we're oot and ah says tae Wullie White, 'Phew, ah've got tae find £4.19.0.' 'Oh,' Wullie says, 'ah'll get ma faither tae help me.' His faither wis on the tugs at Granton. But ah couldnae ask ma mother for £4.19.0—it wis two weeks' wages. Ah said, 'For goodness sake, what am ah goin' tae dae?' A' right, ah had a gold ring. So ah pawned everything and ah got £4—jist enough—and ah peyed it. And ah became a fully fledged docker, a black book man. The black book wis your security from the union. That wis your stamps and everything come in there, ye see. That made sure ye were a proper docker.

Through time ah found it wis really, really hard work in the dock, ye ken. Ye were workin' wi' coals, workin' wi' salt boats—everythin'. And it wis a scramble, it wis jist a scramble for work. Well, at a quarter tae eight ye used tae go into the docks at Leith. And in the docks as ye go in the main entrance—not the Shore, the other entrance: Constitution Street—there used tae be a big platform. And a' the foremen got up on the platform about five tae eight or ten tae eight in the mornin' and it wis jist a mad scramble for a damned job. When the foremen got up on the platform a' the dockers, all union men there, they a' jist rushed in. They a' tried tae get the best job, ye understand. Say you had a good boat. Ye could get everybody roond you and they'd be shoutin' 'George! Jim!'—every name, and hopin' the foreman wid gie you a check. And by that time if ye were beat, ye would say, 'Oh, he's got bugger all left.' Ye'd go tae another foreman. And this is how it went. It wis a scramble. It wis jist a scramble for work.

Then years later, when ah become a foreman, a gaffer, masel' they had a hut wi' a platform on it. And ah remember this day startin' seventeen, eighteen men. And ah come off the stance, where the gaffers stand, and ah got a bluter, ah got a belt across the eye. 'Tae hell, ya dirty bastard, ye left me.' Ah'd missed this man when ah gave out the job and he'd lost his temper. And that wis it, ye see, because when they're stretchin' their arms ye're lookin' doon tae see what arm and ye're sayin', 'Is that yin?' Well, it wis funny. Through experience maybe or through lookin' and watchin' ye'd say, 'Ah'm no' startin' him, ah'm no' startin' him.' And ah'll gie ye ma reason one o' the times when ah started men. One o' the times when ah started men ah gave this guy a job. Ah cannae remember his name, he's dead now. And later on ah went tae the boat he wis workin' on and ah says tae his mate, 'Where's..., where is he?' 'Oh, he's away tae the toilet.' Ah says, 'Oh, aye? Ah'll be back then.' So half an hour later ah come and ah says, 'Where's…?' 'Oh, he's….' Ah says, 'He must have diarrhoea then, does he?' And the boys started tae laugh. So ah went tae the checker and ah says, 'Put that in. Ah'm goin' tae find….' Anyway ah went up tae the bookie's on the Shore and there he's standin'. And ah says, 'Hey, are you at your work? Well, ye can stand there and don't come down to the job. Ye're not on.' Well, he reported me to the union and ah wis goin' tae get suspended. But the chairman said, 'George did the right thing by tellin' him he could stay there,' and he says tae me, 'What did ye dae wi' his money?'. Ah says, 'As far as ah know it wis split amongst the rest o' the squad.' But if that bloke came tae me ah widnae gie him a job. And if you were the gaffer ah telt ye, 'Dinnae gie him a job.'

So through that ye learned the good men and the bad men. If ye were a gaffer ye chose the dockers ye knew tae be good workers. And ye didnae choose the bad workers. Ye shunned them. Ye see, when ah became a gaffer years later, that's why ah started a young squad. Ah wanted tae start a young squad so as that ah could work on ma wey. And ah didnae bother aboot the older dockers. The very first time ah done it and ah started a' the young fellaes the old dockers says, 'Oh, that's an old bastard that.' Ye see, and they never came near. So ah always had the young fellaes.

When the war came in 1939 there were a big committee meetin' o' the dockers and ah went there. They wanted roof-spotters for tae learn air raid precautions.[50] So ah went tae the school. And, lo and behold, ah got £4 a week for attendin' this. So ah wis a' right and ah passed wi' flyin' colours. 'Well,' ah says, 'ah'll no' go tae the war then. Ah'll no' be in the army.' But it didnae happen that way. In the very first raid on Leith ah got the glasses and ah said tae this guy watchin' wi' me, 'That's German bloody planes ower there.' They were goin' up the Fife side o' the Forth. He says, 'Ach, ye silly bastard.' Ah says, 'Ah'm tellin' ye, they're bombers.' Ah think it wis the Dornier wi' the square body like, ah cannae mind now. He says, 'What d'ye want tae dae?' Ah says, 'Ah'm goin' tae put the ball up.' They had a big bamboo ball on top o' this thing. That wis the signal it wis an air raid. So I phoned the Dock Commission and told them. Ah says, 'There's aboot eight or nine Dorniers goin' up the Fife side and ah'm puttin' the ball up.' So ah pulled the ball up, and immediately all the workers in the docks and the shipyairds a' scattered. Then the sirens started. And what happened wis, you know the German bomber that landed at Port Seton? It flew right above iz![51]

After that ah got ma callin'-up papers. Ah wis in 24 group when ah got called up. Ah wis called intae the army—the Royal Artillery. We went out to India. We were nine weeks on the boat goin' from Greenock or Gourock or some o' thae places tae India. And we stopped at Capetown but we were only three days there. In the area in South Africa they were pro-German and we couldnae go in that area. We made our way tae India and we landed at Bombay. The thing they wis spittin'—betel nut juice—wis that height. The stains wis right up. Anyway we done oor trainin' then we went up to Chittagong. And the first time we went into action we were fools, we were mugs: we had white coats, ye know, and topees. And the Japs were jist pickin' ye off.

Wi' the fall o' Singapore we were makin' tae help people comin' oot.[52] On the road to Mandalay, that's where we were. And that's when ah learnt tae drive a 3-ton Chev, wi' the help o' a revolver. Ah couldnae drive. An officer said, 'You can drive. Get in there.' So ah got half an hour tae learn it. It wis a' right. When we moved out at night ma truck wis loaded wi' evacuees, women and children from Singapore. It wis pitch black. All we could see wis wi' a wee pilot light. The truck in front ah wis followin' his tail light and ye followed that. Then that light disappeared. Ah hadnae a door on ma truck. The next thing—ah fell oot the truck. The truck went over a cliff. And it wis loaded wi' evacuees. Ah never heard a sound. And ah stopped there and waited and somebody came up and said, 'What the hell's the matter?' And ah said, 'Ah've no' got a van. It's ower the cliff.' 'Cor blimey!' And up come the old colonel and he says, 'Thank God you stopped it because we would all have went.' Oh, it wis terrible. Still when ah go out in front o' a car now my stomach tightens up. Ah cannae stand it. Ah widnae drive now.

The next thing that happened wis ah wis a loader on a 25-pound gun. But General Wingate, wi' a big white charger, he come up and we're a' in the regiment. He says, 'Right, this half—thae's a' Chindits.' Wingate got killed later in an aircrash. He wis a pure rat, that's a'.[53] Anyway we split up and we got trainin' away down tae Madras. We done the six weeks' trainin' course, jumpin' on tae barges tae invade on tae a place ca'ed Akyab in Burma. We landed on Ramree island but by this time the Japs had left the island and we were fightin' at Akyab a' the time and roond aboot.

Then ah got back intae the regiment again for a rest, and the four cooks got killed wi' a shell in a raid. So 'You, you, you and you—four cooks.' Ah said, 'Ah cannae bile water.' 'So now's your bloody time tae learn.' So ah become a cook. And ah done a' right.

Oh, ma experience in India and Burma affected me, oh, it did that. And these things set me goin', somethin' in here. Oh, ah saw great poverty in India, oh, it wis a shame. In 1943 ah got fourteen days' war leave and your war leave didnae start tae ye landed where ye were goin'. So ah wanted tae go tae Calcutta—and that wis in 1943. And the dead—ah'm talkin' about the 1943 famine in India—the dead wis five feet high, right along Chowringhi. Chrowringhi's like Princes Street in Edinburgh—the main street. There were bodies piled right up and right doon. The only people that touched the dead wis the untouchables. These untouchables, ah admired them. Ah admired them for doin' that, buryin' the dead. They were buryin' the dead, they were burnin' them.Oh, that wis a terrible experience in Calcutta.Ye never forget these things. Well, ye forget some o' them. Ye forget the bad bits. Ye forget the time when your pals were killed beside ye. As I used tae say, well, ma number wisnae on the bullet.[54]

Well, the war finished and ah'm comin' home and ah got posted tae Peebles Hydro. Now Peebles Hydro at that time wis a pox hospital. There were aboot 180 comin' in every night wi' a train. They had VD. And when ah arrived at the hotel, oh, fully loaded up, two women passed me and ah heard them distinctly say, 'Oh, there's another yin wi' the bloody VD.' Ah says, 'Ah've no' got VD, missus, ah'm goin' tae work here.' And when ah get in front o' the old man, he says, 'Well, the best place for you will be the vegetable room.' But ah didnae last long in the vegetable room. Ah got sent up tae the officers' mess and that was the world's worst job ever ah had. And then ah got sent to Edinburgh Castle and ah worked in the officers' mess there. And ah didnae last very long. Ah got posted to Dingwall and when ah got up to Dingwall there werenae a place: it had been closed for three weeks. So ah had tae spend the night in the jail. And ah got posted back to Edinburgh Castle. And that's when ah got demobbed—in 1945. That wis ma wartime experiences.

So ah come back intae Leith docks and ah got on very well, ken. When ah first went in the docks, well, facilities, oh, there were nothing, there were nothing. Ye couldnae get washed, there were no showers. There wisnae showers till well on. It wis a' dry toilets at that time. There wis places wi' dry toilets here, there and everywhere—it wis a' dry toilets. There wis no protective clothin'—nothin' like that until well on either. Once the National Dock Labour Board took over then things began tae get good, ye know, really good, where ye would have your shower and ye would have your rest room and ye would have your cup o' tea. And ye even had men—ken, one o' the old dockers—makin' their dinners. They had an old retired docker would come and made your dinner, ye ken—heat your pies and a' this. Oh, it wis good then.[55]

The tea breaks wis staggered, ye see. What they done wis: 'You go for a cup o' tea and the job'll go on.' When you come back somebody else went. It wis good.[56]

There were cafes in Leith where the dockers went. There were the Tower—it's still there yet, down Constitution Street. Oh, a lot o' the dockers went there. Then the Greasy Spoon wis jist at the corner where the old post office is in Salamander Street. That wis a popular place, the Greasy Spoon. And then there were another place they used tae go—Joe Carton. He wis doon the Shore. They were a' cafes. Oh, ye could get a cup o' tea. Then the Chinese they started tae get a place. But the docker wisnae in for that type o' stuff. So they sin closed doon the shop. Ye see, Joe Carton and a' thame, they were the ones. And the Tower, he had the two: he had one at—oh, ah cannae mind the name o' the place—jist past Crawford's biscuit factory, the entrance there. There were a big cafe there. They were very cheap, too, they were good.

Oh, there were characters among the Leith dockers. There wis a bloke Honest John Drummond. Well, Honest John wis a Bible puncher. And when the fruit boats come in he stole as much fruit as possible. And he went up and intae Leith Hospital and he says, 'This is from the dockers.' Honest John. And he died wi' a heart attack. Neither wonder. Ah never saw such a rogue. That's why he wis called Honest John, ken. He always went tae the hospital wi' loads o' fruit. Then there wis Medals, a bloke ca'ed Medals, because he'd been a Territorial or something. He wis a great big yin, ye see. He got medals. Then there wis the Scottish Soldier. And he wis in the army tae, a Royal Scot. He had been a Regular, ye see. And then there were See's a Light. And he wis See's a Light when he heard ye had a match. And then there wis another man ca'ed Says I. And everything he said: 'Aye, says I, says I, says I, I said that.' And, oh, there were Lord Overcoat. He never took his overcoat off when he wis workin'! Oh, and there were Slypes. He wis a big thin bloke, a big skinny bloke. They ca'ed him Slypes. Well, a slype wis a runway they slide the barraes down off the waggons, ken. Oh, the names! There were Mustard—he wis hot stuff. And then there were Kippers—he loved kippers. A lot o' the dockers had nicknames, ah'm tryin' tae mind them a'.

Ah remember some o' the dockers worked well over retirement age. But ah must say that once you become a docker these fellows, the older men, helped ye an awfy lot. They showed ye how tae dae things, how tae manipulate. And it wis really wonderful, ye ken. Ah must say they were really good.

Accidents were common in the docks—chapped fingers and cut fingers, fingers off. Oh, ah remember a docker got killed wi' waggons, railway waggons. A shunt—they done a shunt. Ah can't remember the man's name. Then a wee thingmie boat capsized—ah think it happened jist before ah wis in the dock, ah cannae remember. They were puttin' a boiler on it and it capsized and they were a' drooned.[57]

Ah remember Willie Aldershaw wis the foreman on one o' these boats and they were loadin' at that time the old tramcar rails. The last tramcar in Edinburgh wis 1956 so it wis well on after then. A foreman wis a very important guy in the dock, because he had tae make sure that that boat wis goin' tae sea seaworthy. And this German captain wanted tae be home by Christmas. He wanted home for Christmas, and he wis hurryin' up, hurry, hurry, hurry. Now every time that a set o' these rails come down ye had tae put some baggin' or wood or anything, because iron tae iron slides. And we come tae the 'tween deck o' the ship and the skipper wis in such a hurry. 'That'll dae, that'll dae.' And of course Willie Aldershaw said, 'Well, that's it. What can ah dae?' So the men went oot, the boat wis finished and it went oot tae the other side o' Inchkeith, turned turtle and they were a' drooned. That wis a German ship. There wid be aboot six o' a crew. Lost. All through hurryin' up, all through jist a bit o' wood. Ye see, as soon as a set come doon it bit intae the wood and it didnae slide. So it wis a very important job. Willie Aldershaw he wis called up tae the court. He had a hard time. In fact, he packed in bein' a gaffer efter it, because o' the feelin', ye know. It must have been terrible. Ah don't think he ever got over it, ye know, that maybe he wis the cause o' it.[58]

Well, ah wis only four month back frae the army—oh, it wis longer than that. Ah'm tryin' tae mind the year. Ah wis married then, ah'd got married and we were expectin' Merle, the bairn. And ah wis workin' on a prop boat at No. 3 Imperial Dock. And as the hatch wis bein' set—the boat wis very near finished, only a couple o' set tae go and the boat wis finished in this wee set—the hatch man, instead o' guidin' the thing straight up he hit the baulkheid. A prop fell oot and hit me on the ankle. It broke ma ankle, split it. And ah wis two year off, two year. Ah had tae go back and get it re-set. And tae this day ah've got a steel pin in there. That's the most serious ah ever had. Ah got compensation through the union and ah think at the finish ah got about £300—a lump sum. But the dockers were very good tae me. They had every week—whaever wis ill—they had always a collection for who wis ever off. So ye always got something. And ah used tae get maybe £6 or £7 mair, ken, gettin' it. That wis great. And they were really good, the dockers were really good tae each other, ye know. '

In fact, ah like talkin' aboot the dockers because it lets people know what life wis then and what life is now. Now at the present time everybody jist wants money, money, money. At that time we wanted money but we wanted—it wis a love, a sort o' special love, ah think, wi' work. Love wis concerned. Oh, there was a lot o' comradeship among the dockers, very much so. They were a great crowd, they were. They were always there tae help ye, ye know. It didnae matter whether you were a Catholic or a…. It wis nothin' like that, nae hatred at a'. They a' mucked in. Aye, it wis great.

There were a lot o' Catholics in the docks. Oh, ah remember John Cormack and Protestant Action at the foot o' the Walk. He said, 'Stop! Hold it, hold it! No Popery!' He used tae shout—here they were goin' doon tae the chapel—'No Popery!' He wis a great speaker wis Johnny Cormack. Ah used tae go tae some o' his meetins. Ah liked them. Oh, it used tae be great at the fit o' the Walk. There were some great guys.[59]

John Cormack's meetins wis all in the street. But he had the Corner Rooms at the bottom o' Ferry Road. And it used tae be great dancin' in there, it used tae be in the Corner Rooms. It's away now but that's where it wis, the corner where the public library is now. But that's where he held his meetins, too, in the Corner Rooms.

Oh, John Cormack had a few supporters among the dockers. But ah must say the docks wis riddled wi' Catholics. Ah think masel' it caused a bit o' controversy among the dockers. Ah could give ye an instance where it did cause a lot o' trouble. Geordie Rough wis a foreman on the slate boats that used tae come in. They come frae Wales. The slate wis for the roofs. And he worked wi' them, the slate boats. And they used tae load them in, ye know. And at dinnertime, if there wis goin' tae be a pay-off, this is what Geordie Rough used tae shout: 'All Papes tae the box!' And he made sure that the Catholics were away gettin' peyed off. He kept on the Protestants and peyed off the Catholics—'All Papes to the box!' Oh, he wisnae jokin' when he said that. No, it wis serious. If you were a Catholic you would have been oot. Ah couldnae be sure if Geordie Rough wis a supporter o' John Cormack, ah'm no' sure o' that. Ah don't think there were any cases where Protestants were dealt wi' like that by a Catholic foreman, ah don't really think so, because where the Catholics were concerned.... Ah don't think there were anything tae dae wi' religion. Religion wis out. A' we were wanting wis money. It wis only an odd few like Geordie Rough. He wis outstandin'. He wis the foreman, yes, he wis the man. Ah wid say that otherwise—nothing.

Ah never joined a political party. That didnae interest me. Ah wis on the committee o' the union—the Transport & General Workers' Union. Ah got on the committee for a couple o' years through them votin' iz in. And it wis the worst two years ah've ever had, because there were a lot o' Communists then. And the great word in the docks wis, 'Leave it. It's status quo', ye see. And this particular time they were wantin' this and wantin' that. And ah put ma hand up and ah said, 'Ah think the thing should be left as status quo and we'll see how we get on wi' it.' Boom! Right intae it! Oh, ya...! Ah wis kicked on the shins. Ah don't know who kicked me. It wis on the other side. Ah couldnae tell ye. But ah could see by the looks. There were two o' them and they sat thegither. They didnae want tae leave it at status quo. They said, 'No, no', ye see.[60]

Well, as ah've said, ah come back intae the docks after the war and ah got on very well. And we were at a salt boat one day, workin' salt, ye ken, bulk salt. And ah wis usin' the pick and ah wis gettin' great big falls. Ah wis diggin' underneath it, ye see, in the hold. And this foreman he come. He says, 'The manager wants tae see you at five o'clock.' Ah says, 'Me?' So the manager says, 'I'd like you tae be a foreman.' He said, 'We've been watchin' ye and,' he says, 'we think you could make a good foreman. But,' he says, 'you understand,' he says, 'if you're a foreman you can't ride the fence. You're either for the firm or the dockers. What are you goin' tae dae?' Ah says, 'Well, ah'll be wi' the firm.' So ah finished up as a foreman. The firm wis George Gibson's.

So when ah became a gaffer ah started a' young lads. Every one o' them wis a young fellae. And ah wis allowed through the union tae go doon and show them what to do, show them in half an hour. And ah had a good squad. Ah started young lads because ah thought that the auld men would be tryin' tae say, 'Oh, ye can't dae this and ye dinnae dae that,' ye know. And ah said, 'Well, ah'll start young fellows', even if they were jist new men comin' in, gie them an opportunity. Well, ah wis always thinkin' on how the hell ah got a job maself and got in. And ye know, ah had a really good squad.

Ah remember one day: if you were in the number one hold, the main hatch, you were the hale boss o' that ship. So this foreman Bob Inch wis in the main hatch and he come tae me and he says, 'You'll take number one hold,' he says, 'and we'll gie ye waggons.' Ah says, 'Right.' Ah says, 'What are you gettin'?' He says, 'Ah'll take a' the motors.' Ah says, 'A' right.' And this particular day on the pump ah wis 80-ton in front o' the main hatch. Well, Bob Inch done his nut, he lost the heid. At one o'clock he come oot. He says, 'You're goin tae dae the motors,' he says, 'and ah'm goin' on the waggons.' Ah says, 'Ah'm finishin' the waggons.' He says, 'Ah'll punch your f—in' heid off.' This is Bob Inch, the main foreman, talkin' tae me. But a' his pals were motormen. They were a' roond me, ye see. Ah says, 'Well, ah'll tell ye what ah'll dae,' ah says. And there were loads o' timber there at that time. Ah says, 'Get roond that bing o' timber. And ah'll tell you now,' ah says, 'ah'm the one that's comin' back. You'll no be comin' back.' So we got roond the bing and he wis goin' tae take his coat off when ah hit him. Well, he put his hands up so ah booffed him. And as he went doon ah kicked him. That wis life. So he wis down and he wis out. And ah walked oot, ye see. Well, ah got suspended for three weeks! But that wis nothin'. Och, the dockers.

Oh, ah remember doon a hold: tae start loadin' a ship—if ye're goin' tae load a ship and you're a holder ye look at the mast and ye take half the mast, ye see. And ye don't steal that much or that much. That is it. You start to load half the mast so that you both have a broken stow at the ship, ye see. This day this guy stole about an inch, ye see. So ah shifted it ower a bit. And he says, 'Ah'll burst your f-in' heid.' Ah said, 'Look,' ah said, 'half the mast.' Ah said, 'Ah'm no' stealin' any.' So when ah wis pittin' ma next case doon he lifted a crowbar and he wis goin' tae belt iz. Somebody shouted, 'George!' And ah turned roond and ah grabbed the crowbar, otherwise ah would probably have been killed. But that wis life in the dock. Oh, they were common—common physical.

Oh, there were a lot o' physical. You were keyed up. You see, the whole thing wis—ah think it wis greed for money. That's what ah think. Ye see, the mair ma squad got oot the mair money ah wis gettin', ye see, as the foreman. And this wis the whole thing. That's how the fight started wi' Bob Inch, because ah wis 80 ton—well, that's a lot o' money—ah wis 80 ton in front o' him. He wis actually jealous o' me.

When ah become a gaffer ah done a' right, ye see. That's what ah finished up as, a foreman. Then ah took redundancy when ah wis 62. It wis 1973 or 1974, roond aboot then. Ah went home and ah said tae the wife, 'Look. We've got a chance of gettin' four thousand quid.' Now that wis a lot o' money then, you understand. And ah says, 'Ah couldnae make four thousand quid in three years. What should we dae?' Ah says tae the wife, 'It's up tae you.' She said, 'We'll take it but you have tae go and look for a job.' That's what she said. So ah said, 'Well, a' right.' So ah took this four thousand quid.

And for three weeks ah had no other job. Ah said, 'Oh, ah cannae stand this.' So one day ah wis walkin' past Shrubhill depot in Leith Walk, where the buses are. So ah walked up tae the office. Ah said, 'Any chance o' a job?' So Mr Brown, who wis the manager in the depot, come and says, 'The only job ah've got is a sweeper's job. It's eighteen quid a week.' Ah says, 'Ah'll take it.' Ah bought stamps wi' it, got ma pension higher. Ah wis cleanin' where the pits for the buses were.

So ah wis brushin' away one day when the supervisor he comes. He says, 'Hey, you! Come oot o' there.' Ah said, 'What have ah done? Ah'm goin' tae get ma books here.' But no. He took me roond tae what they called the gearboxes. It wis a' the gearboxes—washin' a' them and sortin' a' the screws and the washers. He says, 'There—that's a better job for you.' It wis, because ma wages went from £18 to £45! So that's where ah finished up. Ah carried on at Shrubhill depot till ah retired. But this Mr Brown, the manager, asked me if there were any mair dockers—and ah got twelve dockers started in there. And Mr Brown says, 'Ah've never had a bad egg oot the twelve.' The dockers maybe had a bad name, ye know, there were a lot o' rogues. They were a' rogues, if they got the chance o' it. You understand, nane o' us were Mr Wonderfuls.

Oh, ah've no regrets aboot bein' a docker. Oh, no, no, no. The dockers were a great crowd, they were. Oh, ah enjoyed ma life in the dock. It wisnae always easy but ah enjoyed it.

Bobby Rodger

Ma parents didnae want me tae go down the docks. They never explained tae me. They jist said, 'Oh, no, you're no' goin' down there.' Oh, well, ah think they were a wee bit ambitious for me!

Ah wis born 21st August 1912. Ah wis born in Burntisland. And what happened, ma father worked in the engine shop for the railway over there. Ma father belonged tae that area—Orrock Farm, ah believe it wis called, near Burntisland. Actually, he was a stonemason first, and for some reason or other—ah don't know if it wis lack o' work or what—but he went tae what we called the Round House, a great big domed house: engineers' shop. He must have been comparatively young because, well, he wis 26 when he wis married. That would be about 1911. He would be born about 1885, ah think. And the railway engine shop wis a reserved occupation at that time till 1917, and he wis called up in early 1917. And we came over tae Leith tae stay wi' ma grandfather, ma mother's father. And we've been jist here in Leith ever since.

Ah'm no' sure o' the background o' ma father's family. Ma grandfather Rodger was dead. Ma granny had one o' the post offices at the Lower Binn at Burntisland. She stayed in Harbour Place—that's jist facin' the bridge, in the square at Burntisland—where the fire station is now. And seemingly there wis a big family and she brought him up. Ma father wis the oldest. Ah had plenty uncles and that. But ah don't remember ma father speakin' about his father and what he did for a livin', no' really.

Ma mother belonged tae Leith. She wis a year and a half younger than ma father. She wis jist over 24 when they were married like. And she wis one o' a big family—one o' twelve. Of course, that wis the trend at that time, large families. Well, an uncle o' mine over in Burntisland had a pub and ma mother worked in there, the Green Tree. Possibly that wis how she met ma father. The pub belonged tae the Huttons, Jack Hutton—Hutton is ma middle name.

Ma mother's maiden name wis Baird. And ma grandfather Baird, well, we stayed wi' him in Assembly Street when we came tae Leith in 1917. Assembly Street's jist down in Leith at the docks. Ma grandfather Baird wis a corn trade porter with Herdman and Co. They were self-employed at that time. There were several companies o' porters at that time. As far as ah know grandfather Baird had always worked in that area. Oh, he could talk about the bloomin' Crimean War and things like that! Ah can't really remember what he said about the Crimean War. Ah believe—ah'm no' sure about this—but ah believe he wis brought up on a farm in East Lothian and he got something tae do with selecting the grain and drying grain and things like that. And then it must have been for exports or something like that, he got involved there. That's how he seemingly came here tae Leith. Ah don't remember him speakin' much about his work in the docks in the early days, no' really. But he wis still workin' at the docks when ah came over tae Leith with ma mother in 1917. Ah'm no' sure but ah think it wis 1922 when he died. Oh, he'd be over seventy anyway when he died. Ah'd be nine, ten years old at that time.

Ma grandmother Baird had died. Ah can't remember her at all She had died durin' the war, it would be early on. That's why ma mother came over tae Leith, partly tae look after grandfather Baird.

Ma father was in the RAMC—the Medical Corps—in the First World War. Oh, he wis in France. He very seldom spoke about his experiences in the war. Maybe if he wis drunk he would mention it. Oh, he liked a drink on Friday and Saturday and that wis him finished! Ah've heard him whisperin' about the war, but we were a' shunted out. He never discussed his war experiences, not with me. Ah think the war affected his views on religion. Well, ah mean ah've heard him say that so-and-so came down blessin' guns and things like that, and regimental things, ye know, for mass killing and a' the rest o' it. Most o' his family at Burntisland were a' Salvationists, in the Salvation Army. That wis ma father's background, the Salvation Army. Oh, well, he must ha' lost his religious faith durin' the war years, ah think. Oh, he wisnae a churchgoer after the war, oh, no, he wis very—no' anti, but jist pooh-poohed it.

Ah think it wis early 1919 when ma father must have been demobbed. He must have got out early, ye see. When he came back from the Forces jist after the First World War ma father got a job down Leith docks wi' contractors. He wis a coal trimmer. And that wis steady work down in the dock. That wisnae casual work. But he went right intae the docks then.[61]

Ah'm the oldest in ma family. There's only two o' us. Ah had a younger sister, Betsy. She wis about thirteen and a half month younger than me. She wis born on the 8th o' September 1913, just before the war.

As ah say, from 1917 when we came over tae Leith we stayed wi' ma grandfather Baird at 19 Assembly Street. Ah wis in the house there till ah got married in 1937. Ma mother and father were there till they died in the 1950s. It wis a tenement house. It wis built for the Leith Gas Board—

foremen and things like that. It wis built in 1905, ah believe. And we were kind o' a wee bit snooty. We had hot and cold water and a bath, and a kitchen. It wis very unusual.

The house had jist the two rooms. It wis a huge room: oh, maybe thirty feet long and about twenty feet broad. It wis a huge room and a huge bed recess. Then we had a bedroom. That wis a huge bedroom as well—no' quite as big as the other one—but two large rooms. There wis a boxroom there. There wis a coal cellar there, and the boxroom wis next to the coal cellar. Oh, well, ye could get a bed in the boxroom but we never ever. Some o' them did in that tenement, some o' them that had big families. Some o' them had big families and they had beds installed in these cupboards or boxrooms. They didnae have any windows, it wis only curtains, ah think, it wis only curtains. But ah think it wis only curtains up tae so high. That gave it a bit o' privacy, fresh air, and things like that. But, ye see, in our family there wis only two o' us, ma sister and I.

Ma parents slept in the living room, and ma sister. And ah wis wi' ma grandad Baird in the big room till he died. When he died a cousin o' mine came tae stay with us. And him and I we bedded down in the room our two selves, in the same bed. He was a lot older than me, he'd be ten years older than me. It wis quite normal then for laddies or young men tae sleep together, oh, that wis jist normal.

Then in our house in Assembly Street there wis a separate kitchen. It had a sink and a tub, what we called the tub. The lighting wis gas. For cooking it wis a range, jist a coal range. But we had a gas ring and we had an oven with the range. And they had gas in there for baking. Oh, ma mother baked in the gas oven. It wis coke the range burned. And, ah mean, everybody said, 'You'll need tae watch what you're doing, burning coke, because ye get gas and that off it.' But the range we had a draught coming through from the back, and that took care o' that.

We had a flush toilet in the bathroom. Most working people in Leith had nothing like that. Oh, everybody in the tenement in Assembly Street we a' had the same facilities. Oh, there wis no sharing o' toilets, nothing like that. And no need to go to the public baths to get a bath. We were fortunate.

There were twelve houses in the tenement. There wis nothing on the ground flat, because there wis offices for the gas board down below and a workshop at the back, and ye went up a flight of stairs. And there wis four flight of stairs and four—the same—on the top.

Ah started school in Leith when ah wis five. Ah went to Links School. That's where Leith Academy was—what they ca' now Queen Margaret College. But it used tae be a tin school. Ah believe it wis Watt's Hospital at one time. And it wis taken over—ah don't know when—as a school. The old Links School used tae be down at St John's Place, and they turned that intae a medical centre for school. Ah think it's still there yet, ah'm no' sure. But the Links School ah went tae wis demolished it would be just after the General Strike, about 1927, '28, and Leith Academy was built then there.[62]

Oh, at Links School we had plenty tae play at and plenty tae do. Ah didnae mind the school at all, ah enjoyed it. Ah wis always in the first three in the class. But ah more or less specialised—well, no' specialised, but ah read a lot about history, and Indian history in particular. Well, ah think it wis readin' Kiplin' and things like that: it stimulates an interest.[63] Oh, ah've always been a keen reader. Ah'd be about nine or ten when ah joined the public library—McDonald Road. Ah had to walk from Burns's Monument in Bernard Street right up tae McDonald Road and back again. Oh, it wis quite a long walk for a laddie. But, oh, ah read quite a few books, quite a few o' Dickens and Walter Scott's, of course, laddie like. Ah developed an interest in readin' from that period. Ah've been a reader more or less all ma life, whenever ah had the opportunity. Oh, ma mother— especially ma mother—encouraged me tae read. Reading helped in ma school work—spelling and essays.

Comics, well, ah used tae get *The Boys' Own*, and what was the other one? *The Gem* and *The Magnet*. I used tae get them and we used tae switch them back and forrit tae some o' your mates.[64]

From Links School, oh, ah passed the Qualifyin' exam and ah moved on to Bonnington Road secondary school. And ah wis there till ah wis fourteen. Oh, ah liked the secondary school. It was completely different. And you were more or less adults, well, you could walk around within the school and do things that you couldn't do in your junior school. You had more freedom even in the classroom—providin' ye werenae disruptive or anything like that. Oh, it wisnae a harsh regime, oh, no, no' at that time. The teachers were firm. Oh, ah had knuckles like...! Wi' a ruler!

Well, ah wis very fortunate at ma school. In ma class at ma age group— well, ma first memories o' school at Links School it wis packed. They divided the class intae two, and there wis only eighteen tae twenty in our class. That wis a very small class, oh, thirty was a very small class. It wis our age group. There wis a big gap seemingly. It must have been with the 1914-18 War and what not, ye see—something like that anyway.

Oh, ah wis very fortunate at the school. Well, ah think the teachers were great at that time. We had women and men teachers. In the primary it wis Miss Thomson, Miss Denholm, an ah forget who the other one wis. But latterly ma headmaster wis John Russell, who wrote *The Story o' Leith*. He was the headmaster at the Links School—and then he went tae Bonnington Road. He wis there when ah wis there. Oh, he wis good. And in the secondary school we had a mixture o' women and men teachers.[65]

Ah think it wis usually geography and history that interested me most in the secondary school. Ah started off trigonometry—ah did maths like, trig. When ah got tae that stage ah wis jist leavin' school. Oh, ah liked maths. English, ah wisnae too bad at that. Ma reading helped me a lot wi' English. Ah enjoyed the whole o' school.

Ah wis in the Boys' Reserve when ah wis eight, wi' the wee sailor hat. Then ah went to the Boys' Brigade. It would be age eleven entry into the BBs. Oh, ah wis quite keen on the BBs. Ah remained in the BBs until ah wis about seventeen, eighteen.[66] Ah mean, the whole centre o' your livin' wis a' round the kirk in these days. Oh, ma parents were Church o' Scotland. It wis Henderson Street Church. Ma mother wis a regular attender, not ma father. Ma father wis very sceptical, more or less a freethinker. Well, ye went to the Bible class, then you went tae the Sunday School. Everythin' wis closed on a Sunday. There was nothin' to do—either that or walk up the town in the good weather or down to the docks, and that wis it.

But ah got a lot out o' bein' in the BBs. We had somethin' tae do every day, every night except one—a Thursday. We never had anything to do on a Thursday. Ye had the Bible class on the Sunday. Ye went to the swimmin' baths on the Monday—it was the BBs. And we had the BB club on a Tuesday, and we had a PT class on the Wednesday. The Thursday wis a one off. Friday was your drill night. The Saturday was your club night. There were two club nights in the week. Well, on the club night ye played a three-quarter sized billiards—it wisnae snooker then, it wis billiards. And ye could play draughts, chess, and there wis various games—dominoes, and things like that. And then we had a draughts team—12th Leith BBs, Henderson Street—had a draughts team, and they won the BB draughts competition for about eight or nine years on the trot. Oh, ah wis a member o' the team and ah enjoyed that. Ah played chess, ah won the BB championship for Leith and Edinburgh.

Oh, ah went tae the BB camps. They were held at Crail every year. Oh, that wis a great thing at that particular time. Ah got a great deal out o' bein' in the BBs, oh, definitely. Ah had a lot o' friends in the BBs. And ah played football. Ah used tae play football for the BBs in the mornin' and the school in the afternoon on a Saturday.

When ah wis at school ma ambition wis, oh, tae be a seaman! Ma oldest uncle, ma mother's oldest brother Hugh Baird—he went tae Australia—he went tae sea. He wis on a private yacht. And he brought us a lot o' stuff home from the Far East when he wis there. It wis at the time o' the Liptons and that type, cruisin' in their yachts, maybe round the world or whatever it was.[67] Ah wis a young laddie. And when ma uncle Hugh came back he had a lot o' photies and things like that. Well, what between that and walkin' down the docks every other day.... Och, nearly every Sunday in the good weather ah went down the docks jist tae have a walk round, tae see everything. There wis no connection wi' ma father's work in the docks. Ah never went down tae see ma father workin' or take his piece down. It wis usually on a Sunday we went down. It wis easy tae get in at that time. So tae be a seaman wis an ambition ah had from quite an early age.

But when ah left school when ah wis fourteen—it wis jist after the 1926 General Strike—ah didn't go intae the merchant navy. Ma mate and I tried tae get on one or two o' the boats, but there wis always somebody else beat us tae it! Ah mean, in these days you always had tae wait on somebody leaving or somebody gettin' promoted from cabin boy or somethin' like that. But apart from that it wis jist a matter o' if they thought you could do the job. They never asked for qualifications, qualification were nil. It wis jist if you were big enough, tall enough, strong enough lookin', and you were keen. Ah wis quite keen. Well, in a way ah wis disappointed when ah couldn't get a start.

So, as ah say, ah wis at the school till ah wis fourteen. That wis the year o' the General Strike. Ah remember in the summertime o' the strike it wis very hard tae get coal at that time, of course. And the story went that down at Granton the waggons were comin' from the gas works with coke to be shipped. And one o' the coal merchants seemingly had got so many waggons o' coke, and ye could fill your bag for a shillin' a bag. Granton wis quite a wee distance away from Assembly Street. But I wis tae get a bag for ma mother, a bag for ma Auntie Mary who stayed next door, and a bag for auld Mrs Jamieson. That wis the three bags ah wis tae get. Well, ma friend Willie MacLeod delivered milk for the Co-op in Elbe Street. And we went round there and asked them for a loan o' the barrow, a two-wheeled bar-row. And we wheeled it away up there tae Granton, filled the three bags. Shillin' a time it wis for the bags, so obviously we took the biggest bags we could get! When we came home, oh, crikey, we were exhausted! Oh, it wis a long way—it would be two mile anyway, but each way like, two miles there and two miles back. Willie and I took turns to push the barrow, oh, one drawin' and one pushin'.

But ah remember the 1926 General Strike at Leith docks. Oh, they were on strike. And I remember the earlier strike—it would be 1921. I would only be about ten or eleven. Ah recollect the mounted police and the men carted away tae Leith Hospital. And seemingly everybody that went up there tae the casualty ward, wi' a cut head or shoulder wounds or anything like that—they were on a charge! So they tell me like, ah couldnae verify that.[68]

Well, when ah left school in 1926 there wasnae any work at that time and ah started a commercial course in Leith Walk School in Brunswick Road, opposite McDonald Road. Ah went there and, oh, ah'd be there six months anyway. It wis a commercial course. That wis typewritin', book-keepin', arithmetic, English, shorthand. I was quite good at shorthand. By the time ah left ah had the theory and ah had ma intermediate—about eighty words a minute. Ah enjoyed that and ah kept the shorthand on as a hobby after ah left. Years later, durin' the strikes at the docks, ah wis the minute secretary and ah had tae take it doon in shorthand. Ah enjoyed that course, well, as ah say, ah read a lot.

So when ah finished the course—it would be 1927—the BB captain got me a temporary job in a chartered accountant's office. That wis Captain Gavin, he wis the captain o' the 1st Leith BBs. Ah wis in the 12th Leith. But ma captain, George McIntyre, and Captain Gavin were very friendly. Captain Gavin worked in the accountant's office. The accountant wis a Mr McLaren. And when Mr McLaren told Captain Gavin he wis interested in getting somebody for three or four month, maybe longer, he recommended me. He was looking for a laddie at that busy period.[69]

The office wis No.5 Alva Street at the West End in Edinburgh. I used to leave the house about nine o'clock and get the tramcar up there, get up there aboot twenty past nine or somethin'. We were finished at four. It wis a short day, it was quite good. Oh, ah worked Saturday mornin' till twelve. Ah can always remember what ah got for ma pay. Ah got £2.10.0—fifty bob—a month, a month, a month! Twelve and tanner a week. Ah think it wis quite generous, actually, a wee bit above the average.

Ah was pressin' letters. You know—the old press? Damp them and put them under the press, and turn the screw to compress and take copies o' letters. And occasionally ah went out with them. Ah used tae like that for ah used tae get ma lunch. Captain Gavin used tae take me up for ma lunch! You sat with him and you got wee elementary books tae go through, ye know, that had already been done—jist tae check up. Maybe the cash book for this and the cash book for that.

Captain Gavin and a woman—Miss Flockhart, ah think it wis—in the office they used tae go round to the different areas. Ah went out with them once or twice. He didnae have a car, it wis a' tramcars. There wis just the three o' them in the office—Mr McLaren, Captain Gavin and Miss Flockhart. And ah wis in there. It wis quite good. Oh, ah would have preferred to have stayed at the accountant's. It wis quite interestin'. And in fact they encouraged me tae go to night classes and things like that tae study book-keepin' and things. Oh, well, ah wis sad when the four months were up. Ah never asked really why it wis only temporary. Ah think it was actually jist their busy season. But, oh, ah would have settled for the accounting if I'd been there permanent.

Actually, they said ah had a chance o' a job in Robertson & Scott, the advertisin' agents. Well, they had been advertisin' for somebody and they said ah should write after a job there.[70] But when ah wis goin' home that time ah met a friend o' mine and he says, 'Oh, there's a job goin' in a warehouse down there in Constitution Street.' Ah says, 'What doin'?' He says, 'Oh, it'll be a message boy.' He says, 'Ye want tae go up and see, ye'll maybe get a job.' So ah did that and they told me tae come back at the end o' the week. So ah never wrote in an application tae Robertson & Scott and ah got a job at the warehouse. So soon as ah left the accountant's office job ah went straight there.

The warehouse firm wis Mitchell Brothers. In the warehouse they had all kinds of groceries in bulk, ye know—salmon, John West salmon, sugar, butter, bacon, everything like that. Ah thought the work wis quite good. Ah wis the message boy, and ah used tae go down tae J. & J. Todd's— down to the dock—and pick up something that they had stocked that we didn't have. J. & J. Todd were in Mitchell Street. They were the same as we were, but a bigger company.

Some o' our stuff came from the docks but not all o' it. Well, some o' it came by rail and things like that. Ye had tae go down and collect it. It wis a complete change for me from the accountant's office. Oh, it wis a new world tae me. Ah found it interestin'. Ah've always found work interestin'.

Mitchell Brothers in the warehouse would have about a dozen workers, all men. There wis quite a few women in the office, ah think there wis about four or five in the office. And the travellers used tae come in. Oh, it wis quite a busy firm at that time.

Ma hours wis from eight to five, an hour off at lunch. Ah come home for ma dinner. I'd only quarter o' an hour walkin'. Saturday mornin' ah worked till twelve. The only time ye worked in the evening wis when we were stock-takin' once a year. That wis usually at the last day of the year. That wis only one day till ye finished that.

Ah think ah started off there ten bob a week. Ah had a reduction in wages. Ah wis there will ah wis eighteen, ah wis there three years. And as soon as ah wis eighteen they had to buy an adult stamp for unemployment, and ah think there wis about 10d. or a shillin' difference. As soon as ah wis eighteen ah wis paid off! Ah think that wis actually quite common in these days. A lot o' lads when they reached eighteen had the same experience.

Fourteen months ah wis idle. In that time ah only worked about eight weeks. Ah felt a wee bit wandered, wonderin' what wis goin' tae happen, for it wis hard times then, in 1930. In the eight weeks ah got a job with Morrison's, The Bix Sixes. That wis confectioners and a warehouse as well. They were in Giles Street in Leith. But that wis a'—only for eight weeks.

Oh, ah wis constantly tryin' tae find work in those fourteen months. It wis usually maybe the shipyards ah went lookin' for work. There wis Ramage & Ferguson then. Oh, Hawthorn's were closed by then. And Menzies. Who was the other one? Oh, Henry Robb came in about that time. He took over from Cran & Somerville or Ramage & Ferguson, one or the other.[71] But ye jist went roond the big places. Ah tried tae get a job in the Co-op warehouse—Leith Provident. But everybody else had that idea as well! Ah had more or less gave up the idea o' goin' tae sea till about 1930 when ah wis idle, ye know. Then ah thought about it at that time. But everybody else had the same idea.

Oh, ye had tae go round places all the time lookin' for work. Ah didnae try the docks. Ma parents didnae want me tae go down the docks. They never explained tae me. They jist said, 'Oh, no, you're no' goin' down there.' Oh, well, ah think they were a wee bit ambitious for me! I've no idea if ma parents were thinkin' maybe about a white collar job for me. They never discussed anything like that. But they discouraged me from lookin' for labourin' jobs and things like that.

Oh, well, ah mean, it wis hopeless at that time. Ye had students at that time drivin' tramcars, and everythin' like that.

Ah went tae the dole to sign on. Ah think ah only signed on once a week. The dole wis in Quality Street at that time, before they built that one down at the Shore. Oh, it wis a depressin' experience. Well, you were not alone. There wis a lot o' unemployed in Leith. There wis quite a lot o' young lads like myself. A lot had the same experience as me and had been paid off at eighteen. And then apart from that quite a lot o' factories were closin' up and everything like that through the depression.[72]

The unemployment benefit then wis maybe sixteen, maybe eighteen bob a week. Oh, ah gave that to ma mother. Ah had done that wi' ma wages as well when ah wis workin'. Ah got nearly it a' back! Oh, ma father wis workin', he wis never unemployed. But it wis at the time o' the Means Test and that.[73]

In our stair in Assembly Street in these days, well, ah'll tell ye, there wis Charlie Quinn. Mrs Quinn wis a widow. George Jamieson, he wis on a dredger. He wis on one o' these ships, the salvage ship. George White, he wis a carpenter down the dock. Mr Robertson, he had retired. MacLaughlan—they were workin'. Ma father wis workin'. Mrs Sinclair, she wis a widow. And old Granny Jamieson, she wis a widow. And down the stair, Mrs Strain she wis a widow. Ford—they were working. Wright—they were a widow. And Tregonin they worked. So there wisnae any unemployed in that stair except me. Oh, that wis untypical o' Leith in these days, oh, it was.

There were quite a few widows in the stair from the war, ye see, younger women. It must have been a struggle for them. But ah cannae recollect any o' them goin' out tae work. Possibly they would have war widows' pensions. But apart from that they had families and the children were up and they were working. The older ones like, they were older than me, a lot older than me, ye see. And the younger ones would still be at school.

So, apart from that eight weeks wi' Morrison's ah wis unemployed fourteen months. Oh, ah thought it was depressing daein' nothing. It gets right under ye. And a lot o' your friends were in the same boat, of course. But gradually, gradually they got settled down tae jobs in wee shops and what not like that.

Ah used tae go up tae McDonald Road Library, as ah say, quite a lot. And ah went intae the reading room, the Nelson Hall. And we used tae play draughts, chess, dominoes there, tae pass the time. In the good weather ye walked about, but in bad weather ye went up there tae McDonald Road. Oh, it wis packed wi' unemployed and elderly folk in the wintertime goin' in there for heat. In the summertime we used tae walk around and maybe go up tae the King's Park, maybe down tae Portobello, Newhaven or Granton, away up Ferry Road. That wis the country then, the top o' Ferry Road. And when the weather started tae break in March or that I used tae jump on ma bike—ah would be about fifteen, sixteen, before ah got a bike, ah'd jist started workin' at the accountant's at the time—and cycle away round by Dalkeith, maybe Pencaitland, and away round, maybe twenty five miles or somethin' like that. Oh, well, ah enjoyed that, explorin' the countryside more or less.

Eventually ah got a job in Dickson's in Bristo, in a warehouse.[74] It wis the same kind o' warehouse as Mitchell Brothers—foods. Ah went up there frae Leith wi' the tram, and then tae save the fares ah went up on the bike, cycled up and down on the bike. The hours were eight o'clock tae five, wi' an hour's break for your dinner. Ah came home on the bike. It wis a' downhill. Ten minutes down and twenty minutes up. Ah had it timed! And ah worked on a Saturday mornin' there till twelve.

Ah think ah started at Dickson's wi' aboot jist over a pound. Ah cannae mind really—maybe 22s. or somethin' like that.

Oh, Dickson's, that wis a big warehouse. There wid be about eighteen to twenty there in that warehouse. It wis right opposeet McEwan Hall. There wis two tunnels there. It wis right next to the Woolpack Inn. There wis a big pend there, then two wee shops, then another pend—one for takin' the goods in and one for the goods goin' out. Ah used tae go along Marshall Street, then turn round.

Ah wis there about four year. Ah liked the work but ah didnae like the wages! When ah finished there, the beginnin' o' 1936, ma wages were— top wages for a single man there—wis £2.2.0., two guineas. Ah never joined a union there—it was non-union. The only warehouses that had a union wis the Co-op, the SCWS.[75] Nobody in the warehouses ah worked in ever approached me about joinin' a union. None o' the men were in a union.

Well, ah decided: ah chucked Dickson's because o' the wages there. And ah thought ah would get out to the docks at that time. Ma name wis there. But ah wisnae accepted. But ah could get a job down there in the docks as non-registered. But that wis hard. It took me about a year before ah wis accepted. There wis so many taken in in 1935. That wis the Jubilee Year and they called them the Jubilee Dockers! They were called the Jubilee Dockers, the first entry.[76] And the second entry wis '36 and '37. And they were called the Crisis Dockers, because Hitler wis movin' about at that time! And that wis the lot ah got in. So ah wis a Crisis Docker!

So ah worked first for about a year, eighteen months, straggin', what they called straggin'. But if ye could get two or three half days—say ye got got three days' work and three days on the dole, that wis the equivalent to what ah wis earnin' up there at Dickson's warehouse. So ah wis fairly confident.

Ma father didnae encourage me tae go in the docks but he didnae stop me! And by virtue of the fact that ma name had been down tae get intae the union for sich a long time.... Oh, ah must have been nineteen or twenty at the time. It wis when ah wis in Dickson's. Ma father had put ma name down. They have tae sponsor ye. Oh, you had tae have a relative tae speak for you in the docks. At that time it wis dockers' sons only. And the ones that got in early was the son o' a widow who was self-supportin' in the house—no' a married son. As far as ah'm aware there wis only about six got in from about 1932 to 1935 or '36. That wis the height o' the depression. And then '36 it sort o' took a wee turn. Rearmament wis beginnin' from '35.

Oh, it's a tradition seemingly that only members o' a docker's family could start in the docks. I've no idea if it began before the First World War. But after the First World War it was generally known that it wis a' families—uncles and cousins and nephews. More or less you had tae have a member o' your family who wis already a docker tae sponsor you, otherwise you didnae stand much o' a chance o' gettin' in tae work, as far as I know. But between 1932 and '36 it wis only the unmarried sons o' widows o' dockers who could get in. And only about half a dozen got in then.[77]

Ma father wis one o' the lucky ones. He wis never unemployed. Sometimes they werenae as busy—shippin' coal, ye see—and sometimes the demand wisnae there for coal. It wis all export he worked wi'. It came from the Fife fields and the Lothian fields.

So ah left Dickson's warehouse on the Friday and ah went down to the dock on the Monday. You could always get a job on a Monday because there wis an influx of all the weekly boats. They all came in for the Monday start. Well, there was the likes o', say, Gibson's boats. They came from Holland. Furness, Withy, they came from Denmark. And you had the Southampton boat came up regularly once a week. That wis jist a return trip, ye see, shuttlin' back and forrit, coastal' shipping. And the Baltic trade: there wis maybe Sandy Orr's. Well, they brought a lot o' timber and boxwood and things like that for the bonds. They did an awfy lot o' their work. And ye had the General Steam Navigation goin' back and forward to London. And you had the London & Edinburgh Shippin' Company back and forrit to London. They were two separate lines in the coastal trade. Then ye had Langlands, or the Coast Lines now. They had about three boats on a Monday morning. It wis a' coastal. They were all called either the *Durham Coast* or the *Northern Coast*, the *Highland Coast*, *Atlantic Coast*—everything wis a' *Coast*. That wis the name o' the ships. And they a' had different runs: some from Liverpool, some from Bristol. Obviously, the *Northern Coast* went round the islands and came back. But there wis always two or three on a Monday, maybe three ships on a Monday from the Coast Lines. Shetland and Orkney wis the North o' Scotland, Orkney and Shetland Company. They specialised in that. Ah think they had a franchise for that. And they had a ship that came in on a Monday. Oh, all the regular traders had.[78]

Monday wis a big day for work. All the unemployed went down there tae the docks—well, no' them all, but a lot o' them went down on a Monday because there wis always a job for some o' them. Ah didnae get a job, no' the first day! Ah went down wi' a collar and tie on and everythin' like that, ye see! So ah about turned and....

Tae get a job—well, jist in the dock gate, on the left hand side, they called that Banana Row because it wis all the fruit merchants that had these wee boxes and offices there, right down there. And there wis a huge platform from one end to the other end. And the various foremen come out there to start men. The foremen had their own wee stance on this platform. Oh, it would be maybe about three feet high and a rail up here in front o' it. And what the foremen did was they started their own regular men, of course, first. Say they wanted eight men for workin' in the hold o' a ship. There wis one, two, three, four, five—he would get his regular eight men. And they gave you a disc or a wee chitty wi' a number on it. Oh, the disc had the name o' the firm on it. Furness, Withy wis a disc, Gibson's and Somerville's they had wee tickets, a wee chitty.[79] And Langland's had chitties. But a lot o' the others—the General Steam Navigation and that—they had their own wee tabs. And once you got one o' them—disc, ticket, chitty or tab—you were employed. Oh, well, ye went away round right away tae where you were tae work.

But, oh, ah wis unlucky that first day. You put your hand up but nobody paid any attention because ah don't suppose they knew me. Oh, it wis important bein' known. Ye had tae be known tae get employed regularly. Otherwise they wouldn't know who or what you were, what you could do. Once you got a start you got to be known that you could do the work, you could prove yourself in the job.

Ah went back the second day and ah got a half shift, which wis a wee bit better. That wis with Langland's, if ah mind right. It wis a half day anyway. That wis the Coast Line. They always had a lot o' strags—that wis casual like, casuals—workin' for them for it wis kind o' heavy work. So that wis ma first experience in the docks.

For that first day ah wis paid six shillins. That wis quite a lot then but by the time they took the stamp off ye…. Ye had tae carry your unemployment book, ye had tae hand that in. And if ye were workin' on the Monday, well, it wis deducted then. If ye werenae workin' on the Monday it wis deducted on the Tuesday. But it wis handed in on the Tuesday. So it wis six bob less one and odds—ah cannae mind what it wis off. Oh, it wis quite a big reduction off o' six bob! But that wis satisfaction if ye had achieved something.

And then ye jist went back each day and gradually became known. Oh, ah never got any regular work until ah really got in the union. What happened was you become known in certain areas, ye see. Usually when they were startin' maybe the regular three squads—that wis regular men they had, they would a' be registered men—and unregistered men, ye had tae become known and it would take you a wee while.[80] There wis about thirty or forty employers at that time, ye see, so ye cannae go round forty and become known. So ye had tae concentrate on whatever ye thought ye could get away with.

Ah concentrated on weekly work, the weekly boats comin' in, shuttlin' back and forrit. So that's how ah got in. Apart from that was that on a Monday it wis usually a seven o'clock start. That wis an hour's overtime. And usually ye finished at six o'clock or maybe seven o'clock. So ye had three, maybe two or three hours overtime every Monday. That paid for your incidentals. Ah think ma overtime wis aboot 2s.3d. an hour. So that covered your insurance stamp and anything like that.

It took me a long time, it took me a long time to become known. One or two foremen knew me, but they had their regular employees as well. Ma father wasnae able tae give me advice until ah got in and became registered. Ma father didnae resent me goin' down to the docks, no' really. He jist accepted it. He couldnae really do much tae help me. He could advise you what to do. Oh, he gave me advice. He would tell you what wis comin' in and who tae stand intae at first. But ye've got tae learn these things quite quick.

Oh, there wis competition among the dockers for work. It wis fierce. Oh, it wis a different world for me. Well, it wis coarser, the work wis heavier, and ye had tae stand on your own and fight forward tae get a start. There wis a crowd o' men, maybe about six or seven deep. At that time, when ah first went there, ah couldnae really say how many men worked in the docks. But ah know when ah went down in '37 ma number wis 1,008. So there would be over a thousand at that time. On a Monday mornin' you'd get about a thousand men standing in front o' this platform lookin' for work. If you were a weekly worker you went on just a normal job. And then they had their first preference men. They would have tae go down, if they wanted work, and report and be employed.

Well, there wis two startin' points. There wis one at the Banana Row, as ah tell ye. And on the North Leith side—that wis Dock Place, that square at Dock Place, where the post office and custom house is—they used tae start from what we called the Old Dock. They used tae start the squads there. So there would be roughly half the dockers—say, about 500—at the one place and the other half at the other place. The two places'd be half a mile apart. So ye couldnae be at the two places at once. So you got maybe 500 men looking for work at each place—and they were standin' about six or seven deep.

Oh, ye got crushed out and a' the rest o' it. Oh, it definitely helped if you were tall—tae reach! You had to hold up your hand and try.... Some o' them stole the ticket or disc out the hand o' the foreman! Oh, it wis a scramble. Ah don't remember seein' any men fallin' down or bein' tramped on or anythin' like that. But ah've seen men fightin'! Och, when ah first started, the scramble, och, it wis, oh, strange. Ah didnae understand what wis happenin' at first. In a way it was frightenin'. But it wis like everythin' else, you become accustomed tae it. Ye become immune. Pathetic. Oh, it wis humiliatin'. At first ah felt terrible. Oh, well, ah didnae understand it, ye see. Well, ye couldnae understand it, ye see, that wis one thing. Fancy men having to do that to get a living. So that wis how ah started in the docks.

And ah had that for nearly a year. And then the rearmament drive, the upturn in trade, and that made it a bit easier to get work. Ah got into the union in February 1937. Well, ye have tae put in a written application and give the details o' where your father had been employed and what year he had been employed. That wis all. Oh, ma father wis a long standin' union member so that helped ma application. So ah'd been workin' in the docks about a year by then. Oh, ah wis known by that time. And once you're accepted in the union, you see, there wisnae any difficulty there. Then ah became registered once ye got in the union. Oh, things become easier then. Well, in the first place you were before all the non-union men. And secondly, you'd become known, which wis a great thing. And it depended on yourself after that.

Ah kept more or less to the weekly boats from 1937. But occasionally— say, something started on a Thursday, which was always a quiet day, something started on the Wednesday or the Thursday. If it wis a big boat ye jist held on tae it—say, a big timber boat coming in, maybe ten days' work. Well, ye jist held on tae that. And ye missed out the following Monday.

Oh, there wis a great variety o' work. Ah preferred workin' on general cargo, 'cause you're handling everything. It wis more interesting, especially if you're loadin' the ship. Oh, well, anyone could unload a ship after a fashion. But ye had to specialise more or less at loadin'. You had tae know what you were doin'.

Well, och, the docks wis always dangerous, because if you were workin' on the hatchway the crane's always goin' overhead the whole time. So you always had tae be alert. And you had to depend on your mate. You always worked in pairs. You had to depend on your mate. He had to look after you, you had to look after him, especially if you were on the quay side where the crane was comin' over you all the time to go off side. That's why a lot o' them used tae like workin' off side, because it was safer, for the crane wasnae movin' overhead quite so often, you see. But every time the crane came in it came over the inside o' the ship from the quay.

A cargo ah didnae like workin' on wis sulphur. And there was one cargo I hated was cotton seed in bulk. It was terrible—very dirty, bulk cotton seed. Ah never cared for cement but ah could go tae it. Ah never cared for workin' on it. Ah wis more or less forced intae workin' the likes o' cargoes like that. Timber wis all right. It was whippy enough—sometimes dangerous. But all cargoes could be dangerous. Pipes and that, that was usually deck cargo. That wisnae quite so bad. It would depend on the length o' them, of course. Well, the deck cargo was quite open, ye see—landed them on the deck and they got tied down wi' a' the bottle screws and everything like that and they were safe. That wis easy, oh, aye. It wis only a matter of uncoupling the hooks and clamps and things like that.

Well, it wis up tae the foreman to select the general cargo, what to load. And the good foremen kept their eye on the cargo that wis in the shed and gave ye a hand: light stuff and things like that, heavy stuff, and so-and-so.

Well, when the war came in 1939 the docks on the east coast, there wisnae any work. So what happened was they took a lot o' the dock workers away along the shores to erect the tank traps and these pillars to stop gliders coming in, and things like that, on both sides o' the Firth o' Forth— East Lothian and Fife. Ah didnae do that. Ah got a job as a plater's helper in Henry Robb's shipyard. Ah had an uncle in there, too, of course, ye see!

So that wis a reserved job as well. And then about three or four months after it—that would be the beginnin' o' January, February 1940—they came round and rounded up all the dockers for there wisnae sufficient dockers. They said Leith docks wis goin' tae be busy and they asked us tae come back. That wis the secretary o' the union and we didnae believe him at first. And he says, 'Oh,' he says, 'it'll be genuine enough,' he says, 'because the assembly point for—ah shouldnae tell you this—but the assembly point for convoys for the east coast is goin' tae be Methil Bay,' he says, 'and the ships'll be comin'.' So we came back. Ah didnae like the work in the ship-yard at a'. In fact, some o' it wis dirtier than the dock work. Ah think the wages wis a comparable thing. Ah think it compared wi' the docks—there wouldnae be much difference.

Then of course wi' me bein' in the shipyard there wis a row because that wis a reserved occupation, ye see. And ah had a dickens o' a job tae get away. In fact, they had tae go round and say, 'Oh, aye, he's a registered man.' And ah had a black book at that time. So that's how ah got away.

The black book that wis the employers'. The employers started a regis-tration scheme in 1929-30. Every time ye worked there wis Monday had a.m. start, eight o'clock tae twelve start and one tae five start, and over-time starts. Ye know, right along. And every time ye worked ye got that black book stamped, 'cause you all had tae register.

So ah got back into the docks at the beginnin' o' 1940. By that time, the beginnin' o' the war, ma weekly earnins in the docks for a whole week would be maybe fifty bob, £2.10.0. Oh, it varied. And of course that wis maybe a couple o' idle days in between that. Some weeks ah never got that, other weeks ah would get more. On average it would be fifty bob, or maybe up to £3.

I never liked working overtime but ye had to do it, especially when they came on the scene: 'Work overtime.' But ah didnae mind workin' early in the mornin'. Ah've seen me goin' down for a four o'clock start in the morning wi' Coast Lines. Then you worked tae seven. You went home at seven for your breakfast. You came back at eight and got started again, eight tae five, maybe tae six or seven or that, you know. You got an hour for your lunch. Oh, ah come home for ma lunch, it wisnae far—and no fares. Ah walked back and forrit tae the docks.

Ah got married in October '37, just after ah became a registered docker. We had three children: one in '39, '41, and '43. Ah had one earlier than that but she died. That wis the three: two boys and a daughter. The youngest is the daughter. So ah wis a family man by the time the war began.

Oh, Leith docks wis very busy durin' the war. It wis the major port on the east coast. We had dockers sent up from London tae work in Leith docks. And of course it operated against us at times. We'd been down to work at Liverpool, Manchester, when there was a big demand and nothing up here. That happened quite a lot durin' the war. Ah wis in Liverpool and ah've been in Manchester. Ah never went down as far as London. Ah've been in Glasgow—Tail o' the Bank, Greenock, Aberdeen, Dundee, and Grangemouth regular durin' the war. Well, Grangemouth only had about half the dockers that we had and if there was anything that came up there we used tae get sent up there, usually on a daily basis. When ah went down tae Liverpool, well, that wis different—that would maybe be for a couple o' weeks. It wis never longer than a couple o' weeks—you were always fightin' tae get back home!

In Leith we were bombed out. When ah first got married ah left Assembly Street and ma wife Mary and me we got a house in Coburg Street. And from Coburg Street we got this wee house in Prince Regent Street when the landmine was dropped in Largo Place. We were fortunate in so far as Davie Kilpatrick School wis a big strong massive building. That took the brunt o' the blast. Oh, the roof o' our house wis a' off. We had tae give up the house. Ah wis in the house at the time. Ah'd sent ma wife and the kiddie down to the shelter. And ah wis in the house. All the shards o' glass were stickin' in the lintels and everything a' round the house. Ah wis very fortunate, ah wisnae injured myself.[81]

When we were bombed out, ah mean, we lost an awfy lot o' stuff. Well, they had tae put a tarpaulin on the roof. We were on the top flat. Well, as ah say, the slates and everything else—some o' the boardin'—wis off the roof and everything wis exposed. And we lost a lot o' gear as ah call it—possessions. We got compensation forms to fill in. The other people that were on both sides o' us in the same stair as we were, they were claiming for about £120, which was quite a considerable sum at that time. No' that you could do anything with money. And of course, you know, ah wis very patriotic at the time. So I had two fireside chairs, well, one o' them got cut wi' glass and everything. And ah think that chair saved ma legs and everything like that, because the glass wis a' embedded in the lintels and everything like that. However, ah wis very patriotic. When ah got the form ah says, 'What are we goin' tae do wi' this?' Ma wife says, 'Well, you know what tae do.' Ah says, 'Aye, a' right.' So ah claimed for gettin' the one chair recovered. Ah think it cost about £4.18.0 or £5. And that wis the lot, the compensation. Of course, that wis ma fault. Oh, we had a hang o' a lot o' leeway to make up. Well, apart from that, everything you wanted in the household wis on coupons more or less.[82] So it wis very, very difficult. So it wis a case of second hand—goin' up tae George Street or some o' these places for the auction rooms. We picked up one or two things there, one or two good things actually.

When we got bombed out we went down to Assembly Street to ma parents for a day or two. Ma sister stayed in Royal Park Terrace and her man he wis camouflagin'—he had a job with Miller camouflagin' the Highlands. And he wis gettin' transferred from there down to Silloth and he wis to camouflage aerodromes or whatever it was down there. So the family wis goin' away. So we went up to Royal Park Terrace and we stayed there.

We stayed there till 1947. Oh, ah went back and forward tae the docks by bike again. Ah still got home for ma dinner. It wis quite a distance from the docks to Royal Park Terrace but, oh, ah was fit. Then in 1947 we went from there to the prefab at West Pilton—the April holiday of 1947. Ah always remember it. And ah used tae cycle back and forward from the prefab down to the dock. That's about two and a half mile—five miles there and back. Ah did that every day.

We were in the prefab thirteen years then we got an exchange down to Granton—West Granton Road, right down at the harbour. That wis about two miles from Leith docks. Ah wis cycling at that time still. Then ah got a motor bike. Ah cannae mind o' when—but the last few years ah wis workin'. And then after ah got accepted into the United Company o' Porterage ah had a lot o' travellin' about to do and ah got a wee car, a wee 1100. That would be 1960 when ah started wi' the Porters, round about the time we moved from the prefab to West Granton Road.[83]

Oh, many days ah arrived at the docks on the bike soaked. Ah had leggins and everything like that, though, and a cape or an old raincoat. You couldnae get dry at the docks, no' early on. But latterly we had showers and everything—a locker. Oh, conditions improved. But when ah started at the docks first in 1936 there wis absolutely nothing. Dry toilets—that must have been some job, emptyin' those toilets. Leith Dock Commission employed men to do that—oh, terrible. There was no facilities whatever. Oh, no hut where you could get a cup o' tea or anything, nothin' for that.

We had our own private bureau, though, round in Tower Street—the Eagle Buildins, where the hotel is now. There used to be a couple o' eagles up above it and we called it the Eagle Buildins. And we signed on there twice a day. Oh, that wis the employers organised that, well, the employers through association wi' whoever run the Labour Exchange, because it wis the personnel from the Labour Exchange that stayed down there. They were on that staff permanent. If you were idle you went round there and you got stamped. And that wis quite a big hall. It could hold three or four hundred men. It wis only for dockers. There wis tables and what not in there and ye could…. Well, if ye had a flask or anything like that. But there was no facilities or gas stoves or anything like that—nothing at a'. Ye could sit. There wis two or three tables and forms and that round the place. We used tae play cards and dominoes tae pass the time. That wis all it wis—a shelter, that wis all. It wis jist known as the Eagle Buildings.

Sometimes ah carried a flask tae ma work. But ah didnae like that. That's why ah used tae cycle back and forward. What we used tae do wis, we used tae take it in turns o' goin' out tae the coffee shop and maybe gettin' a coffee—tea, it wisnae coffee, it wis tea—and maybe a sandwich or that. The Greasy Spoon wis on the other side. But there wis several coffee shops. There wis one at the Bath Road gate, and there wis one at Constitution Street gate, there wis one at the Shore gate, one at Sandport Street, and one or two at Portland Place. More or less these were a' frequented by dockers—no' only dockers, but transport workers. In the early days it wis carters and a' them that went, of course.

When ah started in the docks in 1936 the dockers were all more or less elderly! Ah wis only 24 then so, ah mean, a man o' forty at that age seems ancient! But, oh, some o' them then were workin' there when they were 70-odds. Ah remember some o' them. Old Jock Sked, he wis a checker. He used tae go all bent up. He'd be in his seventies. And George Gray—we used tae cry him Dolly, Dolly Gray. He used tae go up and down the sheds whistling *Goodbye, Dolly Gray*. Aye, *Dolly Gray!* And he wis an old man. Ah think he'd be older still than Old Jock Sked. Oh, well, he'd be late 70s anyway, ah would think. Och, aye, there wis quite a few: Drysdale, Ritchie, aye, jist off hand.

Oh, there wis a lot o' characters in the dock at that time. All over Leith, of course, there wis a lot o' characters at that time. But the older dockers didnae speak—no' tae me anyway—about working conditions in the dock in earlier times, no' really. In fact, quite a few o' the older dockers re-sented the younger ones coming in, because we eventually displaced them unless they could get an easier job, a lighter job, ye see. Oh, the dock wis a very heavy manual job. Well, there wisnae any young ones until we went in, ye see, in 1936. It wis all quite elderly dockers—well, fortyish, ye ken, that wis old! Oh, it wis a very physical job, the dock. There wis no forklifts or no mechanical aid at all. The only thing was there was maybe one o' these cranes with a—we used tae call it the wimble!—a hand turning thing.[84] It wis all heavy work. Well, ye had tae be fit anyway. Well, some o' the older dockers could maybe do it easy but they werenae very quick. They had tae give them more time—some o' them. And some o' them were very good. They showed you what was what.

When ah went to the dock first in 1936 that wis the time o' yon Cormack, Johnny Marr and a' them.[85] And there was quite a division down the dock at that time. Seemingly—now ah can't veryify this—but seemingly the priest gave one or two individuals a note to go down to the coal house—Kennedys, they were Catholics of course. And one or two o' them seemingly got in the back door down there. Well, this is an allegation. That wis the word that went round. But apart from that, well, like everywhere else that Cormack stirred up an awfy lot o' trouble. Oh, ah remember him. The Protestant Action movement wis really based in Leith—Corner Rooms.[86]

Well, there was quite a large Irish or Catholic community in Leith. In fact, Smith Lands in Fox Street yonder, that wis called the Irish Backs. And they weren't all Catholics but for some reason or another there was a big influx o' Catholics stayed there—in the whole o' that area actually. And there wis only one Catholic school in Leith, that was St Mary's. When ah went tae school first in 1917 there wis RCs in oor class. The only difference was when it came to Bible class they went to a separate room. The class only lasted ten minutes or quarter o' an hour. We were a' brought up thegither and we were a' pals thegither. This Cormack and Marr and company they caused a lot o' bloomin' trouble in the community.

Wi' the depression and work was difficult tae get, well, that would be one o' the main causes, ah think. Well, ah mean, there's always a chow-the-fat about somebody gettin' privilege. And if they were as incomers goin' down there and gettin' work which the regulars thought they shouldnae have got they resented it. And any excuse wis good enough. Oh, there wis a lot o' divisions like that. There wis some o' the foremen—one in particular, Sandy Davidson. He wis a pipe major in the Camerons in the First War. And he used tae shout: 'Camerons first! Camerons first!' And a lot o' things went like that. It wis funny—but there wis a certain amount o' truth in it. He wasnae just joking, oh, no, no. Well, ah mean, they were all his age group more or less, ye see, from the First World War. He knew them. Others would come up and say, 'A half day?' Then others would come up and say: 'Catholics tae the box. Get your money.' Oh, it worked both ways. There were some pro-Catholic and others anti-Catholic. A lot o' it wis in jokes, things like that. But, ah mean, there wis a wee bit o' sting in the tail at times.

Latterly, ah think there was a bit o' freemasonic favouritism. But no' in the early days, no' in the early days. And ah don't think there were any political divisions where dockers suffered because they were maybe no' in the right political party. Ah don't think so. Ah think the majority o' the active ones were members o' either the Independent Labour Party, the Labour Party, or maybe the Communist Party, Trotskyist parties an' a'. There wis all sorts o' parties at that time.

Well, ah wis politically active through the trade union. Ah wis a representative o' the trade union on the Trades Council.[87] Ah hadnae been a member o' a union till ah went in the dock. Ah got into the union in 1937, when ah wis about 25 years old. Well, ma father says to me, 'Go to the union meetins once a month. You go and pay attention.' And ah always went every month. Oh, ah wis a regular attender. It took a wee while, ye know, before ah became active in the union. Ah could express maself at that time but as far as takin' office and that wis concerned that didnae come until, oh, much later. Oh, it wis after the war. Well, at the beginnin' o' the war it wis only a matter o' gettin' through your monthly meetings. There wisnae any political activity at that time—no' much—and politics, it wis only the likes o' the Communist Party shoutin' for Second Fronts and things like that. But, ah mean, that never affected us.[88]

Ah couldnae say if there were many dockers in the Communist Party before the war. Durin' the war there must have been quite a few actually. A lot o' them said they were members o' the Communist Party. But it's a question if they were or not. Ah don't know if the invasion o' Russia had anything tae do with it or no', but their sympathies were certainly wi' the Russians. Oh, there wis a lot o' sympathy for the Soviet Union at that time. Of course, we were sendin' convoys up there at that time and they were gettin' blutered. It wis terrible. Oh, ah worked on quite a few ships in the war that were later sunk.

Ah remember Fred Douglas. He was in the Communist Party. He wisnae workin' durin' the war so he wis allocated down tae the docks. And for a man wi' his reputed knowledge he wis awfy stupid, ah mean, no' practical. He had plenty up here. But ah always remember he wis allocated to a ship that had a derrick swingin' back and forward. Ye had tae pull the guy rope, ye see, tae bring it ashore. And the ship wis usually tilted, ye know, off the quay so as the derrick would swing without much effort because it wis liftin' the weight from the quay. And if it had been level it would have been very hard tae bring over. So there wis always a list on the ship. And Fred, we've got him on the guy and he's watchin' it. He should ha' put it round a cleek or something like that so that takes the weight. And Fred thought, och, he'd jist tie it round his arm like that. It broke his damned arm! That wis him finished. He wis out the docks—finished! Oh, he wasnae a man o' much practical experience. Ah think he had a bookshop. He didn't know anything about labouring.[89]

There wis quite a few anti-Stalinists before the war among the dockers. Ah'm not sure they were actually Trotskyists. It's possible they could be Catholics or Labour Party people. I cannae mind any dockers by name during the war who were Trotskyists. Well, ah would think there would be one or two.[90]

Ah mind one or two o' the dockers before the war that were in the Independent Labour Party. Davie Bernard was the chairman for one o' the branches o' the ILP. Och, he wis an old man. There wouldnae be a lot o' members o' the ILP among the dockers. But ah remember him because he wis an office bearer, a chairman, in the ILP. He wis well known in Leith.[91]

Ah don't know about dockers who were in the Labour Party before the war. The only way ah had o' gettin' in touch wi' the Labour Party wis ah wis delegated from the union branch to the Labour Party. Ah wis closely associated with the Labour Party, of course, and the Independent Labour Party. But ah wis never actually a card member. Ah cannae mind o' so many actual members but possibly there would be. Most o' the dockers in Leith werenae politically active. They only used the politics as a means for the trade union.

In the union ah wis on the branch committee. Ah wis elected at the latter end o' the war: '44, '45. Then ah wis a delegate to the Trades Council for aboot ten or twelve years. The Trades Council they were more or less two factions there. There wis the Communist Party faction and the Labour Party faction. They were always fightin' against each other. And they had a lot o' reasonable debates, but they could never really come tae any agreements amongst themselves for anythin'. And ah mean, it wis the Trades Council. It should have been non-political. But of course there are politics in everything more or less. And it used tae get ma goat. They were fightin', faction fightin' faction. And they were supposed tae be representin' the union members whatever their union was. And there wis a lot o' that. Oh, ah found it very frustratin'. Sometimes it was a waste o' time as far as trade union achievement was concerned.

Ah think it wis about 1948 or '49 when a' the young men who'd been called up began tae come back.[92] And the majority o' us on the union branch committee thought we should give them a chance, because they were a younger element, tae come in and see if they could do any better than we had done. But they didn't actually—no' at first, but latterly they did, turn out a' right. Well, ah wis on the Local Joint Council, ah wis on the Registration Committee, ah wis on the Appeals Panel, and ah wis a delegate both to the Labour Party and to the Trades Council. In fact, ah wis on too much ma wife used tae say. So ah gave the committee work up more or less. But they always came and asked us the older ones for a wee bit of advice: 'How do you do that, how do you do that?', ken.

So ah was active in the union aboot twelve year maybe, from '44 to aboot '56, aboot the time o' Suez and Hungary. Aye, because one or two o' ma mates were called up. They had been on the reserve and they were called up tae Suez. Same age group as me. Of course, ah wis never in the Forces. They were, ye see. Ah wis in a reserved occupation so ah wis never called up durin' the 1939-45 War.

Oh, the docks were prone for accidents. Ah had one maself. See the grabs that come in for the bulk cargo? Well, ah wis workin' on a boat with kenet salt. It went for the Scottish Agricultural Industries, a mix for fertiliser. And it got down, well, the salt has a damp feeling, ye see, and it jist stands up like a wall like that, ye see. If this is the coamin', ye see, well, underneath the coamin' there's all this salt cargo. And the grab comes in and can only come as far as the coamin'.[93] So accidents always happen in the last hour, the last hour at lunchtime or the last hour or so in the evening, because everybody's gettin' careless and they're lookin' at the clock and they're edgin' up and gettin' ready tae get away up the ladder and do things like that. Anyway this day the foreman says tae me, 'Bob, will ye go down there and give it a wee shake up,' he says, 'and get some o' that down?' Ah says, 'Crikey, d'ye see the time?' Ah says, 'A' right then,' and jumps down. And of course it's a big square like this and, as ah say, it's perpendicular. So you go down and ye tell the safety man, 'Tell the craneman that ah'm goin' down there in that corner.' And, oh, he's natterin' away. 'Aye, right-o,' he says. Anyway ah gets down and ah'm workin' away. Here the crane comes in. And they were very fortunate—it swings intae the corner, ye see. And if it had been like that ah wouldnae have been here. It came in at an angle and ah happened tae squeeze masel' intae the corner. And it caught this side and that side and it caught ma leg and it wis like a golf club. It wis a compound fracture o' the tib and fib. Oh, it wis a helluva mess. Oh, ah wis frightened tae look at the grabs for a long time after it got better! The safety man had failed. Well, it wis an argument between the two o' them. He said he'd given the craneman the signal, and the craneman says he never. Ah wis off about thirty-two weeks. Oh, ah always had pain and stiffness afterwards. No' too much o' a limp, ah had a stiff leg though for quite a while till ah got it goin'. And, oh, well, ah lost earnings right enough.[94]

Ah remember a fatal accident. Ah wis comin' away—again when we were finishin'—five o'clock. Well, we got paid every night, or lunchtime, if ye like or at night ye got paid. And we were at the Coast Lines at the Edinburgh Dock, and George Gibson & Company, they were on the other side, at the Albert Dock. And there's railways comin' along the back o' the sheds, and the shunters were bringin' waggons down. And the men were gettin' paid, and of course when ye got paid ye were runnin' for a tram or something, ye see. So the railwaymen had what they called a flying shunt. They used tae uncouple it and let the waggon run down itself—somebody down at the bottom tae catch it and maybe change the points. And this chap, Cadona wis his name, he gets his money and he runs out and this waggon came down—boof. We were jist goin' out at the other side o' the road. Oh, we turned away like that. He wis killed outright.[95]

Then the foreman Mungo he wis walkin' over the hatchway. Ye see, ye're no' supposed tae walk over the hatchway. And there wis a space there and the beam. The beam that holds the hatches is maybe about anything from eight tae ten tae twelve inches, dependin' on how heavy the hatch is. And he wis walkin' across them and he fell down. It would be twenty, thirty feet anyway. Oh, he wis killed. It wis just after the war.[96] And so was the railway accident.

And then durin' the war ah remember at the invasion of Norway loadin' a ship. They were loadin' a ship there and they had a lot of transport, wee jeeps and that. First time we'd seen any things like that, ye see, wee jeeps and that. And they had the soldiers bringing them up for the cranes tae lift them on tae the ship and that. And for some reason or other this young lad in the Forces came in and he went right in tae the docks in the vehicle. Drowned, drowned right away.

Another time when ah wis workin' in an office down there. In latter years ah worked in an office when the containers started comin' and ah got a job there at the container berth. And ah wis in and it wis very, very misty. And coming from the Imperial Dock the Edinburgh Dock's on the one side and the Albert Dock's on the other side, and there's a bridge over there. And there's only a safety rail on either side. And it wis very misty this night, five o'clockish, say. And girls were comin' out the different offices, gettin' a lift home. I forget if it was the Scottish Agricultural Industries, it wis one o' these companies anyway. They were finished at five o'clock, the same as us. And one o' the girls had a car and she decided to give some of them a lift. She couldnae see and she went off the road and went right in the dock. They were all drowned, couldnae get out. Well, it would be the late '60s, I would think.[97]

Oh, it was a dangerous place to work, the docks. There wis quite a few dockers drowned durin' the war—blackout. All you had wis a wee blue light, ye know. It wis only more or less direction. You had tae feel your way about. Most o' us had torches. You always walked well away from the quayside, 'cause that wis dangerous.

At work in the docks dangers would depend on the cargo really. But ah think the loadin' would be more dangerous than unloading, unless it wis maybe scrap metal. Well, ye see, jist after the war there wis a big influx o' scrap metal comin'. And they used to fish it, as what they called it—they'd all get underneath and try and loop it through and see if they could get a lot up. But some o' it wis kind o' loose. You always had tae get under shelter all the time. And there wis quite a few accidents that way.

And there wis another chap during the war—Steed wis his name, Lewis Steed—and they were dragging a big heavy lift into the wing of the hold, up against the ribs, you see. And how they did that is, we had what they called a fish plate. That wis a plate you secured to the ribs o' the ship that had a bulb on it, and you tightened it up and it had a wheel on it. And you laced your wire through that and got it round whatever it was you were pulling into the wing. And you directed the winchman, as it wis at that time, tae take the strain, and it went underneath and round the sheaf and it used tae drag it in. But you always have to make sure that your fishplate, as we called it, was screwed up tight tae come together, for the bulb held it, retained it. For some reason or another it didnae happen that time. The thing came off and he got the fishplate right on here—killed instantly.[98] Oh, there wis quite a few accidents down in the dock durin' the war.

Well, there wis that many casualties during the war, you know, it wis jist another thing actually. It wis only the immediate family and the immediate friends. And all they would say was, 'Oh, that was hard lines on So-and-so.' And then you went away, because everybody had wee stories tae tell.

During the war there was quite a few extra hands brought in like Fred Douglas—men wi' no' much experience or practical sense. So the danger was all the more for them—and for men workin' wi' them. That was the point. Well, we always tried tae get somebody that both of you got started together, you worked together, you were two mates. You used to look after each other. And say there wis four on the one side, you always looked after each other—the four o' you always looked back and forward all the time. At least that was the aim. It didnae always happen, of course. But that's what we tried to do. Ma mate was Tommy Watt. He was the same as masel', maybe a month or two older. He went into the docks the same time as me actually. He was one o' them that had gone tae sea. And then when he got married he wanted a job ashore. His father worked in the docks wi' ma father. And he had put his name down. Tommy Watt got in the docks the same time as me. Well, it was a shame for him. He retired when he was 65 and he only lasted three month. Terrible, eh?

Oh, there wis quite a few dockers who'd once been seamen. There wis a good friend o' mine, too, Bobby Ross. His father had gone tae sea a' his days and when his boat maybe came ashore he'd work in the docks, ye see. He wis seemingly well known down the dock as well. And his son he went tae sea, called up to the navy, of course. And after the war he got into the docks. That wis him and his brother as well. His brother only died about three month ago. Oh, there wis quite a few who'd been to sea and come ashore and worked in the dock. And, oh, some o' them worked for a few years in the dock and then went to sea. And what they used to do was the wives or the families kept their contributions up in the union. When they came back they were still registered. Some o' them did, not a lot, but some o' them did. Well, they'd maybe get fed up, ye see, and come back again.

You'd get dockers maybe decidin', 'Och, I could do wi' a break', and go away for a voyage or two. This is what happened. That's what happened, especially wi' the single ones. The opportunity tae go tae sea wis always there, and they would hear maybe about a shortage o' crew and sign up.

Ah never felt maself ah wanted to go to sea once ah started in the dock. You see, when ah got registered ah got married. And that tied me down a bit. So ma outlook wis entirely different—changed. And then, as ah say, in the war, we were bombed out and we lost an awfy lot o' stuff.

Relations between the dockers and the seamen on the ships at Leith were usually good, very good. Ah knew quite a few o' the seamen but not close enough to bring them up to the house or anything like that. Maybe we went out for a refreshment, or something like that. Oh, we saw some o' the seamen regular, in certain areas. Foreign seamen they more or less kept to themselves. Language would be a problem there. Quite a few o' them could speak English—well, the Baltic ships comin' in. And the Germans and Icelanders they could all more or less talk English. Scandinavians they were quite conversant with English. But, oh, ah cannae remember any difficulties between the dockers and the seamen, ah cannae remember anything at all like that.

In the dock there wasnae any immigrant workers. There wis a coloured family down in the dock—that chap that got killed, Lewis Steed. He wis coloured. He was the one that wis struck wi' the plate. And his younger brother Fred he wis in the docks. But that's the only two coloured men. Oh, they were an old Leith family. There wisnae very many coloured people in Leith at that time, I don't think.

There wis no Poles in the dockers' union. But there wis quite a few Poles got work with the Leith Dock Commission. Apart from them ah cannae recollect any, or any Ukranians or Lithuanians. The only strangers we had—no' strangers really—wis the Land Army. We had some o' the women down there workin' in the docks. Oh, well, they were doin' agricultural work, ye see—a lot o' seed stuff and that coming in. And they were workin' wi' maybe the Board o' Agriculture or something like that. They were sort o' selectin' the seeds and sorting out the bags, that kind o' thing. There would only be about ten o' them maybe. And they were only there for a wee while. Ye didnae find women normally workin' in the dock, no' at that time. There wis some women workin' in offices, the stevedores' offices. Oh, there wis a bit o' teasin' wi' the Land Girls! [99]

In ma early days in the dock we never had any kind o' protective clothing. We never had anything like that. You had to provide anything for yourself. It wis up to yourself. Before the war in the dock ah jist wore ordinary trousers and boots. It wis always shoes ah wore before ah went to the dock, but there it wis boots. And a bonnet and a raincoat. If you were a sort o' regular at one place you could leave an auld coat hanging up in the shed. It wis no' sure it wid be there the next day, of course!

Ah think it would be the '50s we eventually got toetectors, we got overalls, we got rainwear, steel helmet—well, no' a steel helmet, a hard hat. It wid be late '50s anyway, ah would think. Ah think it would jist be after Suez. It wis round about that time. Oh, that wis a boon, oh, toetectors, steel toetectors. That was all provided by the employers. We came to an agreement with the employers, gave them certain concessions and they give us the concession. You always had to negotiate these things.

And then other conditions: to the end o' the war it would be dry toilets. And ah think it would jist be after the war when we got flush toilets. There was three or four strategic points they were put, ye see.

Then after the war all the dock labour schemes were based on registration—your number. And that scheme wis started back when Ernest Bevin became the Minister o' Labour durin' the war. That was one o' the conditions seemingly that he would take the job—ah believe it was, too—because he had been fighting to get a registration scheme and a guaranteed wage for the docker. And that's when we became registered, well, registered with a guaranteed minimum wage. That wis eleven shifts at six shillins, that wis £3.6.0. 'Cause that wis old money. And that wis the government conditions.[100] And durin' the war there wisnae so much floatin' casuals because everybody wis allocated work. So the employers had tae conform to all these standards as well. Ah don't think it affected them much. But that's how the scheme came out. What happened on the scheme was that every half shift stood for itself. Ah could be idle in the morning and ah went round to the Eagle Buildings and ah got a stamp. It wis an oval stamp—hence the word 'duck egg'. We used to say, 'Ah'm goin' for a duck egg.' That wis your stamp, you were idle that shift. And ye could come down and maybe get a start on a job at lunchtime. You had to report, durin' the war you had to report there all the time. You were allocated work if there was work available. And you got paid for holidays, which we never ever did before.

Before the war dockers never had holidays. We had long week-ends, certain long week-ends. But again they were idle days—never got paid for them, ye see. So ye had no paid holidays whatever before the war. Ye worked Christmas Day, New Year's Day—everything. Ye never got double time or anything like that. Ah think you did for New Year's Day but that wis about the only thing—or Sundays, of course. But the conditions were considerably improved wi' the scheme durin' the war onwards.

You got your holidays then. It would be '40 or '41, ah would think, we first got holidays. We got a week—paid. Oh, that was a great boon then. Well, the first year Mary ma wife and I and the oldest laddie we went to Leven. And when we went over there the Fife side wis full o' Poles at that time. They must ha' been stationed over there, it must have been a camp for them. That wis the first real holiday in married life that we'd had, except stayin' wi' relatives at Burntisland. So that wis when we began havin' an annual holiday, oh, it wis brilliant. And ye got sick benefits, well, ye got half sick benefit and so-and-so.

And then after the war, oh, conditions like that greatly improved—physically as well. Well, pay rose dramatically. What happened was with us bein' sent to the different ports with similar facilities we found out how they got paid and made comparisons. Oh, that hadnae happened before the war.[101] Well, the result wis we took the best pay and conditions and negotiated with our employers. Well, we did quite well, ah think. Conditions improved, pay improved dramatically. And physical conditions improved as well, because before the war it was all strength and liftin' this, that and the next thing. Well, after the war forklifts came in, electric bogies came in, and mechanisation in general came in. And it lightened the burden. And then things were comin' in in pallets—palletisation on the ships—and containerisation. Oh, that made your work as a docker much easier and less dangerous. Oh, there wis always dangers, because on pallets anything could slip or anything like that. But, oh, things got very much better after the war.

Then the register of employers finished. Instead of havin' forty employers or that at Leith they said there would only be five. And eventually there only became two. All these employers either had to become part of such-and-such a set-up or the other set-up. The two sets of employers who were left at Leith were the Forth Stevedores and Leslie Saddler.[102] That wis the two main employers. Before that, oh, there'd been maybe thirty-odds to forty employers. The dock labour scheme carried on until the '80s. It was Mrs Thatcher's government that abolished it.[103] But ah wis retired by then, ah finished up in '76, ye see.

But in 1960 ah got into the United Company o' Porterage.[104] Before then ah did a lot o' work with the porterage companies. They did general porterage work. It was more or less grain, flour, bagged cargo, a lot o' bagged cargo. And during the war when ah worked quite a lot with them they were responsible for what they called buffer depots. A buffer depot was storage of food, the food all comin' in to the dock was in the sheds in the docks. And in case of an air raid the lot would be destroyed. So the government took over disused buildings in different areas. The likes o' Penicuik, it wis the mills at Penicuik. Down in Lauder there were big agricultural stores. At Innerleithen there wis another huge warehouse—the woollen mills—and we used that to disperse all the cargoes: flour, sugar, beans, milk, and all commodities like that. Foodstuffs like that wis all there. Well, the porterage companies they were united by this time as well. They were in charge of most of the depots round there.

Well, you'll see goin' about the town occasionally Aberdeen Shore Porters' Society lorries. Well, they were a porterage company. See, it wis the porterage and metters that started away years back in the history o' the organisation of labour down the dock before there wis stevedores.[105] The stevedores were originally the employers. Well, we were employers, too, in the porterage companies if we had work. But there wis an association of us. There wis fourteen o' us. And before ah wis in the Company there wis one in charge o' each o' these depots. And we, the porters in the dock, were responsible for loadin' that stuff into waggons or on to road transport to distribute the foodstuffs to these buffer depots—BOF, we called them: British something Food for the Ministry o' Food.

But there is a long tradition with porterage companies. They looked after all the grain for the distribution to distilleries away up to Speyside and that. Well, some o' these wee distilleries up in Speyside could only take up maybe a hundred ton because they're quite small. And it was all stored in the dock and wis allocated as required. And that wis the job o' the porterage companies more or less.

So eventually in 1960 what happened wis this. All the original porters that I knew had been in the Porters just after the First World War and right up till—well, they amalgamated in 1928. And there wis one or two young ones there, but by the time 1960 comes, ye see, they're well on and they're droppin' out and retirin'. And then it came compulsory retirement when you're 65. So there wis about four o' them over 65. There wis three or four o' them left all at the one time. And there wis another one or two due to retire in a few months' time. So there wis vacancies. But they cut the staff down—with grain elevators and that coming in, and the cargoes were not coming in bagged. The cargoes were coming in in bulk and goin' into the silos and bein' distributed in bulk from the silos to these railway vans with lids on them, and allocated to the distilleries. And the United Porters had to give orders for whatever wis required, what type o' barley and where it wis tae go. One man—our foreman—he did that.

So they says, 'There's a vacancy there.' Well, the first time ah did apply they only took two men in, and they said that wis hard lines on me. Because ah had something in common wi' them. Ma grandfather Baird had been a porter, and a lot o' them had worked as young men with ma grandfather. And they said that wis hard lines, 'But there'll come a time. Put in another application.' So the second time ah wis accepted. The United Porters were registered employers, so in 1960 ah ceased to be a docker and became an employer wi' the Porters. It wis an association. At first ah felt a wee bit timid, wonderin' what.... But it's always been a tradition that the working porters went out with a squad. They were in charge of a squad, so that everything was ok. See, we were a' sworn men. We went up before the sheriff and were sworn in, to ensure your honesty, ye see, with your dealins. Oh, ye had tae take a solemn oath in front o' the sheriff. And we became sworn weighers, tallymen and porters. And what happened was that you went out and started so many men for whatever the job was. And maybe the next day you wouldnae be startin' any men. You'd be workin' yourself, because there wasnae any work available at that particular time for a squad. You were a kind o' workin' employer and foreman rolled intae one. And you kept a record of all your day's work, made up your money, and.... Oh, that wis a big change for me. It took a wee bit o' adjustment. Ah've still got a book wi' ma accounts of ma day's work: United Company of Porters, Edinburgh Dock, Leith. We kept that and we sent that to the employers or merchant, ye see.

Well, ah stayed wi' the Porters till they reduced the number of employers in Leith docks. The stevedores were always at odds with the Porters and metters, because we were working employers. Of course, we were members of the union—the Transport & General Workers' Union. And of course they couldnae understand that. And they had foremen who weren't in the union and couldn't do any work in the dock, ye see. They always resented that. So in the United Porters we were in a unique position.

Well, ah wis six years wi' the Porters. Then, wi' the changes in 1966, the United Porters that wis it finished. We could not associate with any of the employers. So we were to be returned to the pool. But they had tae guarantee us a job as dockers. So that wis a long tradition, oh, hundreds o' years, o' the Porters, came to an end. And ah wis allocated, well, wi' doin' that type o' work ah got a job as a checker first of all. And then the changes were takin' place. Containerisation started tae come in.[106] And ah wis allocated to a job at what they called the mac vans—the container berth. That wis a' right. I had quite a variety o' work there. I was in charge of the imports, and that was No.6 Imperial shed. The containers that came into the shed they had mixed cargoes, maybe so much cargo for you and another smaller merchant, so much cargo for him. It all mixed in there—maybe some in Dumfries and some Glasgow or that, ye know. We had to separate all that out and get the Customs over. And ah wis there till ah retired in '76.

Well, lookin' back over all ma years in the docks from 1936 to 1976, I enjoyed working with the Porters. And the reason for that was, once the family grew up ah didn't need to work overtime. Porters very, very seldom worked overtime. With the result you were finished at five o'clock. And that was a boon tae me. And over and above that the porterage companies worked on piece work. So if ah had been working with the stevedores, maybe worked tae seven o'clock or that, your enhanced payment—well, ah would have the equivalent to that working with the porterage company.

Ah've never had any regrets about not goin' to sea, no' really. As ah say, once ah settled down, that wis it. Ah still have a wee notion tae go, though!

Bein' a docker ah think wis one o' the greatest labourin' jobs there was, both financially and for variety and companionship as well, though it wis rough and ready at times. But they would all stick by each other, you know. They were very good that way. Oh, ah think it's a tragedy the docks now.

Tommy Morton

Ye see, ah'm not really a docker at a', ken. Ah went on the buroo in 1943 and they sent me doon tae the docks, to the dockers' union. They were wantin' men. See, that wis the dauft thing: they sent a' the dockers away tae the war! Of course, Leith wis at a standstill when the war started. Oh, there wis one young lad in the docks had written tae Ernest Bevin why the port wis lyin' empty and they couldnae cope wi' the stuff doon there in England. And Ernest Bevin's supposed tae have said, 'Where the hell's Leith?'!

Well, ah wis born on 26th October 1909. Ah've got the birth certificate still: 45 Primose Street, Leith. Ma father wis a Leith man, born in Leith in 1864, in Queen Street. It's away now, tae. Ma father wis jist more or less a warehooseman. When ah wis born he wis a warehooseman in a whisky bond, Melrose Drover whisky. They're out o' business now. They were taken over wi' one o' these big conglomerates. The bond wis in Mitchell Street. It's probably away now, because they've been knocking a lot o' the hooses doon there.

Apparently ma father wis apt tae take a drink at times. He wis the foreman. But when he misbehaved they often put him on the lorry. That kept him oot o' mischief. But whatever happened, we went tae Newtongrange when ah wis three and he worked in the pits frae 1912 tae 1915. Ma mother come frae Newtongrange, ye see, and a' her brothers wis there. Probably she would get him a job oot there. He only worked on the pithead—what we cried the old pit, not the Lady Victoria. It wis right in the village. It wid probably have a name. It could be Lingerwood, because ye went up Lingerwood Road and turned right intae it.[107] And while we were there they started the haulage from there round tae the new pit, ken, a' the wee bogies. We lived in First Street, it wis No.22. Ah've went back once or twice. Oh, it's all been changed but the houses are still there. They've a' been done up. But three years, that's a' we were at Newtongrange for, three years. Then ma father got back intae Leith. His brother got him a job in an oil warehouse—A. & M. Reid o' Mitchell Street—and he wis there till he retired. Oh, he wis comin' up eighty when he died aboot January or February o' 1944.

As ah say, ma mother come frae Newtongrange. Ma mother wis a Moffat: Isabel Gordon Moffat. But ma grandfaither wis cried Lothian. Ah never found out about it but she must have been born out o' wedlock and she wis brought up at her granny's at a farm—Coldwells Farm, on the road tae Edgehead. And she wis brought up there. Before she got married she wis jist in service, domestic service. It'd probably be Edinburgh where she worked. There widnae be many servants in Leith, well, there wid be a few up Trinity way. But ah don't know where she worked, we wouldnae discuss that kind o' thing. It must have been when she wis in service that ma parents met. But ma father had been married twice. Ma mother wis ma father's second wife—about ten years o' difference between them.

Och, ma mother came frae aboot twelve o' a family. Nearly a' ma mother's brothers were miners. But, ye see, it wis jist the war, a' her brothers wis at the war—five o' them anyway. Jist one stayed in the pits. The two youngest brothers were killed at the war. Peter wis the youngest. He wis only a laddie, it seems like he'd be nineteen or somethin'. And Dod, the second youngest, he stayed two or three doors doon frae us at Newtongrange. And ah can remember this as well as anythin': one time he wis hame on leave and here, by Christ, he shot a cat. This bloody cat—there wis a long stone dyke where the gardens wis—and ah can mind o' Dod firin' his gun. He killed the cat and of course the police came and took him away. Ah don't know what happened, ah don't know what sentence he got or anything. But when he went back tae the war he wis killed. And David, the third youngest, came hame mangled up. Well, he wis at the Dardanelles. He'd got married on one o' his leaves and whatever happened he only discovered in 1931 that he had been gettin' his pension as a single man. And the MP took his case up. He got a lot o' back money. But he never worked again, he never worked efter he come home frae the war.

Oh, we visited ma mother's family a' the time. Ah had uncles and aunts all over Midlothian. If we were lucky when we got school holidays ye went tae a different aunty's every year, ye ken. There were aboot twelve o' them in the family, twelve uncles and aunties, ken. Ma father wis the same—ma father's family wis aboot twelve an' a'! They stayed in Leith. But we hardly knew them. That's the peculiar thing. We knew ma mother's family, the Newtongrange ones, because we were visitin' them. But we never thought o' visitin the ones—ma father's family, the Mortons—roond the corner frae us in Leith! So we were closer tae ma mother's family than ma father's in that respect till we got a wee bit aulder. But a lot o' Morton cousins ye jist passed them by, ken. Ye kenned them but they didnae ken you, somethin' like that.

Ma grandfather, ma mother's father, wis Alex Lothian o' Newtongrange.

He was a miner. Ah think he wis a miner a' his life. Oh, ah remember him. Oh, a great big bluidy beard away doon tae here. The time ah knew him he wis jist dodgin' a wee job, lookin' efter the railway or somethin' in the pit. But ah can mind o' him. He stayed in Lothianbridge, near the Sun Inn. So ma grandfather wis Alex Lothian, Lothianbridge, Midlothian!

Ah only knew the one grandfather. Ah never knew ma grandmothers. The rest o' them were a' dead afore that like. Ma grandfather Morton we cried him a snab. That's what we cried a boot repairer, a snab. He's doon in the marriage lines, the birth lines, as a boot and shoemaker. He had a wee business in Queen Street in Leith, his own business. And he married Jemima Lawrie. Her father wis a grieve in a farm at West Pilton and eventually he bought it. Ah can mind o' goin' and seein' it. Ye walked up Ferry Road and ye seen the carts wi' 'Lawrie, West Pilton'. But we never visited them, didnae have any contact wi' them. Ma father's cousin he wis a Lawrie. He wis in the original group that formed the sort o' teachers' union. Ah think he lived till he wis aboot 92.

Ah had three half-brothers and a half-sister. But they were a lot older. The half-brothers, the three o' them were at the 1914-18 War. The three o' them survived. One o' them, Frankie, wis only fifteen. The middle one, Bob, he wis seventeen, say. He'd joined the Royal Scots. Bob wis in camp and one o' his mates or a lance corporal or somebody came along and says tae Bob, 'Your twin brother's jist arrived.' Bob says, 'What twin brother?' Here Frankie had put Bob's date of birth doon and gone tae the camp, tae. So Frankie got chucked oot! He wis only fifteen. But he did join the army jist a year after it—but in the Service Corps. He didnae get in the Royal Scots. He wis only sixteen then. But it was quite common then, of course. They werenae too…. They didnae probe too much for them. As long as they came up they let them in tae the army.

Bob and Frank they worked in the Woolmet pit and roond aboot there.[108] Then the oldest half-brother wis Jimmy. He wis a cooper. But he died at 32 him. He got gassed an' a' that durin' the war. He seemed a' right when he came hame but he took pneumonie and didnae last a couple o' days, ken. Ah wis only aboot twelve at the time, ah mind that. He wis 32. Jimmy actually had a hoose jist roond the corner frae us in Leith, ken. Ah used tae visit him, ken, ah'd only be aboot ten or eleven. Oh, he wis married. He married a cousin o' ma mother's actually.

Famie—Euphemia wis ma half-sister's name. But her mother must have died in childbirth wi' her. That was ma father's first wife's name— Euphemia Leitch. Famie steyed wi' an aunty up Edinburgh. But she aye used tae visit us quite a lot. But she married an American efter the First World War and went away oot there.

Well, ah had six brothers and sisters—eight o' us altogether: two died young—in ma own family. The oldest was Cecil, well, we cried him Ceecil. Then David, Hannah, and then me. Ah wis in the middle. And then there wis Mima, Jessie, Janet, and, oh, Jane in between died as an infant. She never lasted very long. And Ceecil died in 1914, he wis ten years old. Ah can mind o' playin' wi' him. One time in particular the two aulder brothers, Ceecil and David, and ma sister had the fever—scarlet fever. And they were in beds. And ah wis runnin' aboot, caperin' like, runnin' aboot. And here this doctor came and he shoved me under the bed. Ah had tae sit quiet. We were no' supposed tae be in the room, ken, wi' them havin' scarlet fever. Then later on Ceecil died. Well, it must have been somethin' like TB he had. He wis aboot six years aulder than me. And ah still remember goin' intae the room and ma mother wis cryin'. And the blood wis a' runnin' doon, ken, what he died wi'. And ah can remember the funeral. It wis a horse and cab came tae take him down tae Leith. And ma younger sister Mima and I were playin' jumpin' in and oot the cab. Ah can mind o' it! Oh, it wis quite common really in these days that children died. And we lost ma sister Jane, we hardly got tae know her. She actually died before she wis two. This a' happened before the 1914-18 War. Ah can remember.

When we came back tae Leith from Newtongrange in 1915 we lived in Hamilton Street. It wis a tenement, ground floor. Well, there would be eight, maybe nine, families in the stair. It's away now. Well, it's a' been demolished roond aboot there—Fort Place and a' that. But it's a' built up again. It's next tae the Fort, it's that scheme, oh, they've got a fancy name for it. Well, ye come doon Ferry Road towards the sea, ye come doon Fort Street.[109]

Oh, in Hamilton Street it wis jist a room and kitchen and a bed in a recess, jist like a cupboard. The sleepin' arrangements wis ma parents wis in the kitchen. The girls wis in there. And Davie and I wis in the wee place at that time. In Hamilton Street and Newtongrange the lightin' wis gas, and we had an indoor flush toilet.

In Hamilton Street ah can remember the bloody clockers, if you come in at night, if ye'd had the lights on. In fact, ah can remember we came in and Jane that died wis in the cot, and it wis covered wi' clockers. It wis like a black cover wi' clockers.[110]

And while we were there of course we had the air raids in 1915. We were on the ground floor. Everybody came down. The hoose wis packed. And the bairns, we were a' sleepin' across the beds tae make room for everybody. And they were there till the Zeppelin passed away like.[111]

All ah can mind aboot Hamilton Street is the bloody windaes gettin' broken nearly every day playin' fitba', ken, in the front! It wis concreted, it wisnae cause'ays like the other yins. It wis ideal for fitba'. And the big dyke o' the Fort, the barracks, wis the goals. Of course at that time the Fort it wis occupied wi' the sojers. Oh, the war wis still on, ye see.[112]

Ah can mind one time comin' oot the school and here the pipe band and a' the sojers marchin'. And three or four o' us marched and we must have marched tae Gorgie. We didnae realise it and we come home, walked home. And ah can mind comin' ower the canal bridge. Ah came over it twice. Ah couldnae tell ye where it wis but it wis at Fountainbridge. And it swung. It swung ye tae let ye along the road—Dundee Street, ah think it wis. Ah can jist mind o' goin' across the bridge. And a bloody fine row ah got when ah got hame, tae. Ah must have walked about twelve or fifteen miles. Oh, by God, ah couldnae believe it. This bloody band and a' the sojers marchin' along. They were gettin' shipped away somewhere at the railway sidins at Gorgie.

Then after about a year in Hamilton Street we flitted tae Cannon Street. It's away now, tae. We had two bedrooms there. It wis a wee bit bigger house. Ma parents still slept in the kitchen. The girls wis in the bigger room, and Davie and I—it wis a top flat—Davie and I had the skylight for air. We were actually better than them down the stair, 'cause they didnae have anything.

At Cannon Street it wis an outside toilet. After the buildin' had been built they had built the toilets on the outside. Ye had tae go down half the stair tae go intae it. It wis doon a landin'. But we all had one toilet each, we had wir own, we didnae share wi' anybody else. It wis a flush toilet like Hamilton Street. But the Cannon Street toilet wis jist a bench. It wisnae the bowl like what they are now, ken. But ye had the chain—a flush toilet. It wis in brick. A' the stairs had it, so it must have been an addition after the buildin' wis built, when they had tae get them or somethin' like that.

Baths, well, it wis the big bath under the bed mostly, as far as ah remember. But from about ten year auld ah started swimmin' and that, and ah went tae the public baths. And ah kept it up for years, 'cause ah never had a bath, ah never wis in a house wi' a bath until 1964. It wis surprisin' how ye got along.

In Cannon Street it wis gas lightin' again.

Then from Cannon Street we moved round tae Albany Street in Leith. It must have been about 1930 we flitted roond tae Albany Street.

When ah wis five years old ah went tae Newtongrange School. We were livin' there then. And ye had tae walk frae First Street. They tell me the old school's still there but it's no' a school now. And ah can mind the first day ah went ma aulder sister took me like, ken. And ye went frae First Street right along through fields and a narrow path. But ah can always mind there were always coos in each o' the fields and there were hardly room for ye tae pass. It wis jist as well ma sister wis there, ken. Ah wis a bit nervous o' the coos. But when ah got tae the school what puzzled me wis half the laddies and lassies were a' greetin'. Ah says, 'What are they a' greetin' for?', ken. They were the same as masel', jist startin'. Ah wis fair away wi' masel', goin' tae school. But, oh, half o' them, ken, the laddies an' a', ken, were a' in tears.

Ah wis only the six months at Newtongrange School. We came back tae Leith in the Trades Week, July 1915. The school ah went tae wis North Fort Street, jist round the corner frae Hamilton Street. Well, ah thought North Fort Street School wis a' right. Ah had nae bother at school, of course. Well, it wis mostly compositions ah wis interested in. Ah wis good at writin' stories. Oh, ah enjoyed that. Then when ah wis a laddie aboot thirteen or fourteen ah started skippin' the school a while, ken. Well, ah dinnae ken if ah wis fed up wi' it. And the peculiar thing wis one o' ma chums, he went tae Trinity Academy and they paid fees. And this mornin' he says tae me, 'Ah'm no' goin' tae school.' And we met up at a fitba' park at Ferry Road. And there wis five others frae Trinity and, by Christ, one o' them finished up the provost o' ——, up north, away up past Aberdeen.

Ma ambitions when ah wis at school—jist a fitba'er. Ah wanted tae become a professional. Ye see, that's where ah made a mistake. But ah did what very few done: ah practised and ah learned tae kick wi' ma left foot when ah wis ten years old, when ah got tae the North Fort Street School team. And ah wis in two finals but we never won anythin'. Ah wis never any good efter that. Oh, well, ah mean, ah worked hard. Ah practised for hoors and hoors and ah could head wi' baith sides o' ma head, and a' that. They thought ah wis dauft. At that time very few players could kick wi' their left fit and be two-fitted, ye ken. If ye were a left-fitter ye could get in a team anywhere! Ah wisnae left-fitted. But at the finish up ah didnae know the difference. Ah wis never unbalanced.

Ah wanted tae be an ootside left because Alan Morton wis the famous namesake.[113] But ah wis that big ah wis always a half back—left half and centre half. But that's where ah made a mistake. Ah wis goin' tae stay on at school. Actually, wi' ma birthday bein' in October ah wis still qualified tae play for the school team. If ye were under fourteen on the first o' October ye were still qualified tae play for the team. Ah'd been in two finals and ah had a trial for the Leith Schools team, and ah wis going back tae…. That wis ma intention. Ah went back that mornin' and another two in the class— they werenae qualified tae play—they got me convinced tae go tae an efternin school for learnin' tae be a clerk or something, ken—commercial. But it wis really the fitba' ah wis goin' for, ken. It might have changed ma life a'thegither. Oh, ah wis a keen fitba'er. Well, when ah left school in December, when ah wis jist over fourteen, ah shouldnae ha' got a job for a Saturday, because ah probably would ha' got a game. Well, there wis nothin' then like the now. Ye had tae be gettin' on for aboot sixteen tae eighteen afore ye got intae a juvenile team. Christ, they're playin' First Division at that age now!

When ah wis a laddie, oh, ah read. That's what ma mother said, we read too bluidy much. Oh ah read, it wis jist a' the adventure stuff, and the books that we got at school. It wis jist when ah wis leavin' school they started gettin' libraries in an' a' that—G.M. Henty and R.M. Ballantyne, sort o' things like that. Oh, ah enjoyed them.[114]

Oh, Christ, if ye joined the public library it wis like an inquisition in thae days. First of all ye had tae fill in a form and ye waited three days or something, and ye went back and they looked at your hands and if they were durty ye'd get chucked oot. Ye see, everything's different now. Ye see a' these galleries and so on? Ye walk oot and in now, and yet if we went in there they used tae chase ye, if ye looked in the bluidy door even, ken. That wis because ye were a workin' class laddie. Of course, we were quite scruffy lookin', tae. But the library—by God, that was the first thing they done, they looked at your hands: 'Oh, oh, away and wash yer hands!'— afore ye got in. Ah didnae join the library, ah never joined till ah wis aboot 21, right enough. Well, as ah say, ye never got nae encouragement when ye tried tae join when ah wis a kid. Ye had tae go tae McDonald Road then, that wis a long walk up frae Leith.

Oh, as a laddie ah read comics. Well, *The Magnet*. Ah never bought them, ye got maybe a read at them. Aboot the time ah wis at school, jist before ah left school, *The Adventure* came oot and then *The Rover*. One wis a Monday, ah think, one wis a Thursday. And ah bought them. Others, oh, ye'd jist sort o' swop wi' your pals. But at that time tae ye got fitba' cards, no' cigarette cards, but the same thing—photies wi' footballers. Ah saved them up. And then *Dixon Hawkes*. Ah never liked the *Sexton Blakes*, ah always liked the *Dixon Hawkes* better. They were wee books, aboot 4d. or somethin' ye peyed, a wee short novel. Ah bought them masel' off ma pocket money.[115]

Ye went tae Sunday School. And ah wis a Boys' Brigade, until ah started workin' and ah packed it it. Of course, again ah jined the Boys' Brigade for the fitba' more or less. Ah wis Leith Battalion, but ah wis in the second Leith company, attached tae the church that we went tae, well, ma dad went tae the church—Church o' Scotland. Ah never joined the church masel'. Later on ma wife wis always a churchgoer but ah never jined. Ah went wi' her occasionally.

Ah wis a milk boy wi' the Store—Leith Provident. Oh, well, ah actually started at nine year old, helpin' ma brother David. He wis thirteen, ah wid be nine year old. David got a job deliverin' the milk. But it wis a job, it wis a heavy run but it wis close tae the shops. Every laddie that had the job had got somebody helpin' him, because it wis too much. Ah dinnae understand how they didnae break up the run, but that wid mean another boy, of course. David wis officially workin' for Leith Provident, ah wis helpin' him. Ah didnae get peyed, he jist gave me somethin'.

Oh, ah must have got up aboot six o'clock tae get up there for half-past. But ye were supposed tae work wi' the milk frae about seven, oh, it wid be before seven. Oh, we usually finished about eight o'clock. And ye got plenty time tae get tae the school. But at that time it wis still wartime, and the Store had a motor lorry that came tae deliver the milk tae the branches. The lorry wis never very regular. It wis the old chain-driven kind, solid tyres and everythin'. But many's the time the motor wis late. And often ye werenae finished in time tae go tae school, so that wis an excuse tae stey away, ye ken. Ah wis truantin'. We jist said, well, we're too late. Sometimes if ye didnae feel like goin' ye kidded on ye were there.

And that wis ma first job, helpin' David wi' the milk. David got peyed five or six shillins—five, ah think, it wis at that time. That wis six days a week. And the afternoon, too. The Store had a double delivery, you went back. But the afternoon delivery wis a lot smaller. But ye covered the same ground, ye ken. In fact, our round wis that big that ye couldnae get them a' in the barrow. As ah say, we had the near ones, near the shop. We done Trafalgar Lane from the shop, from the back door there. We had four baskets o' milk on the big barrae, a big two-wheeled barrow, a heavy barrae.

David wis thirteen when he started deliverin' the milk. Then when he wis fourteen he left when he left the school. Oh, he started when he wis thirteen, in his last year at the school. He'd follaed on the fellae doon the stair. He wis a year older than David. He'd left and his young brother wis helpin' him. And when he left Davie got the job. Ye ken, ye a' sort o' passed it on tae your pals and that. David left the school at fourteen and he went intae the shipyards as a catch boy, ye cried them—tae catch the rivets. The man that heated them a' threw them ower some wey and they caught them. Ah think they had a metal thing that they caught the rivets in, or somethin'. Oh, David had tae give up the milk, 'cause he started in the shipyards.

Ah wis too young then tae take on the milk job. They wouldnae gie me it. Ye see, they said, 'You're too young.' Ah wisnae too anxious tae take it. But ma older sister Hannah—at that time, of course, there wis no' many girls daein' anythin'—but she could ha' took it like. She wis old enough. There wis a girl at her school, her father had a dairy business, and she did it. So, ah mean, Hannah could have done it if she'd been anxious enough. Ah think at that time the Store might have employed girls if they'd been anxious, 'cause durin' the war the women were a' startin' tae work then. But Hannah she wisnae any more anxious than ah wis. Ah wis only ten but, as ah said, if ah'd been twelve or if she'd took it her and I could have done it if we'd really been workers like what Davie wis. Davie wis a real worker compared tae us. So when Davie gave up deliverin' the milk ah stopped as well.

But when ah'd be twelve ah got a job deliverin' milk for the Dumfries-shire Dairy. Ah done it for nearly two years till ah left school. Wi' that job ah started at half past six, ah picked it up at half past six. He had a great big pitcher, a barrae wi' a great big pitcher. The Dumfriesshire Dairy had hundreds o' them, dozens o' them. That wis the start o' the Dumfries-shire Dairy Company then. And it wis a barrow wi' a great big pitcher wi', oh, five or six gallons. It wis a great big thing, and a wee tap. And he had a bucket thing and filled it and ye got wee scoops and that round the stair. And ah had some o' the pitchers and he fulled them an ah delivered some o' them. The pitchers belonged tae the Dairy. Ye had tae clean them.

The Dumfriesshire Dairy's shop wis in Henderson Street. There were about, ah would say, ten tae twelve different barrows, different districts. There wis one milkman wi' each and one laddie helpin' him.

Oh, ah'd tae get up aboot quarter past six. Manys the time ah had a helluva job gettin' there. Oh, ah wisnae keen. Then ye finished aboot the back o' eight—enough time tae get hame and get your breakfast and get tae school. That wis six days a week wi' the Dumfriesshire—Saturday mornin' as well. Ye didnae work in the afternoon. That wis the difference frae the Store. Oh, wait now—ah worked on a Sunday an' a' wi' the Dum-friesshire. It wis seven days a week. The Store didnae work on a Sunday, ah don't think.

Ye only got 3s.6d. a week for the seven days. Ye were workin', say, aboot an hoor and a half, aye, aboot an hour and a half a day—maybe aboot ten and a half hoors a week. Ye got 3s.6d. for that! It's unbelievable now. Oh, ah gave a' ma pey tae ma mother. Ah'd maybe get somethin' back. It widnae be any mair than 6d. or something like that. It'd be 6d. maybe—the price o' the pictures. But we made a bit copper or two. Surprisingly, ye got a penny frae some o' them, some o' the householders. At Christmas ye got a wee bit extra, ken. But occasionally one or two gave ye a penny for the week's deliverin'. Oh, ye maybe got four bob a week or so a'thegither, wi' your 3s.6d. pey and the pennies.

When ah left the school when ah wis fourteen Leith Provident wis expandin'. They were takin' on, openin' as many shops. Ah would reckon that wis about 1922 or '23. And ah could have got a job easy deliverin' milk—but it wis workin' on a Saturday afternoon. That's where we made the mistake wi' ma fitba' ambitions. A job wi' the Store wid interfere wi' fitba', as ah thought, and ah didn't take it. And ah finished up as a bluidy van boy wi' Scott Lyon the bakers that worked on a Saturday afternoon jist the bluidy same!

When ah left the school when ah wis fourteen ah went tae Scott Lyon's as a van boy, deliverin' bread and stuff roond the doors. Oh, well, ah knew quite a few that wis workin' there, ken. They took ye on right away. They were in Ferry Road—huge. Ah cannae understand how they conked out later on. Oh, gee whiz, it wis a big baker, Scott Lyon. Well, ah wis there when it wis jist buildin' up.

They had horse vans. Ah wis on a horse van. But they were gettin' cars and they were gettin' two or three every year. It wis a big beautiful fleet o' cars. They were actually private cars' engines, ken—Rovers, it wis Rovers they bought. And the two or three motor cars they had, ye'd hardly credit it—ah can always mind—Belsize wis one o' them. And they had a Ford, of course. They only had the one Ford. The Belsize—and what wis it?—Arrol Johnston. They were actually private cars, both o' them made in Scotland, tae. Then they started tae get this Rovers and they even got a great big one that delivered wholesale tae a' the shops and that. It wis an Albion, a big Albion.

Oh, ye went at half-past six again till about eight o'clock. Ye delivered rolls and that, and then ye went for your breakfast frae eight tae nine. Ye came home for your breakfast. Then ye went back tae work again and loaded up. Ye didnae get a break for your dinner. Ye jist et your piece on the road. Ye worked on tae about three in the afternoon. And then ye went back tae the depot and discharged the empties and that—empty a' your returns and so on.

And then we had tae work in the stable, up the stair mixin' up the food for the horse, ken. Ye mixed up the corn and then ye mixed up the hay. The stables were in Trafalgar Lane, parallel wi' Ferry Road. They'd only six horses when ah wis there. Oh, ye had tae help doin' the horse and all that, and clean the stables. Ah had tae dae that sometimes. Ma driver, Jock Cranston, wis kind o' lazy. Aboot five o'clock ye started tae get away. Oh, it wis a long day for a laddie.

Jock had two laddies tae begin wi', it wis sich a busy run. We delivered at that big housin' scheme that wis jist built at that time at Wardie, up at Granton Road. And we were there practically the whole day goin' roond, practically every door ye went tae. And ye didnae get back tae aboot three o'clock. Ye got a piece and Scott Lyon supplied a pie or a thing like that.

Ye worked a' day on a Saturday as well. Ye never worked on Sundays. Saturday wis the hardest, it wis always busy. But on a Saturday they sent up usually a Melton Mowbray pie for ye. Ah'd never had that before. Ah thought it wis wonderful. It wis a big one cut up between the three o' us like. And one day it wis the boss that brought it tae us. Ken, some o' their drivers used tae bring it up, but there must have been naebody there or somethin'. Mr Walter hissel' brought it up.

Ma wages wis eight shillins a week. Ah wis fifteen months there and it went up tae eleven. Ah had eleven shillins when ah left. Ah still wisnae sixteen then. Ah got peyed off. Ah had a bit o' a row wi' Mr Scott. Ah didnae get a job for a while efter that.

What happened wis we used tae play billiards at night, some o' us, and we got intae an argument wi' one o' the other fellaes in Scott Lyon's. And it finished up wi' a fight. And here Angus wis supposed tae be that badly damaged he wis off his work. And Mr Scott took me intae the office and he says, 'Ah'll take the wages off o' you and give it tae Angus.' Ah says, 'Ye'll no' dae anythin' o' the kind.' Angus wis at school wi' me an' a', he wis in the fitba' team wi' me and everythin'! Anywey he wis goin' tae deduct ma wages by the way, and ah said one or two things. Ah got a week's notice. But ah didnae take the week. Ah never went back durin' the week. So ah wis unemployed efter that. It wis right up tae April 1926 afore ah got another job. Ah wis unemployed jist barely a year, maybe frae aboot August/September tae April—aboot six or seven month.

Jobs were very difficult tae find then in Leith. Ye could get plenty o' message boys' jobs like. But at that time ye couldnae start an apprentice-ship till ye were sixteen. That's how half the laddies, includin' masel', never served their time, because, well, in ma case, ah wis workin' for eleven shillins, maybe twelve shillins a week. And when ye come sixteen startin' your time, servin' your time, ye see, ye got 7s.6d. or ten bob. A lot o' them widnae go tae be an apprentice, ye ken. They were short sighted. Well, ah wis gettin' fifteen shillins—tae go tae work for ten bob…. The engineers wis even less than ten shillins for an apprentice.

Well, ah dinnae ken if ah wis hopin' tae become an apprentice when ah left Scott Lyon. Frankly, ah thought ah wisnae capable o' bein' a tradesman, sort o' thing, because at the school that wis one o' ma worst subjects wis the woodwork. We didnae get metal work at the school, jist woodwork. Jist if somebody had come along then and…. Well, ma father had a cousin had an electrician's. That wis new then. Everybody wis goin' tae that, ye see, everybody wis startin' tae get intae the electricity business. It wis expandin' because it wis practically new at that time, ken. Ma father's cousin wis an electrician, he had a business. But at the time he couldnae offer me a job like.

So ah wis unemployed for aboot six or seven month. Ah wis out a' the time lookin' for work. Ah used tae go along to the *News* office in Leith Walk at half past twelve. That wis the first edition. They put out the Situations Vacant. They folded the paper up and left the big strip, ken, and stuck it in the windae. A lot o' people went along. The man came and pinned it up aboot half past twelve. And ye saw if there wis any jobs. And one day there wis a waiter wanted—709 Leith Walk, Central Bar. And ah walked away up. There wis nae bluidy 709. And ah come back doon and the Central Bar wis jist next door tae the bluidy post office—it should have been No.7 and 9. They had 709. By the time ah went in they had filled the job. Ah widnae say ah wid have got it but ah might have been a waiter, because ah wis first wi' the paper then! Of course, a lot o' these jobs wis a' taken afore it wis put in the paper: somebody wid get it, ken.

So ah spent most o' every day lookin' for jobs—and playin' fitba'. Ah didnae find anythin'. The recession had started by this time. The ship-yards wis virtually.... Ma brother Davie had got peyed off by that time, tae. Ye ken, the shipyards collapsed a'thegither. Oh, well, Davie wis in Hawthorn's. There wis Ramage & Ferguson, Hawthorn, and Cran & Somerville at that time. At that time Henry Robb wis only a worker. He wis a worker wi' Ramage & Ferguson. And when Ramage & Ferguson packed in he started on buildin' wee-er boats, and then dismantlin' them and sendin' them away by rail, even away tae Africa and a' that cairry-on. They had a wee yard in the Albert Dock. But that wis efter ah wis unemployed, oh, ah'd be workin' again by that time.

Davie, as ah say, he wis a worker. He wis one o' thame that picked up a job here and there. He worked mair than he wis idle, ah would say. He wis well enough liked. He wis a worker, he must have been, 'cause he often got jobs—maybe a Seturday wi' a coalman, knockin' your pan oot for aboot five bob or somethin', ken. He wis a kister, he wis more intae the horsey line.[116] And he had one or two jobs wi' a laundry wi' the pony. And then he wis wi' a beer firm deliverin'. But they a' seemed tae conk out. Oh, Davie wis daein' thae jobs for a year or two efter he lost his job in the shipyard. He never really got a real job until well on, like when he went intae the mill. It wid be the 1930s by that time.

Well, ah got a job in an egg importer's warehouse for sixteen shillins a week. Ah wis jist a warehooseman. It wis a' foreign eggs. Cases o' eggs came in and ye sent them away on lorries and that. Ye loaded up a few o' the lorries but most o' them he got contractors tae lift them direct from the docks. See, they a' come in the docks, they wis a' imported eggs. Oh, they come frae all over. Oh, we had Chinese and Russian and Australian eggs in the winter time.

It wis a Glasgow firm—Steven Brothers. But ah wis told that his father had been a Scandinavian and had been Stevns. And he must have put the 'e' in jist tae have a different name. The head office wis in Glasgow but the warehouse where ah worked was at Bernard Street in Leith. Ah worked there frae, oh, sixteen past. Ah wis there till the war, so ah wis there aboot fourteen years.

When ah first started it wis nine o'clock tae aboot six. Ye got an hour for your dinner. Ye worked on a Saturday tae about one. Everybody worked on a Saturday then. Ye never worked on a Saturday afternoon or a Sunday.

Well, in 1926 the wages wis only sixteen or fifteen bob. But by 1933 ah wis maybe gettin' aboot 32 bob, 35 bob. Ah had a manager above me, like. There wis jist masel' and the manager, jist the two. Then when the manager packed up, retired, ah thought they would ha' got somebody else in. Ah thought ah wisnae, well, no' sae much too young—ah didnae have the confidence tae be a traveller and a' that, ye ken, visitin' firms. But ah got the job and ah got up tae £2.5.0. I'd be 24 then. And ah done no' bad like, ye ken. They jist said, 'We'll see how ye get on', or somethin' like that, ye ken. They didnae take anybody else on. In fact, some days the boss came through from Glasgow, maybe once a week, maybe a Friday. This was when the old joker had packed in. So for a while he came through every Friday and visited the merchants that we were dealin' wi', gettin' orders for the next week, and so on. And ah wis jist carryin' on more or less the same as ah wis, as a warehooseman. At first ah didnae go outside masel' tae visit customers. Ah did eventually when ah got up enough confidence. Mostly it wis the phone. But it wis only masel' at the finish up, ah wis on ma own in the warehoose.

And ma confidence gradually came. As ah say, the boss used tae come through on a Friday, and then he started sendin' through some o' his ain travellers, two in particular maybe came through on a Friday. And one wis a wee tottie fellae. He says, 'Ah dinnae ken why ye cannae go oot,' he says. 'Ah wish tae Christ ah wis your size.' He says, 'If ah had your appearance,' he says, 'ah dinnae ken why ye cannae go oot a wee bit mair than you do.' Well, latterly the travellers they didnae even bother comin' and the boss only came occasionally. Well, they must have been satisfied, like, wi' ma work. And ah started goin' oot a wee bit on ma own, ken. Ah lacked confidence. It wis more the speech and the dress and that, ken, although ah dressed a' right. Oh, that's been ma trouble all along.

Then ah wis away a whole year frae the egg store in 1930-1. It must have been 1930 ma family flitted roond tae Albany Street, jist afore ah turned badly. Oh, well, ah had haemorrhages. And ah wis in the sanatorium in August 1930. Ah wis jist 20, 21. Ah got a shock.

Ah wisnae thinkin' ah had got tuberculosis. Ye got sent oot for observation. The ambulance came and picked me up. Ah wis in the Royal Victoria Hospital, Comely Bank. But it wis different then from what it is now. It wis a sanatorium There wis a big arch and the gatehouse wis above it. It wis like a bluidy prison—Pentonville, ye see on the TV sometimes. That's jist like what it wis. Ken, when the ambulance drove up the door opened, ken. There wis naebody there—the man wis openin' it frae the top.

And ah goes in the ward, there wis only five in each ward, and they were makin' the bed. One fellae, a patient, wis helpin' the nurse makin' the bed. He says tae me, 'Ah ken your face. Are ye frae Leith?' Ah says,

'Aye.' He worked roond the corner, ken, wi' Buchan & Johnston's or somethin'. Anyway ah says, 'Ah'm jist here for observation.' And they a' started laughin'.[117] They says, 'We're a' here for observation.' The one that had spoke tae me he says he'd been there eight months. Christ, ah nearly fell through the flair. Eight months! Other lads had been there two years, three years. It finished up eventually one man had been there eighteen years since before the First World War. He'd never been out, he wis a patient a' the time. There wis two or three o' them—twelve years there. Oh, Jesus! It wis a right shock. Anyway they jist made a laugh o' it, ken. They says, 'Oh, we're a' under observation.'

In ma case it couldnae have been very much. Well, it's surprisin', tae, your attitude, ken. Ye're lyin' there, jist the five o' ye in the ward, and another five next door like. The other ones were gettin' up maybe for two hours or four hours. Well, ah lay in bed for maybe a month or two and then ye started gettin' up for an hour and two hours and so on. Ah went in there in August and they had huts wi' the beds in them on a swivel, ken, for the sun. But ah wis never in there. It wis gettin' caulder in August and they were jist comin' back intae the ward. But when ah started tae get up ye got wee jobs tae dae, the likes o' polishin' the floor. And, oh, ah'd always been a reader so a did a lot o' readin' in the hospital. Of course, they had two billiard tables. The Royal Victoria had been used for wounded sojers in the First War and thir two tables were a legacy frae then. Ah learned tae play billiards. There were one or two good players.

But eventually ah wis up for the whole day. Mind ye, ah wis workin', ah wis helpin' the gardener, ken, dodgin' away. Ah wis six months in the sanatorium and six months at their convalescent. That wis a farm near Bonnyrigg—Polton. The story wis that the nurses' home at the Hospital wis a big house and apparently it had been the house of Sir Robert Phillips, a pioneer o' the medical—TB and that. And the farm that they went tae at Polton had been his also. The man gave a' his money tae lookin' efter the thing. Well, we went tae the farm. They'd thousands o' chickens and pigs and a big garden. And we got jobs there. Ye'd tae collect the eggs in the mornin' and clean the henhooses. And that wis a bugger at first, 'cause the henhooses were that wee ah wis always bumpin' ma head—till ye learned, till ye learned.[118]

So ah survived that experience wi' TB. Ah dinnae think it made much difference tae me really. And ah got ma job back wi' Stevens in the egg warehoose when ah came back frae hospital. Oh, they didnae pay ma wages when ah wis in hospital. They jist kept ma job for me. Well, it wis somethin' in these days.

Well, ah had tried tae join the police in 1931. Ah wis five feet ten wi' everybody that measured me. But when ah went up tae the police office in the High Street in Edinburgh ah wis only five feet nine and five-eighths! Ah didnae get in. Ye had tae be five feet ten for the Edinburgh police. And they told me tae try the Metropolitan. What made me interested in the police, well, actually it wis a fellah that had been at school wi' me, big Hughie Milne. He wis an amateur boxer, the Scottish Amateur Heavy-weight champion at the time. And he jined the police, ye see. At that time it wis a' bluidy boxers and fitba' players—well, no' fitba' players so much as boxers and sportsmen. And that wis in 1931 when everything collapsed. And probably that's why ah couldnae get in tae the police. At that time a lot o' the boys frae big schools—George Watson's and a' thame—jined the police because it seemed a secure job and because there were nae work anywhere else. Some o' them had been at Heriot's and a' these places. They were jist joinin' as constables. Oh, the police wis a better paid job than the egg warehoose. When ah first applied it wis £3.2.6. or £3.5.0. But at the burst-up in 1931 it wis reduced to £2.17.0 or somethin'. If ah'd got in it would have been £2.17.0.[119] Oh, when ah finished up in the warehoose when the war came ah had about £3 a week.

Ah wis never in a union when ah worked in the warehoose. Jist once some man came roond. He wis talkin' aboot gettin' intae the shop assistants' union. That wis before the war. Oh, ah never bothered tae join.

Ah wis never in a political party. Ma first girlfriend her parents were great Labour and ah went once or twice tae their dances and whist drives. And the whist drives only lasted aboot two nights because ah couldnae stick it. Ah couldnae play very well and ye didnae get much sympathy. Ah widnae go back. But ma girlfriend's faither and mother they were in ah think it wis ca'ed the Independent Labour Party at that time. Well, at that time they had jist a poky wee place in Leith Walk. But then they built a hall in Bonnington Road. And then the other ward built one in Hamilton Crescent. So there wis two ILPs. But it wis jist for the dances ah went tae there, ye ken. Ah wisnae interested in politics, no' then.

But, oh, ah remember John Cormack and the Protestant Action. We used tae go along—wis it a Thursday night?—at the fit o' the Walk. We got a' oor entertainment at the fit o' the Walk. Or ye went tae the billiard saloon and sat, ken. Ye had nae money. If ye had a tanner ye got one game, ken, and if ye got beat that wis you finished. But the fit o' the Walk we had different nights tae go along. One night it wid be Cardinal the Rope Tyer, he cried hissel' Cardinal the Rope Tyer. He used tae get people tae tie him up wi' a rope and he'd burst hissel' oot—an escapologist.

And then there wis Tommy Tait. Tommy Tait wis the communist, a better comedian than.... And a genuine man he must have been, too, ye ken. He wis a Leith man. Tommy Tait stood for the council once and he got thirteen votes. Ah always mind ah wis at the meetin', ken, when the result came oot. He wis standin' against the landlord man Gumley, who became Lord Provost at one time. And Tommy Tait got thirteen votes. And when the candidates wis givin' their speeches, ken, he says, 'Well, ah got one mair than Jesus'! Oh, Tommy Tait wis a brilliant speaker, tae me he wis brilliant. And one o' his favourite things wis, 'What d'ye want money for?' He says, 'Ye can only wear one pair o' boots at a time.' Ken, it wis things like that. But ah wis never tempted tae jine his party. Oh, ah went there for entertainment, that wis a'. Honest tae God.[120]

Another night—ah think it wis a Tuesday night—the Christian Volunteers came and sung. And the lassie wis brilliant. She went on the halls at the finish up, ken, an amateur thing. Oh, a great singer. Christ, ah went along tae hear her! Ye'd no money tae go anywhere else anyway. This wis right roond the monument, Queen Victoria's monument, at the fit o' the Walk.

Then John Cormack wis another night, ye see. We had often arguments. We were goin' tae the dancin' at that time, ye ken, and a lot o' the Catholic laddies went, ye know. One or two fell oot through it, too. But Cormack spoke at the fit o' the Walk. Well, there were Jimmy Marr—he used tae go tae the dancin' wi' us—he became a councillor wi' Cormack. Ah don't think Jimmy Marr done anythin' for a livin' at that time. Ah think they must have been gettin' peyed frae the Protestant Action. And Jimmy Marr got intae the council for a year or two. He used tae play the trixiephone in wee bands and that, ye ken, Saturday night hops and so on like that, tae make a livin'. And, by Christ, he got in the council.

And oddly enough, ah'd been a member o' the golf club doon at Craigentinny for a long time. Jimmy Marr joined the golf club. He jist had started the game like, ken. There wis nae bookin' like what they have now, ye jist had tae stand in the queue. Ye had tae wait till the tickets wis sold. But ye always bought three tickets, ye always kenned ye would meet somebody tae play. And this particular night ah went down and Jimmy Marr he says he had three tickets. So one o' the other members came doon, Dan McHugh. And ah says, 'Oh, Dan'll play ye.' And Jimmy says tae me, 'Is he a Catholic?' Ah says, 'Oh, ah dinnae ken.' Ah didnae even ken how Dan spelt his name, as a matter o' fact. And Jimmy says, 'Will it be a' right for me tae play wi' him?'—ye ken, wi' him bein' in the Protestant Action. Ah says, 'The chap'll be gled o' a bluidy game.' There wis a lot o' a' this talk aboot religion but this wis jist a wee thing ah remember, that Jimmy wondered if he'd be able tae play wi' Dan McHugh.

But, oh, my God, Protestant Action had four or five cooncillors for a while here doon in Leith. But ah couldnae understand aboot Cormack. He had been in the Post Office and he got the sack for stealin' or somethin'. He always maintained he didnae but ah didnae know if ah had the right story. But he could speak, he could speak.[121] And then he took over the wee hall, the corner rooms, at the corner o' Ferry Road, a wee dance hall that we used tae go tae. And he bought it, well, the Society bought it. And they had meetins and everythin' there. That wis the base o' Protestant Action for a long time.

Oh, Christ, there wis a lot o' feelin' in Leith. Oh, my God, there wis a lot o' Catholics in Leith. But, oh, Leith had an awfy crowd, doon the Kirkgate in St Andrew Street, ye ken, the sort o' poorer bit. There wis that many o' them, big families. In fact, the Kirkgate wis nearly a' Catholics.

Oh, there'd be anybody that wid support Cormack. Ah jist can mind o' Jimmy Marr. There wis a lot o' women, a lot o' women used tae go. There wis one woman, she wis a Mrs Quinn. And years after ah fund oot that her husband wis an Irishman, a Catholic. But she supported Protestant Action! He never went tae the church either!

Ah dinnae ken why Protestant Action had so much support in the '30s. Oh, well, they could always dig up somethin'. Ah can remember one o' the arguments wis about the scaffies, the cleansin' department.[122] Cormack spoke aboot it. There wis, say, 75 per cent Catholics in the thingmy and there wis only 12 per cent Catholics in the town. See what ah mean? It wis out o' proportion. Right enough, a' the scawffies wis a' O'Donnells and a' the rest, ken. Of course, ah suppose when they took the job it would be pretty low like. But eventually, ah mean, it wis quite a secure job and half decent wages. It wis jist the thought.

Oh, unemployment, ye see, they used tae talk aboot it. And even if there wis somethin' gettin' built in Leith nearly everybody came frae the toon, ken.[123] There wis an argument that the Leithers should ha' got the chance, and a' this, ken.

Ah went tae one or two meetins, jist tae pass the nights away, that's a' ye went for. Ye'd nae money tae go anywhere else. No jist Protestant Action like. Ernest Brown, the MP, ah used tae go and hear him. He wis worth listenin' tae. Oh, yap. By Christ, he wis loud and everythin', ye ken. And ye always got a laugh. There wis always somethin' goin' on. Jist tae pass the time away, that's where you'd go tae.[124]

Leith wis a separate burgh tae 1920—a bluidy disgrace. Ah can jist mind o' it. But when ah got older and read this thing, ah mean, it wis six tae one against it, and Parliament overruled it. I don't think you'd get away wi' that now. Ah didnae dae much aboot it because ah wis still too young then, ah wis still at school.[125]

Ah don't mind very much o' the unemployed demonstrations in Leith before the war. They cried it the National Unemployed Workers' Movement. But the man ah'm sure he started it, oh, heez name wis Smith. He wis an awfy bad speaker. Ah cannae mind if he wis a docker. Ah don't think he worked at a'. That wis what wis against some o' them. Thame that had a' sae much tae say never seemed tae work! Wee Smithy, well, he wis a Leith man. He wis a wee thingmy. He wisnae nice lookin' or anythin'. He could speak, but no' very great. He wis speakin' sense right enough, ken, tae us. Ah don't know what happened tae him at a'.[126]

Well, ah remained workin' in the egg warehoose till the war broke out. And then it come tae an end, because we jist dealt in the foreign eggs. Ah wisnae paid off but, as ah say, it came tae an end. And then they were organisin' the egg trade, settin' up an Egg Marketin', somethin' like that. And they had meetins in the Town Hall, and they had a' the big shots— and allocatin' jobs. Ah mean, ah'd been a' that time in the trade. They offered me tae look efter the empty boxes, and they were bringin' in a man—he had a grocer's shop or somethin'—tae be an egg man. Of course, ah wouldnae take the job. Ah wis a wee bit hurt there, like. In a sense ah should have been there before half o' the other ones, ken. The two or three that came in hadnae been in the trade at a', ye ken.

So ah got a job in the cold store in Tower Street, doon at the dock gates, efter that for a wee while. Christ, that wis murder. Oh, ah never could get warm. Ah wis jist warehoosin' there. The meat wis comin' in in waggons, sheep and sides o' beef and everything—margarine and butter and a' the rest. They had bogies there. And ah wis lucky, ah wis downstairs. The other ones wis in the chambers, in the cold, a' the time, ken. There were the lifts wi' the stuff and so on. And sometimes lorries wis comin' in there and loadin' up wi' stuff, ken.

Oh, the hours in the cold store wis eight tae five. But it got that busy that they started eight hour shifts, workin' eight hours, off eight hours, back in eight hours, ye know, because the stuff wis comin' in like train loads. But when we went for our wages the first week—we had a' oor wages coonted up, gettin' overtime for when ye were thingmy—ken, when we got our wages we jist got the bare wages. And, of course, one or two o' us struck, ye ken. Oh, he said, ye had tae dae your 48 hours before ye qualified for overtime. And you were, as ah say, eight hours on, and back and forrit. Och, it wis exhaustin' 'cause ye hardly got time tae shave or anything, ken. It seemed tae be, ye ken, ye were jist intae your bed and ye were oot again. The fellaes a' sort o' said, 'Oh, we're no' goin' tae have this.' And they said, 'Well, take your books.'

Ah, well, ah wis goin' away. Then the manager had second thoughts and they had another meeting. But we stopped it then because they would have kept it on if we had accepted the bare money, ken. So that's aboot the first time ah got involved. Because when we had the meetin', thame that had sae much tae say aboot the thing, when ye asked them a' tae speak ye looked aroond and then ah took the lead. Ah got up and said something, ye ken. Well, the others started speakin' efter that. That wis probably the first time ah spoke in public.

By this time ah wis married. Ah didnae get married till '39, jist before the war started. Ah often said tae ma wife that another two months and ah widnae ha' got married. The war wis startin'! So ma wife and me wis dependant on ma wages at the cold store. The bairn wisnae arrived by that time. But, oh, ah mean ah wis sick o' the job. But anywey we formed a deputation, three or four o' us met the boss and thrashed oot one or two complaints that we had.

At that time we had tae be in the Home Guard, tae look after the premises like. We were in a platoon. We had uniform, boots, and everything. And there wis a Sunday job every week. An army motor came in tae supply the army roond aboot Dunfermline way. And there wis maybe half a dizen oot for overtime. And thame that wis on duty frae the Home Guard they got it. But it wis always the same two or three. And of course that wis one o' the subjects ah spoke aboot. That wis the complaint. A lot o' them said that we should get a wee bit turn an' a'. You only got a turn when it wis your turn o' duty wi' your uniform on. Oh, there wis a bit o' favouritism there. This two particular fellaes they got everythin'. Oh, it wis jist the boss must have fancied them. Ah believe that they'd been there longer. Ye see, most o' us had jist come in since the war. It didnae dae much business before that. But ah had had dealins wi' them because we used tae store eggs in the spring in there and then sell them in the wintertime. We had even used the Buttercup Dairy in Easter Road for the same thing. And ah knew the bosses, ken. And ah wis there in the cold store as a checker. Ah wisnae actually supposed tae be loadin' motors and that. But, as ah say, it wis mair an excuse for tae get oot the bluidy place we had this tiff!

Ah stayed on. But a few weeks after it half a dizen o' us got peyed off—the half dizen that had so much tae say! Well, actually, the boss said, 'We'll form two teams.' And he says tae me, 'You can pick them.' See, wi' ma tongue, ah got landed wi' this job tae pick two teams. And there wis one odd man, a security guard. He wis there wi' a revolver and everything. And he had only one arm. But the man had a bluidy business o' his ain since he wis a laddie, a fruit cairt and everythin'. So anywey ah put him in tae make up the twelve each team. And the boss says, 'My God, he's only got one bluidy arm.' Ah says, 'He can dae mair wi' one than some o' them can dae wi' two!' Anywey, as ah say, it wis maybe a month or so efter that he peyed off quite a few and ah·wis one o' them. And the other two that had sae much tae say, they were peyed off tae. But this two that wis gettin' a' the overtime they were still there!

Oh, well, then ah went tae the buroo and they sent me tae private people, Keizer. It wis a big plywood firm. It wis roond at the corner there in Mitchell Street, Leith.

They flitted up tae Iona Street. I don't know what happened tae Keizer, whether they're finished a'thegither or no'. But Walker's there, the other timber merchants, they've got that place now. But Keizer wis a big business at that time. In fact, they were the originators o' the plywood comin' intae this country seemin'ly. Big loads come in every time.

Ah wis jist a labourer wi' Keizer. Then jist when ah went there the bombin' started doon at Liverpool and a' that and they were shifting a' the stuff up from England tae here at Leith. And they could hardly cope wi' it. They couldnae get warehooses tae stack stuff in, and a' this carry on. So ah wis there wi' Keizer aboot a year, barely a year.

Ah worked jist 8 tae 5, and a Saturday mornin' tae about twelve. Oh, everybody worked a Saturday mornin' then. The wages wis aboot £2.12.0, or somethin' like that, a labourer's wages at that time.

Ah wis workin' in Keizer's when ah got called up. It wis round about '42, ah think. Ye went up tae George Street in Edinburgh for your medical, ye got five shillins for your expenses. Of course, in the form ye filled up if you'd been mentally ill or had TB, ye said yes, ken. So when they came tae examine me, ye see, they noticed. They sent me hame. Ah wis Grade Four. So havin' had TB got me off the army.

Ah got offered a lot o' jobs, one in particular. The lassie up the stair frae us wis a cashier in this firm and she wis wantin' tae retire. And she wanted me tae take this job. She said, 'Ye'll dae it a' right.' Ah says, 'Ah couldnae dae that, be a cashier in a big firm.' Ah had no experience at that. But they were that hard up for men they wanted tae show ye, they wanted tae learn ye, by their way o' it. But it wis a' labourin' jobs ah got.

And then ah took a job wi' Carmichael, the carrier. Ye know, A. M. Carmichael, the big contractors—it wis a son o' theirs started a haulage business as J.R. Carmichael. That wis '41. Ah started wi' Carmichael on the Monday after the Hibs beat the Rangers—ah'm sure they beat them 8-1 or somethin' like that. Ah mind ah had ma interview wi' Carmichael in Halmyre Street on the way up tae Easter Road tae see the match, that's how ah always mind.[127]

Ah wis there as a checker at Carmichael, loadin' his lorries wi' them. Ah saw that the other laddies wis loadin' the motors for Fife and a' the different places. Ah checked up the items as they went on. Well, ah got aboot £3 as a checker—and long hours. When ye started off it wis officially eight tae six, but half the time the lorries wis late or somethin' like that. And it wis the same on the Saturday: ye were lucky if ye got away at one o'clock, ken. Because they were loadin' the motors for tae go away. So sometimes durin' the week you wouldnae get home until maybe seven o'clock. Oh, long hours.

Oh, ah'd say ah wis about eighteen months anyway wi' Carmichael.

And ah packed it up. Ah got fed up wi' it. Ah went on the buroo in 1943 and they sent me doon tae the docks, to the dockers' union. They were wantin' men. See, that wis the dauft thing: they sent a' the dockers away tae the war! Of course, Leith wis at a standstill when the war started. Oh, there wis one young lad in the docks had written tae Ernest Bevin why the port wis lyin' empty and they couldnae cope wi' the stuff doon there in England. And Ernest Bevin's supposed tae have said, 'Where the hell's Leith?'!

When ah went doon tae the union office ah got in the docks. Ah had tae join the union, ye see. It wis aboot November o' '43. So that's when ah got intae the docks. That's how ah got in the docks, ken, ah wis Grade Four. Ye see, ah'm not really a docker at a', ken.

Well, the docks wis a different world tae me, oh, Christ! Ah couldnae believe it. We were the rookies, the mugs. By this time there were big boats comin' tae Leith. They'd discovered Leith by this time. They were sendin' big transports up, bigger ships that they thought they could never get intae Leith at one time. We got sent doon the hold o' the boats. And when ye're on the boats and ye're lookin' doon, Christ almighty, oh, my God! And you had tae put the hatches on at night, take them off in the mornin' and put them on at night. And ye were walkin' on the hatches, and this big bloody space doon below. Oh, some o' them wid be fifty feet ah wid say. Oh, my God, it wis quite dangerous! It took me a long time afore....

As ah say, you were the mugs and ye got the thick end o' the stick, as it were. Oh, well, sometimes there wid maybe be eight or nine men doon the hold and there wid maybe be eight o' them like masel'. They were sendin' them doon frae comin' oot the prison and a' the rest, at that time. Some o' them had been in prison, ken, or on the buroo. They were sendin' them doon tae the docks. Some o' them wisnae interested, ye ken, they wid hardly work at a'.

Of course, there wis always a man in charge wi' ye. But we didnae ken the half o' it—how tae stow stuff and that, ken. Sometimes it wis quite simple but other times ye were makin' awfy mistakes! One time we were loadin' the boat wi' wood timber and the holds had what we cried a big end and a wee end. And we're comin' doon and we got so far along and then we went tae this end. Christ, and it wis stickin' oot! We should ha' made an alteration some way, ye ken. The gaffer must ha' been ashore or somewhere at the time.

Ah can always mind o' a gaffer, Andrew Young. 'Good God! How the hell d'ye think ye're goin' tae get the stuff doon there?!' Ye see, we were walkin' off the bluidy tap! Things like that, jist through inexperience, that wis a'. Ye jist had tae try and learn.

Oh, it wis hard work. Ah thought some o' it wis terrible at first like. It wis surprisin' how ye learned. Sometimes ye even cairried bags o' tatties and flour on your shooder and that, ken. Ah felt it, because ah had never laboured really, ye ken.

Oh, well, it wis long hours, oh, my God, aye. It wis eight till five and then six till ten when ah started. That wis wi' two breaks, we had two breaks. You got an hour for your dinner at twelve and an hour for your tea at five. That wis fourteen hours from beginnin' tae end o' the day. But ah wis hardly there when the new hours came oot. Instead o' workin' tae five and then a break and comin' oot tae ten, they made it like eight o' clock in the mornin' and then your break for your dinner at twelve, and then one o'clock right tae seven, which wis two hours less. But it wis a long period, which wis suitable. That became the practice in the whole o' the country like.

It wis a heavy time durin' the war. But we jist worked tae twelve o'clock on a Saturday. And we only worked a Thursday till five o'clock. We got that concession, we got one night off. Ye worked sometimes on a Sunday, tae. Ah as ah say, ah wis lucky. Ah had only a week or two o' workin' frae eight in the mornin' tae ten at night afore it reverted tae eight in the mornin' tae seven at night.

When ah started in the docks ma wages wis fifteen shillins a day, jist over the £4 something for the week, the five and a half day week. Ye got double time on a Sunday. Ah volunteered for that. But nearly everybody worked on a Sunday. But at that time it wis very seldom ye got a Sunday off: you'd be lucky.

In 1943 when ah started ah think it wis roond aboot, say, 1,000 dockers worked at Leith. Before the war the union wis 1,100 strong. So it wouldnae be any more than that in the docks in the war. They always said that the union kept it tae 1,100 for there wisnae work for 1,100 afore the war. Ye see, a lot o' dockers they were lucky if they got £2 a week afore the war.

Ye had tae line up for work in the mornin'. Ah, well, it wis kind o' controlled when ah went first. It wis in the open air. They jist had a big platform. But before the war there wis nae platforms and the gaffers jist stood and they used tae get mobbed, mauled practically sometimes. I seen it afore the war in ma passin' like, because ah wis workin' in Leith, ye see. Ah seen it in the passin', if ye happened tae go along at the startin' time, the wey they would scramble tae try and get jobs, ken. Well, before the war Dock Place wis for the Currie's Line, Victoria Dock. And the other one wis in what we cried the Logs—Constitution Place they call it now— in front o' Sandy Sloan's. Dock Place wis the wee side. The big side wis Constitution Street. Oh, it wis quite common tae see men scramblin' for jobs then, sort o' jostlin' and pushin' tae get near the gaffers. Oh, we had that even in ma time, although there wis plenty o' work. There wis always better jobs, ken, there wis always mair money, ken. But, oh, ah remember bein' pushed and jostled.

And ye had tae put your book up. You had a book. The gaffer took your book, ye see. Oh, it wis a different world tae me when ah first started at the docks. I could hardly believe it, ken. It wis entirely different tae me. It wis a new life for me a'thegither. Even workin' wi' other fellaes, ah mean, ah'd always worked masel'. Well, ah felt it hard, ah felt it hard. But ah think ah done no' bad at the finish up like, ken. Well, ah wis kind o' lucky in a sense. Ah knew a lot o' the dockers, ye see. They were a' at school in Leith, ye see. And that helped a wee bit, too, and ah jist happened tae get intae a decent crowd. They were good workers. See, there were a lot o' guisers, a lot o' guisers, even amongst the older ones. But ah wis lucky in a sense, ah wid say.

Ye see, there wis buggers that ye wouldnae like tae work wi', ken. They wid neither work or they were away pinchin' somethin', anythin', guisin'— anythin' raither than work. One particular day we started on a Saturday and we were doon the hold wi' these fellaes. They sort o' ignored ye, ye know, they were a'..., ken. Anyway they were talkin' about this particular man. Ah says, 'That wis ma uncle.' Christ, efter that..., ken. 'Whae wis your faither?' It swung like that, and that sort o' helped a wee bit. Ye see, when ye first went tae the docks one man said tae me, 'Where do you stey? Oh,' he says, 'Christ, at least you're a Leither. At least,' he says, 'ye ken where the bloody docks are.' Some o' them when they started didnae even ken where tae go, ken!

And then another time one o' the gaffers—he had a' the good boats, tae—David Moffat wis his name. Well, he wis in charge o' us like and he passed a remark one day in the hold. He spoke about when he steyed in Assembly Street. So ah says, 'When ah wis a laddie ah used tae visit ma mother's auld aunty, a Mrs Moffat, up that stair.' Well, it wis his aunty tae, but through the faither Moffat. Well, ma brother wis David Moffat Morton. So there again David Moffat sometimes gave me a job.

Ah didnae work wi' a particular firm, no' at first like. Tae begin wi' we got what work wis left. But gradually the gaffers got tae know ye. As ah say, there were one or two o' them picked me sometimes. Ah wis surprised. Of, course, ah wis quite tall, ah wid stand out more maybe.

Eventually ah enjoyed the work, ah did. Well, one or two cargoes ah didnae like. At that time ye were lucky, ye could avoid them, ken, if there wis a lot o' work goin'. Well, ah tried tae avoid the cement! Apart frae it bein' sae dirty, it wis a piece work job and ye had tae keep up wi' everybody, ken. It wis heavy work handlin' these bags, ken. And ah wisnae too fond o' the timber, the big timber. Well, ah thought that wis dangerous work but some o' them didnae think it as long as they slung the thing properly. Ye see, ye're bendin' a' the time, pickin' up the timbers tae make up a set, put the chain round it and lift them up. And sulphur—ah avoided a' that—and esparto grass. That wis good money but ah wis never.... It would affect ma chest maybe. So ah avoided that. Well, ye hardly got esparto grass because there wis a certain gang wis on it a' the time. But ah wis there once or twice for a day or so when somebody wisnae there or somethin'.

The cargoes ah liked workin' on were, well, jist general cargo—flour and a' thae, the general cargoes. Then there wis another job, it wis a boat wi' a freezer, a refrigerated hold. Ye only worked an hour and off an hour because it wis that bluidy cold. Ye see, when ye got warmed up wi' sweat. Ah tried tae keep away frae that. In fact, ah took a bad turn in the hold one day and ah got whipped ashore, ken, and away tae the hospital. But ah wis a' right. Ah tried tae watch that, ken. The boat wis takin' stores up tae the Faroes. They must ha' had camps up there, they must have had sojers up there, because there were a lot o' bricks and everythin'.

Well, to me the docks wis an interestin' job. If ye didnae like that job one day ye didnae have tae go back the next day, ye ken. Ye might risk no' gettin' a job at a', but when ye got a good job ye stuck it like, ye ken. Ah sort o' stuck tae what ah'd term the easier things. Ah had tae watch ma health a' the time, havin' had TB. At first ah felt it kind o' heavy work but ah tried tae avoid the cement and the bulk cargoes, the phosphates and a' that, ye ken, the esparto grass at Granton.

Ah found there wis comradeship among the dockers. But there wis a lot o' arguments, tae, because, well, one gaffer had certain men, ken. And it would sometimes come oot, ken: 'Ye never gied me a job', and a' this carry on. Oh, ah saw fights. That wis common, well, fairly, ah would say, more so than other places. As ah say, ye're a' fightin' for the jobs. Ah mean, there wis good jobs and bad jobs. It wisnae like when you're in a warehouse and ye're a'thegither and you're a' gettin' probably the same pay. Sometimes one job wis twice as much pay as another. Ye'd be workin' harder for it, right enough. But, oh, your pay wis no' the same frae one week tae the next. Ah sort o' stuck tae what ah'd term the easier things.

Durin' the war ah didnae actually see any bad accidents. There wis a lad killed but ah wisnae in the hold. These big rolls o' paper were comin' oot, and ah suppose the craneman he got the blame like, ken. He must have pulled it up and it didnae come on the plumb and it swung and it smashed this lad against the thing—a young lad, tae. And then another time—but this wis after the war—there wis a few German ships brought in as what you cry reparations, ken. And this particular boat had been used as a hostel, people had been livin' in it. And we got the job tae clean it oot.

And we were comin' across everythin', and here a fellow come across a revolver. He pressed the trigger and he ruined a fellae's arm. The fellae hardly worked again efter it. Ah dinnae ken how he got on wi' that. Ken, it wis in ma hold but ah didnae actually see it. Oh, there wis quite a few accidents in the docks but ah wis never actually at one, ah didnae actually see it.

Ah wis never injured masel' durin' the war. Ah had one or two near escapes. There wis one day we were in the hold sendin' up lumber, and one came doon. We were on loose grain at the time—ye couldnae run away. Ah seen the lumber comin' doon towards me but it missed me. That wis the nearest one. There were one or two other things. Oh, the docks tae me wis dangerous. Sometimes, as ah say, ah wis bloody feared, because ah wis up on top o' the hatches. Oh, sometimes you took a risk, ken.

Well, ah wis in the docks the first time for nearly three years. Well, ye see, when the war finished and the laddies started comin' back we got paid off. Ah would say it wis aboot the summer o' 1946. But ah kept up ma union dues. And then ah got a job wi' the gas department, labourin'. It wis the Corporation then, of course. But after a year ye got an examination tae go tae the superannuation or whatever ye call it, ken, gettin' your wages when you're off badly. And ah got sent up tae the council doctor. He wis the police doctor actually, in the police station in Parliament Square in Edinbury. And then he sent me tae the TB clinic in Spittal Street. See, when they examined ye, they jist sent ye there. And here, by Christ, ah got a letter tae come and see them. Well, when ah went, it happened tae be a doctor, a young fellae, that had been in the Royal Victoria sanatorium when ah wis there in 1930. And he said tae me, 'You've got...'—secretion or somethin' they cried it, ah dinnae ken what the hell the word wis. And ah says, 'Aye, ah know.' He says, 'Well, ye never put it doon on your form.' Ah says, 'No, ah never put it doon. Ah widnae ha' qualified for the job if ah had. Ah'm hopin' that it widnae be noticed.' Well, he must ha' no' said anything, because ah got put on the scheme eventually. But ah wis never off. But ah had jist telt the young doctor, 'No, ah never put that doon.' Well, ah wid ha' been workin' away in the gas department and widnae have got nothin'. So he understood what ah meant like, ye ken.

So ah wis wi' the gas department for a long time—two year. And then ah got a chance tae go back in the docks. Wi' keepin' up ma union ah still wis qualified if they needed anybody, and ah got back. It wis '49 ah got back again, aboot July. It wis oor holiday time. In fact, ah wis booked for ma holidays when ah wis due tae go back tae the docks and had tae tell the manager aboot ma holidays. He wis a fussy kind o' fellae, he says, 'Oh.' He tried tae make oot, 'Ye'd better come or ye'll no' get in.' But ah went ma holiday anyway. Ah had one week in the docks and then ah went ma holidays.

It never affected me really. So ah wis in the docks again from '49 till ah took retirement in '72—23 years then and three years durin' the war.

When ah went back in the docks ah had a brother—David—workin' there an' a'. But he wis jist the same as me, he wis jist a wartime docker. So it wisnae he had spoken for me. It wis through the war, ye see. We were cried the wartime dockers. But there werenae many o' us like me. There were only aboot another half dizen had kept up their union while they were oot the dock, ye see. If ah had dropped oot the union in 1946 ah would never have been in again at a'. But ah got in, ah had peyed the bluidy fiver, ye see. Oh, that wis a lot o' money then, oh, Christ, aye.

Well, when ah went back in the docks in 1949 ah found there were changes compared wi' durin' the war. Ah found they were mair harum scarum, the laddies, the young men that had come off o' the war, ken. They sort o' levelled things up a bit, ken. The gaffers or the manager wisnae jist gettin' away wi' the things they'd be doin' in the war. See, durin' the war they kept threatenin' ye: 'Ye'll go tae the jile, ye'll go tae the jile,' or, 'We'll send ye tae the Forces'—things like that! But, oh, when the laddies came back frae the Forces, oh, they sort o' livened things up a bit. They were more militant. Of course, that wis all over the country, too, ah suppose.

One that wis militant that ah remember wis Henry Clarke. We cried him Stalin. That wis his by-name, ken, because he wis always talkin' aboot thingmy. Ah think he wis in the Communist Party, along wi' Jackie Donaldson and a' thame. But Henry Clarke became our secretary. He wis quite a well-spoken lad at the finish up. He wis awfy... he wis too emotional. And he got hissel' intae a lot o' trouble. But he improved as he went on. He wis quite a decent fellow. He died suddenly. He died like that, jist struck doon deid or somethin' one Seturday. But Henry Clarke and Jackie Donaldson and Mick Gaffney, they were a' right Communists, ah think. They were militants.[128]

There wis quite a few dockers in Leith wis Communists. Well, these three were there. Donaldson wis gettin' kind o' old, oh, he'd been there afore the war. That wis another thing: he never seemed tae work either! See, that's why sae many people were against the Communists. They were genuine enough fellaes. But nane o' them seemed tae work. They seemed tae be spoutin' in the street, ye know. Ye see, Jackie Donaldson wid work as little as he could, ken. At that time, afore the war, ye worked daily, ye were employed daily.

And that wis another thing: when the war came they got organised. They got a weekly wage. A lot o' the auld timers resented it, ye ken, because most o' them wis used tae gettin' their money at night and havin' a drink. This waitin', waitin' tae Thursday tae get their pey, and they'd be skint, ye ken, efter the week-end, or something like that. Oh, the auld timers took it ill oot—which seems ridiculous, ken. They were better off than ever.

Oh, ah remember some auld dockers. Christ, there wis one man—oh, Bailo, his son Joe Bailo became a delegate—went on till he wis aboot 76. And sometimes the gaffers wid refuse him, ken. They would say.... And, oh, he used tae kick up murder: 'Ah'm bluidy sure ah can dae this job,' ken. This was the faither, puir auld sowl. Ye see, a lot o' them—there wis one or two wee caunny jobs, like standin' by the hatch and that. But Auld Bailo he wis one o' thae kind that he thought he could dae everythin'.

And Kipper Morrison wis another one. He'd only one eye, tae. Oh, he wis quite old. He thought he should be—ken. But, as ah say, sometimes the gaffers wid refuse him. And then there wis a.... It wis very difficult for men o' that age at a particular job, ye know. Other jobs they could dae a' right, ye ken.

It wis surprisin', there wis one or two Christians in the docks, fellaes that never swore and never smoked. Ken, they were a' the same, ken, they were jist dockers. But there were decent fellaes—quite a lot—worked there and went tae the church, were elders in the church, tae me genuine Christians like. And there were a lot o' teetotallers in the docks. And most o' them their faithers had been drunkards. One o' their faithers had got drooned in the dock. But ah don't think he would be drunk. It wis in the blackout durin' the war. He must ha' jist tumbled in. Ah wis once caught in the blackout at night and it wis surprisin' how hard it wis tae get oot. Ye ken, ye thought ye knew the place. There were that many things lyin' aboot, chains and things, ye could trip ower.

Ah didnae go very often tae Grangemouth or other docks tae work under the Dock Labour Scheme. Ah tried tae avoid it. But ah've been in Glasgow and ah've been in Grangemouth, Kirkcaldy, Burntisland, and Dundee. Ye went for a day or two, ken, a day at a time. Ye got driven wi' a motor. Ah didnae fancy Glasgow sae much because they had that bluidy spell o'.... Ye worked two hoors on and two hoors off. And some o' the jobs ye were knockin' your pan out. You could ha' done wi' the two hoors off! So ah didnae fancy goin' tae Glasgow too often. But ah liked the wee places and Dundee. We a' seemed tae get on fine there. And it wis a wee change, ken, in a sense it wis a sort o' wee holiday. And ye got enough tae buy a dinner like, ken. You didnae stay overnight at thae places. But there were times that they were away for a week or two doon at... it wis a wee-er place than Hull, on the east side. And then another time there wis a gang went away doon tae Plymouth. Well, ah wis nearly tempted but ah didnae go. Some o' them they were a' divin', ken. Ye would get extra money but then ye didnae ken what like your conditions were. Ye had lodgins and that.

In the other docks there wis a wee bit different mode o' workin'. Oh, well, the dockers were friendly enough, ah think so. Most times ye went ye got sent a lot o' ye thegither. When ah went ah seemed once or twice tae get separated frae the gang and worked wi' the locals and ah found them a' right, ken. And we had a lot o' dockers frae other docks down here at Leith. There wis one time a crowd frae Dundee wis in this hold and there wis big heavy bales. And there wis one o' them wis one o' thae bluidy yappy union men—he kent everything. He wis always amissin'—he wis always daein' for you, by the way. He wis one o' thae kind. There's always one o' thame that has mair tae say and less tae dae! And, oh he'd tae get away early. And ah don't know why, he wis only goin' tae the canteen, but anyway he went away and another two went away wi' him and we were left rollin' thir bales. And that's where ah hurt ma back. Christ, ah wis lucky tae get up the stair.

Afore the war ah wis never in a union. Ah joined the union when ah began in the docks in 1943. Ah wisnae active in the union, no' durin' the war. After the war, oh, ah went tae a' the union meetins nearly, and it wis monthly, ken. And they had a new committee and one fellae got up and proposed me. And ah always mind, he says, 'The golfer, Tam Morton, the golfer.' See, ah played golf. And there wis another Tam Morton worked in the docks. Ah wis the golfer. And, Christ, ah got the surprise o' ma life, ken, ah got voted in. It wid be in the '60s, ah think—aye, it wid be aboot ten years efter ah went back in the docks. So ah did ma two years on the committee. And that wis enough. Oh, ah took an interest really. Well, as ah said tae masel', 'Ah'm fightin' for the bluidy thing.'

It wis the same wi' the dockers' club in Morton Street—it's cried Academy Street now. Ah got landed in the committee there an' a' quite unconsciously. Ah did three years there. There are no' many dockers in the club now. Ah think there's only three dockers on the committee now. When ah wis on the committee ye had tae be a docker tae be a full member. Ye could get in as an associate member if ye werenae a docker.

Well, as ah say, after the war the young laddies comin' back they werenae prepared to put up wi' some o' the things that we had. Some conditions had improved when ah went back in 1949, well, they had the tea huts and things like that. Durin' the war, oh, ye didnae have anythin' like that, ye jist took your turn tae walk oot tae the coffee shop, ken. Ye had tae go ootside the docks for a cup o' tea. It wis jist outside the dock gate. There wis nothin' in the docks. There wis no canteen durin' the war. After the war they got two—in fact, they got three put up. And another pensioned docker got the job tae make the tea and that and clean the hut. Oh, Christ, that wis a big improvement. Ye could go and get your cup o' tea withoot havin' tae run away, although sometimes ye had tae walk a wee bit. There wis one in the Edinbury Dock and one beside the power hoose at the Imperial Dock, and one at the western harbour, where the flour mills are.

Then toilets, durin' the war they still had the dry bluidy thingmies, ah'm sure it wis—dry closets. Oh, they were pretty grim tae begin wi' at first. The man used tae come and lift the big tins oot. And the one or two toilets that had the bowls and that wis never very well looked after, ken. It wis nae pleasure. The Dock Commission should ha' had somebody doin' that. Ah think they did eventually. There wisnae a toilet attendant durin' the war and never before the war either tae clean the place up. Before the war it wis probably a' this dry closets. But after the war they got proper toilets made and everythin'.

Then we got one amenity block put up, where we changed wir clothes and everything. We got a locker and showers. It must ha' been in the '60s. The amenity block wis jist inside the Shore gates, opposite the Dock Commission offices. There wis a yard for the tug boats' stuff. And between that gate and the wee gate that opened oot where there used tae be a quay, they built the amenity block. And we a' had a locker each. Oh, Christ, that wis a big improvement. They were a' divin' in for the showers and that, ken. Oh, aye, it wis a great thing.

And of course they had built a howff for us tae get started at previous tae that. They built a howff where we were under cover where we were gettin' started, instead o' standin' in the open air. Ah think the howff wis there when ah went back in 1949 or jist after ah went back. It wisnae there durin' the war. Oh, ye jist stood in the open, in the rain and snow and wind.

Previous tae the war it wis a scramble. Well, the Victoria Dock crowd they were started in Dock Place. And apparently Mrs Currie, the wife o' Currie the shipowner, wis a philanthropist or whatever ye cry it. And she wis amazed at the carry-on, the men scramblin'. And she got a hut, a wee hut—well, it wis stone work and everythin', a toilet in it—in Dock Place, which is now that fancy restaurant. That wis the dockers' howff. This fancy restaurant man says it wis the terminal for the North o' Scotland boats, which wisnae true. Another old docker he said it, he said, 'He's jist gettin' hissel' on,' ye ken. They might ha' started the boats frae there at one time, but Mrs Currie she got that built for them at that particular time. Because that wis their dock: a' the Currie Line's boats wis at the Victoria Dock.[129]

At Leith, well, there wis jist the Old Dock—the Old East Dock and the Old West Dock. There's only one boat went in there—the Kirkwall boat. They were the opposition tae the North o' Scotland Line. It wis a single boat. The name o' the firm wis Cooper's, William Cooper, or something.[130] But eventually they had tae stop goin' in there, because it wis gettin' too low. Ye could only get in certain times. Then they flitted across tae the wharf jist ootside the Sailors' Home. Ah forget what ye cried it. It wis a wharf anyway, ye jist cried it a wharf. And previous tae the war it wis used by Currie's Hull boat, what ye cried the Hull boat. Ye see, Currie had boats runnin' tae Hull. And across the water wis the one that went tae Newcastle. The Newcasle berth wis at the one side and the Hull boat wis on the other side. But that wis a'. They never started again efter the war. Well, there wis the road traffic by that time.

So ye had the Old Dock and the Victoria Dock, then ye had the Albert Dock, the Edinburgh Dock. The Edinburgh Dock wis the furthest away down towards Seafield. Ye went through the Albert Dock tae get intae the Edinburgh Dock. And ye could enter the Albert Dock through the Imperial Dock, which wis the biggest dock and the deepest one. That wis a' the docks at Leith.

Oh, ah really couldnae say what wis the size o' the boats that came intae the docks in ma time there. But previous tae the war they said that big boats couldnae get in, because there wis a sill in the entrance. And the auld timers always said it wis Currie and Gibson, the two shippin' firms, that kept Leith back. Everythin' wis for them apparently and they didnae want big boats. That's what the dockers believed anywey. Ma father-in-law wis a boatman in Leith, and he always said it wis Currie and Gibson kept Leith back. They jist wanted it for theirsels. They had a lot o' privileges. They could get oot and in the dock, work oot and in, other firms couldnae, and things like that.

Well, the Ben Line had flitted away frae Leith by the time ah worked in the docks. See, they must ha' no' had any encouragement. They were bigger boats and they probably made oot they couldnae get in. There wis only one big boat—no' when ah wis workin' in the docks—but there were a big boat, the *Koronda*, ah think, 10,000 tonner or something. This wis before the war. And they come in once a year for supplies for the whalin' in South Georgia. And that wis the only big boat that came in there tae Leith. But durin' the war, as ah say, these boats the size o' that wis comin' in nae bother. Maybe they had tae wait a certain time for the tide like. But Currie jist proved it durin' the war. Probably that wis why they were so long in yaisin' Leith. The only decent size boats that came in wis the Cairn, the Cairn Thomson Line boats that went tae Canada. They were mostly flour and bacon and wheat, things like that. They'd have so much grain and then they'd finish up wi' bags o' flour comin' over there. They were regular big boats. For a wee while they had opposition, what they cried the opposition Yankee. Ah forget the firm, but ah think it wis a Yankee firm. But they knocked off. Cairns kept on for a long time, even in ma time like, even efter the war.[131]

And in fact the Leith shipbuildin' should have been saved. Apparently Harland & Wolff wanted tae buy Ramage & Ferguson's yard. And the Dock Commission wis goin' tae give them a nine years' lease, and Harland & Wolff had says, 'It would take us nine years tae make the bluidy place right.' They wanted 99 years. And they went tae Belfast. That wis the start o' that. So that's the history.

Between the dockers and the seamen, oh, well, things seemed tae be a' right—wi' the regular Leith boats like. Ah made friends masel' wi' the chap that married the girl up the stair. He wis on Gibson's boats. And when he came in, if ah wis workin' on the boat, ah used tae go up and get a bit nip frae him, ken. And another thing, either him or one o' the other fellaes ah knew wis a mate on one o' thae Copenhagen boats. He would bring ye a watch occasionally if ye wanted it like, ye know. But, well, the dockers and the seamen got on well as a rule. Ye see, they were mostly a' foreigners like. But the regular Gibson's and that, and Currie's, ye knew them better. And one or two o' them, ken, wi' the swag and that, ken....

There wis quite a few dockers that had been seamen theirsels. Maybe their father had been a docker, ken. They still kept it up like. Well, one wis Harry McKenzie. We cried him Slicer. He'd been a fireman on the ships and he had some tales tae tell ye! Oh, he's deid now, Slicer. Oh, he wis a good bit older than me. He'd been a sailor. But he'd been all over the world, in Canada and a' the rest, slept in the streets, and so on. He wis an awfy man, Harry. Oh, he had a lot o' stories if ye were workin' wi' him, ken.

Tae become a seaman never attracted me. One o' ma chums at the school, his older brother wis on Lord Inverclyde's yacht, as a matter o' fact. And he got a job wi' him. And after a year or somethin' there wis a chance goin' for me. But ah didnae take it. It wis a' right when the sun wis shinin'. But he had a good time, 'cause half the year Lord Inverclyde wis in the Mediterranean in the French ports where a' the toffs used tae go.[132]

Oh, there's been big changes in Leith. When ah wis young Leith wis a busy port, wi' ships comin' and goin' all over the world. That's a' changed. And the shipyairds, when ye come oot ye could hardly get movin', ken. Oh, hundreds o' men, there wis thousands. It's all gone now. Oh, it's unbelievable, Christ.

And the docks they're finished a'thegither. There are nae dockers now. They're jist labourers. They jist dae anything now, ken. They mind the rails and they work in the elevators and that. And when the boats comes in they jist need so many o' them for that.

Ah used tae go down pretty regular tae the docks after ah retired in '72, but no' now. Ah cannae go now. But ma grandson sometimes gies me a run roond. There wis one time we went doon and we got stopped. They had a barrier across, and a man asked where we were goin' and a' this. And ma grandson says ah had worked in it and we got in. But that wis only once. Ah've been back since and ye jist drive oot and in. Even the dock now, especially wi' this big office that's been built, ah dinnae ken the place now. God almighty, it's a' changed.

Well, ah had jist barely two years tae go when ah retired frae the docks in 1972. But ah wis in a sort o' stable job by that time—it wis cried a cooper. Ah wis responsible for lookin' after the Customs officers, openin' the cases and so on, repairin' damaged cargo and things like that. It wis a caunny job compared tae the ordinary work, and ah wis weekly. Ah wis nearly eleven tae thirteen years or something in the cooper job, ma last job. But it wis the pilferin' that upset me. Oh, it wis terrible, terrible, terrible. There were some o' them bloody clever at it, too. But latterly, the young ones, they were bashin' things in. The auld timers, it wis never noticed because they would do the job properly—take the case open and take it oot and put it back. And even wi' the drink, if there wis barrels o' drink goin', one man in particular he had a' the gear for makin' a wee hole and gettin' the tube in. Put it a' back and naebody kenned any better—till they measured it, ah suppose. But latterly, oh, some o' them, too much drink wi' some o' them. Well, goin' out the docks gates ye got stopped every now and again, jist every now and again. Oh, some were found wi' stolen things on them. It wis surprisin' how often it happened.

In fact, ah wis lucky masel'. As ah say, ah wis in the Customs and there wis always a nip goin', ken. Ah never drink very much but ma brother Davie took a drink. He took an awfy drink, ma brother at the feenish up. So on a Friday ah took this gill oot and then ah met him at his pub. This day ah'm goin' oot the docks wi' another fellae. The two o' us is walkin' oot. And we never thought. We got tae the gate—then intae the police station. And the inspector took the other fellae, and the constable took me. But of course the gill bottle wis in ma hip pocket. The constable says, 'Oh, what's this?' He says, 'Ye're mournin'?' Ah says, 'Aye.' But he sent me back and he never said anythin', ye know. If it had been the inspector ah'd ha' been taken up. By Christ, ah'd never gave it a thought aboot havin' the gill in ma pocket and walkin' oot the docks wi' it. Of course, when ye were comin' towards the gate ye could see if there wis anybody gettin' stopped, ken—and ye avoided it.

Ah think if men were takin' stuff and got caught, ken, ah think they'd maybe work away for a day or two then there would be a meetin'. Oh, they got instant dismissal, right enough. Oh, Christ, ah remember men gettin' sacked for pilferin', oh, aye. Oh, an awfy lot, sometimes every week. Ah think there were two occasions when aboot five were caught in the one motor car, somethin' like that, ken. They had bottles. It wis mainly the drink. But durin' the war we used tae take tins o' meat or that, ye ken, foodstuffs, because ye couldnae get it.

Well, ah have no regrets about becomin' a docker. As ah say, if ye didnae fancy it ah didnae go back next day, and things like that. Ye widnae have tae dae withoot a job. Ye would get a wee bit lesser job, ye ken. Ye could always take a sort o' rest, as it were. And then occasionally ah wis gettin' a job as a checker, ken. One gaffer had been stuck and ah wis standin' next tae him. And somebody says, 'Tam, could check the bloody thing for ye.' And then ah got wee jobs, no' often, but it wis always a wee brek, ken.

Well, as ah tell ye, ah wis lookin' after the Customs, as it were. And, as ah say, the pilferin' upset me. Ah says, 'Christ, ah'll get involved in this.' And when the chance o' a job wis goin' ah spoke tae the heid yin o' the Customs. He says, 'Oh, ah'll get ye a job a' right.' But here ah never got a job wi' the Customs because ah wis too auld by then. They kept me comin' back and forrit tae see, but ah never got a job. So ah had jist barely two years tae go and ah took retirement in 1972. Ah wis in the first lot. Ah got £1,500 or £1,800 a'thegither.

Eddie Trotter

When ah went in the docks in 1955 there wis old guys o' eighty workin' there. Well, there wis an old guy Jock Nicholson, he wis reported tae be 80 years old. He worked on the North o' Scotland boats in the hold, carryin' bags. He wis 80 year auld, an old man wi' a stoop. Ah didnae work there a lot but the North o' Scotland boats attracted kind o' older men. They didnae work too quickly, they worked at a slower pace. But some o' the old guys, oh, they were well intae their seventies and this old guy wis reckoned tae be 81 or somethin'. Oh, there were quite a few older dockers then. They could work on till any age then, ye know.

Ah wis born in Leith, 15th o' January 1935. Ma father wis a docker all his life. He wis a Leith man, born about 1908, ah think. He left school at fourteen. He worked for a while in a printin' firm called Dobson, Molle's. They were situated somewhere about the Easter Road area of Edinburgh.[133] Ma grandmother—his mother—worked there as well and father got a job there. His father before him wis a docker in Leith as well. But he had left tae go tae Australia jist before the First World War broke out and he joined the Australian army when he wis in Australia. He came home tae Leith on one leave and he wis killed at Gallipoli wi' the ANZACS.[134] So ma grandmother wis left and that's the reason ah think ma father wis in the docks so early, because he wis virtually the breadwinner in the house. Aboot a couple o' year ah think he did in the printin' industry and then he went more or less straight into the docks. He joined the union and his union card is 1925.

Ma father wis the only son. And ma grandmother wis left to bring up two other children—her sister's children—because her brother-in-law wis also killed in the Australian army. He wis oot in Australia wi' ma grandfather and he wis also killed at Gallipoli. And she wis left to bring up three children.

Ma grandfather Trotter had gone into the docks when he was a young man, ah believe. Well, on his death certificate, strangely enough, it's got 'Engineer'. Now whether in these days he served a full apprenticeship as an engineer or not, ah don't know. In these days in the docks of course ye could go doon and work for two or three days straggin', as they called it—casual work. Ah think he done a bit o' that, ye know. Ah don't know what ma grandfather actually did out in Australia but ah think he did practice his trade as an engineer out there. Well, ah think he went away oot there aboot 1913-14 tae try and seek work and then he wis goin' tae send for ma grandmother and family tae go out there. He came back on one leave, because ah always remember a photograph ma grandmother had o' him wi' his Australian army uniform on. Ma father wis jist a kid at the time, pretty young, ye know. Then unfortunately ma grandfather wis killed in the war. Ma grandmother never seen him again.

Ah think ma grandmother Trotter had gone to work in Dobson, Molle's, the printin' works, when she left school. She was a Leith woman as well.

Ma other grandfather—ma mother's father—wis born down in England ootside Newcastle. Well, he wis an engineer as well. He did work in the shipyards for a while. Ah think it wis Wallsend. It wis roond aboot that area. Him and his brother came up here tae Leith, ye know, some time roond aboot the First World War. Ah don't really know an awful lot about them. But he maybe came here in search o' work. And he worked latterly at his trade as an engineer in the Shrubhill tram and bus depot.

Ah don't know what ma grandmother—ma mother's mother—did for a livin' before she got married. She was a Leither. She lived tae a good old age but ah never knew what she ever did for a livin'.

Ma mother would be born just before the First World War. Ah cannae remember her date o' birth now. There wis, ah think, aboot three years' difference between ma father and mother. She wis three years younger than him. Before she got married ma mother worked in Durrant's. They were a furrier's in Edinburgh, in Frederick Street or Hanover Street, one o' these streets off Princes Street. Oh, a' the big shots used tae go there for their furs. Ma mother wis a sales lady. As far as ah ken she went there straight from school.[135]

Ah wis born in Buchanan Street, that's a tenement street, jist off Pilrig, at Leith Walk. Ah lived there until the family left Leith aboot 1950 and moved out tae Moredun. We got a brand new council house out there. So we lived in Buchanan Street a' the time ah wis at school.

Buchanan Street wis a tenement flat. It wis a room and kitchen there. I had an older sister Norma, two year older than me, and a younger sister Marilyn, aboot ten year younger than me. Marilyn was born after ma father come oot the army in '45. So when ah wis a laddie ma mother and father used the livin' room tae sleep in. And ma older sister Norma and I shared the bedroom. There wis an indoor flush toilet. There wis no bath or shower. The bath wis a tin tub thing, ye know—in front o' the fire: ma sister first then me! Oh, that wis the usual in these days. Oh, occasionally we used tae go in for a bath tae the Victoria baths in Leith. But normally we jist had a bath in the house in front o' the fire. A Friday night wis the bath night! That wis the night. It wis a kind o' ritual.

As a laddie ah played jist in the backgreen. Well, there wis a great long backgreen. The buildins in Leith Walk and the buildins in Buchanan Street sort o' faced on tae each other. Ye know, the rear ones o' Leith Walk looked on to the rear o' Buchanan Street. So ye had the big long backgreen that everyone played in.

Ah went to Leith Academy, primary and secondary. It wis a fee-payin' school then, ye know. And ma older sister Norma went there as well. Ah cannae remember what the fees would be, but it would be quite a drain on ma old man's resources. Ah think it wis really ma mother's wishes we went there, because she had attended Leith Academy and so had her mother. And ma mother's sisters a' went there as well, and her brother. It wis a prestigious school at that time. And, of course, it wis fairly near Buchanan Street where we lived: down the foot o' Leith Walk and along Duke Street to the school, or the other way—down Easter Road. Oh, we walked in both directions.

If ah hadn't gone tae Leith Academy, well, Lorne Street School would ha' been the next nearest one. Most o' the lads that grew up wi' me went tae Lorne Street School. Oh, ah remember there wis a feelin' among ma pals that we were a bit posh because uniform, ye know, had tae be worn at Leith Academy. That wis the bright blue blazer plus the school cap and tie. But ah didnae ever feel cut off from the other lads in Buchanan Street, no' really, because there wis one or two lads in Buchanan Street did go to Leith Academy with me. But the majority, as ah say, did either go tae Lorne Street School or Leith Walk School. Then mainly they went to Bellevue or Broughton Secondary School. But there wis a sort o' undercurrent, ah think, often there. There wis. Ah mean, ma old man wis jist a docker and, as ah say, it must ha' been a bit o' a strain on his resources to find the fees as they were paid quarterly at that time. Ah can always remember havin' tae take the fees tae school in an envelope when they were due to be paid. It wis put in your school bag tae be handed on tae whaever it wis. Ah cannae remember what the fees were. Ah knew they were quite expensive at the time. They were paid quarterly, ah always remember that. They had tae be there, ye know.[136]

Oh, ah think ma mother had a dominant role in decidin' which school we went tae. Ma father always spoke aboot goin' tae Dr Bell's School in Junction Street. That's where he went. It wis good enough for him, ye know! Oh, he never resented the fees havin' tae be paid at Leith Academy. Ah think he wis quite happy and ah think he had hopes for better things for me rather than ah would finish up in the docks beside him. But that's what happened, ye know.

Ah liked Leith Academy primary school, oh, ah got on well there. Ah liked geography and history. Ah sat and passed the Qualifyin' and got intae the secondary school. Ye had tae pass the Qualifyin'. Anybody that failed the Qualifyin' didn't get to Leith Academy secondary. They either had tae go tae Bellevue or.... That wis the second choice, sort o' thing. It wis Bellevue that youngsters from our area went tae if they failed tae qualify for the secondary. The same applied tae Broughton Secondary.

In the secondary school ah liked geography and history again. Ah never took languages. That wisnae ma strong suit—nor science. Ah wis quite good at English, ah enjoyed that.

Ah played rugby at school, for the school, from the secondary stage. Ah didnae play rugby in the primary school. Ah played rugby voluntary, although football ah liked better than rugby. They didnae have football at Leith Academy secondary, they stuck tae rugby. It wis only rugby. Oh, a' the laddies played football in the playground, although rugby wis the sport, ye know.

In the rugby team ah played hooker. We played at Hawkhill, that wis the Leith Academy sports ground. Oh, we played the other schools in the Edinburgh area. As far as ah remember ah remained in the team all through the secondary school.

And, oh, ah used tae cycle. Ah had ma own bike. And ah read quite a bit as well, all sorts o' things, just anything. Ah went tae McDonald Road library, browsed around and picked up what took ma fancy. Oh, ah enjoyed readin'.

Ah wis in the 2nd Leith, St Thomas's Church, Boys' Brigade, in Mill Lane. It's now a Sikh temple. And ma granny wid turn in her grave if she knew that, because she had quite a lot tae do wi' the church. In St Thomas's Church o' Scotland, oh, she wis secretary o' the Women's Guild. And later on when we moved oot tae Moredun ma mother also wis the secretary o' the Women's Guild there in the Tron Kirk Church o' Scotland in Moredun. Both ma parents were churchgoers. Well, ah went tae Sunday School and what have ye, but ah wasnae a churchgoer, not really. Ah never went after leavin' the army, ah never really became a member. Ah think ma parents would've liked me tae have been a member o' the church, ye know, 'cause a' the rest o' the family did. And ma young sister Marilyn she's married tae a Church o' Scotland minister. She met her husband at Iona, at the Iona Community, and John's now a Church o' Scotland minister.

When ah was at school ah never had any particular ambitions that ah recall. Ah left the school when ah wis fifteen in March 1950. Ah wis in ma fourth year. It must have been aboot that time the family left Leith and we went oot tae Moredun. We got a brand new council house out there. Ah never ever went frae Moredun tae Leith Academy because ah'd already left school when we went oot there.

The first job ever ah had when ah left school ah worked in a printer's, Joseph Leighton. Their premises were in George Street, Edinburgh. The works entrance wis in Rose Street Lane—right at the West End in Edinburgh. Ah think at the time it wis jist an advert in the paper. Ah think, ye know, ah'd probably be lookin' aboot for a job for couple o' months or so.

Well, at the time ah began work there ah wis hopeful o' becomin' a printer. Ah went intae the job jist sort o' like store assistant, but ah hoped that ah'd maybe start an apprenticeship as either a compositor or possibly a lithographer. But it never came to fruition. Ah wis there about a year approximately, no' more than a year. Ma wage wis somethin' like 35s. a week. The hours, oh, it wis eight tae five, as far as ah remember, a five-day week—no Saturday work. Holidays wis the Trades' fortnight.

Ah don't remember any characters among the printers in Leighton's. They were guys that jist put their head down and worked! They said very little. It wis quite a small outfit. There were a couple o' compositors, it wisnae really a big place. There wis a lot o' girls worked, maybe more girls, ah wid think, than males worked there. The girls done the sort o' packin' and fed the machines and what have ye, that kind o' stuff. Ah'd say a total maybe o' six tae eight men worked there and maybe aboot a dozen girls: a small outfit. It wis general printin', the likes o' weddin' invitations, stuff like that, anythin' and a'thing, ye know, a sort o' jobbin' printers. Ah wis never asked or approached by anybody to join a union there. Oh, ma dad wis always at ye about the union, because that wis a compulsory thing in the docks.

Well, ah wanted an apprenticeship but, as ah say, it never came to fruition. So then ah left Leighton's and took a job as an apprentice upholsterer. They were called Dayanite Bed Settees, in Beaverbank Place, off Broughton Road. They had a big factory there. And ah started tae serve ma time as an upholsterer.

It wis jist after the war. The furniture wis at a boom. Ah'd say roond aboot twenty-odds journeymen were employed in the works. It wis a massive big room that they worked in on their benches. This place knocked up furniture, ye know, the rapid fire stuff. And it seemed tae be jist an assembly line. They were churnin' oot three piece suites. Everybody wis needin' new furniture after the war, sort o' thing.

Ah always remember there wis two or three Jewish blokes worked there. The actual owner o' the firm wis Jewish. His name wis Sam Gordon. He wis a real old Jew boy, ye know. He had two sons in the management. But there wis two or three upholsterers that were Jewish. They were jist working class guys. There wis never anything like feeling among the workers about Sam Gordon being Jewish, there was no tension, never, no' that I recall.

Ma wages there were only aboot 35s, £2 a week mark. On a Friday night the time-served men always had a whip-roond, and the apprentices always got somethin', because ye were always runnin' errands for them—fags, and also stuff inside the works. Like, 'Go and get ma covers for such-and-such a settee', or whatever, ye know. And you went along tae the cutters' room and ye got the stuff and brought it back, while they were harin' on makin' money. But, oh, that wis part o' your work and they appreciated what you did. And then on the Friday night when there wis always a whip-roond sometimes it wis more than your wages! Oh, because, as ah say, these guys knocked up good wages. It was jist there wis a sort o' a queue for the wage packets and they were openin' them and when you were sort o' comin' oot they were sayin', 'There's a....' Oh, the majority did that. Ye got two bob or a half croon. That wis a lot o' money in these days. It wisnae long in pilin' up.

Most o' the men were in a union. It wisnae a closed shop, ah don't think, but the majority o' them were in the union. Ah think they were pretty solid in that place regardin' union membership. I think they were the kind o' guys that wouldnae work wi' somebody if they hadnae been in the union.

And ah don't think you were invited tae join the union there, no' as an apprentice. Ah think you had tae wait until you were time served before you joined the union there. They had no apprentice section. So ah wisnae in a union there.

Ah always remember one o' the apprentices had the task o' takin' up their dues tae their office in George IV Bridge and this lad for two or three occasions had failed tae pay it in and had been abscondin' wi' the money. Ah wis never invited tae take the money up. This lad did. And it wis up somewhere in George IV Bridge—India Buildins, at the top o' Victoria Street, ah'm sure it wis somewhere aboot there—they paid their dues.

Holidays at the upholsterers wis the same as at the printers'—Trades fortnight.

But the thing that put me off wis the upholsterers—the time-served men—didnae have a lot o' time tae take with apprentices. They didnae have a lot o' time tae stop their work tae show you the ropes, because they were on piece work. Ye hoped the foreman wid, he'd take time tae show ye some o' the skills. But other than that the tradesmen didnae have a lot o' time tae show ye. These guys were knockin' up great wages, ye know, so they didnae have a lot o' time. There wis four or five apprentices there at the time. Evening classes or day release classes wis never made available either. Ah don't think it wis the right place tae have started in that trade, because ah always remember ma old man sayin', 'Aye, ye should ha' went tae somewhere like C. & J. Brown's or somewhere', ye know, that were a real upholsterer's.[137] Well, ah must ha' tossed it roond ma mind at the time that ah might ha' moved tae another firm where ah might ha' got more trainin'. But ah never actually made moves tae do it.

So ah got fed up wi' it. Well, the guy that wis servin' his time with me he decided he wis leavin' and he wis goin' in the RAF. We were pretty pally together, ye know, and ah thought, 'If he's away ah might as well....' And ah thought aboot the RAF. Ah didnae fancy the RAF so ah went in the army. Ma old man had been wi' the Scots Guards durin' the war and he said, 'Would ye no' like tae go in the Guards?' Although he wis in the Royal Engineers ma old man, he'd been in the dock section o' the REs as a wartime conscript. He'd landed at D-Day wi' the Guards Division. He wisnae in the Scots Guards but he wis stationed wi' them for a good part o' the war. And ah did, ah joined the Scots Guards. Ah became a Regular. If ah'd waited until ah wis eighteen ah wid have been called up anyway as a National Serviceman. But ah decided tae go in the six months early when ah wis seventeen and a half. Other than that ah could have got exempt probably till ah finished ma time as an upholsterer. Money wisnae really a prime thing. Ah mean ye did get a bit more as a Regular but it wisnae really that much more, ye know.

Ah wis in the Scots Guards three years. That wis the minimum time you could go in—three and four, as they called it—three wi' the colours and four on reserve. Your next option wis five and seven. Ma father's advice wis tae try the three years and then if you fancied it sign on—wise advice!

Well, when ah joined the army ah went tae Caterham-on-the-Hill, the Guards' depot in Surrey. Oh, it wis a shock. Ah didnae know it wis as bad as that. Ah mean, the Guards' depot wis one hell of a place. They really put ye through it there. And always on a Wednesday ye seen these guys gettin' lined up wi' their suitcases. They were gettin' put oot the Guards and gettin' sent away tae other regiments, because they couldnae cope wi' the drill or whatever. Ye'd maybe see sometimes aboot a dozen.

Of course, the whole Guards' Brigade wis in Caterham. Ye had the Grenadiers, Coldstream, Scots, Irish and Welsh Guards. So ye had a' these new recruits joinin' a' these regiments. So ye could possibly have maybe a dozen o' these guys gettin' put oot on a Wednesday. It varied, but ye always seen them there at that spot at the barrack gates on a Wednesday mornin' when the trucks were comin' tae take them away tae some other regiment. Ah suppose they were Regular soldiers. Ye did get National Servicemen in the Guards but they were thin on the ground. Ah think they encouraged Regulars really tae go in the Guards rather than National Servicemen. But there wis a smatterin' o' National Servicemen, ye know.

For instance, in ma squad at the Guards' depot oot the, say, thirty-odds in the squad there wid maybe be aboot two National Servicemen, maybe two or three. Oh, it wis an elite corps the Guards, practically all Regulars.

But, oh, the Guards' depot! In fact, ah says, 'What the hell have ah done here?' But once that wis over and we got the weapons trainin' and ah joined the battalion ah quite liked it. You did sixteen weeks at the depot. Well, you're actually really four weeks in the Receivin' Room, as they call it, where they throw a' the kit at ye and start showin' ye how tae do your boots and blanco stuff and everythin'. And then ye go intae a squad and ye do twelve weeks in the squad, ye know, foot drill. And then once your squad passes out ye get a leave and ye go tae Pirbright.

It wis the first four weeks that wis the worst. And then once ye get tae know the other lads…. It wis adjustin' frae civilian life tae army life in that four week period wis the worst o' it. Ah'd never been in the army cadets. Ah'd learned a bit foot drill in the Boys' Brigade, but other than that it wis startin' frae scratch really.

Ah think it wis aboot eight weeks after ye joined before they allowed ye tae go oot frae the depot, maybe on a Saturday night or somethin'. Other than that it wis the NAAFI inside the barracks. Oh, ye were confined tae barracks! [138]

It wis quite a hard initiation. Oh, there wis a bit o' bullyin'. They had these guys—they had no rank but they were called trained soldiers—that came. They'd been in the battalion but they came back tae supervise the squads as they were goin' through their different stages at Caterham. These guys were kind o' bully boys, ye know, not so much the NCOs, it wis these trained soldiers. A lot o' them were frustrated because they'd never made NCOs. And they were these kind o' guys that'd come in drunk on a Saturday night and would tip guys out o' bed and a' this kind o' stuff! It wis treated as it wis sort o' part o' life. Ye expected it.

But ah never seriously thought o' tryin' tae buy maself oot, ah never did. Ma old man never tried that. It wis available at the time right enough, ye could buy yersel' oot.

From Caterham ah went tae Pirbright, tae the weapons trainin'. And from there ah joined the 2nd battalion o' the Scots Guards in Victoria Barracks, Windsor. At Windsor ah wis doin' duties as Windsor Castle guard and what have ye, oh, aboot a year. And also at that time ah done the coronation o' the queen in 1953 and troopin' the colour. It wis more or less the whole battalion in the coronation. Either we were on street linin' or we were on some o' the escorts o' the colours. Ah wis on street linin', and a couple o' times ah done troopin' o' the colour. Ah wis in the escort. In the coronation ah wis in the Mall. Oh, it wis a long, long day that. We were there from, oh, aboot seven or eight o'clock in the mornin' right through till, ah think it wis four or five o'clock at night for a' that procession. Ye got one break. They came and ye got relieved tae go. They had a big marquee set up in the Mall somewhere, and ye went and got a packed lunch—sandwiches or something. And then ye went back tae your position. You were standin' easy wi' the rifle, no' standin' tae attention, standin' easy. But, ah mean, ye're no' supposed tae move aboot much, ye know. And the rain came on that day and made it a real fiasco! Oh, it wis a strenuous day, a' the lads found it tae be so.

At Windsor the barracks were pretty old. They'd been there a long, long time—no' really many comforts in them, basic, ye know. But there wis toilets inside the barrack blocks and for heatin' there wis radiators and that, ah'm sure: ah cannae really remember, it wis so long ago. But Windsor barracks wis better than Caterham. Caterham wis jist—they call them spiders, ye know, these huts, wi' corridors up over. Caterham wis a pretty basic place.

Ah wis at Windsor Barracks about a year. Then ah went tae Germany— Dusseldorf. Well, it wis a wee small village called Hubbelrath, it wis jist ootside Dusseldorf. There wis two great big barracks at Hubbelrath: Llanelly Barracks and Gort Barracks. The Welsh Guards were in Llanelly Barracks and we were in Gort Barracks. It wis the 3rd Guards Division that wis there. Then the Welsh Guards left and another regiment came to Llanelly. We moved from Gort to Llanelly Barracks.

Oh, Germany wis quite good. Ah spent the rest o' ma army career there, a bit less than two years. Ye could have week-end passes tae go doon intae Dusseldorf. Some o' the lads even went tae Holland and things like that. Oh, it wis a new experience. Ye felt reasonably well treated in Germany.

Oh, ye had plenty o' guard duties and exercises, manoeuvres. Massive army exercises took place there. Ah wis involved in one o' the biggest army exercises that wis held in Germany, in 1954, ah think it wis. It wis called Exercise Grand Repulse. Canadians, Americans, everybody wis involved in it, ye know. It wis a massive thing up in Sennelager, a big trainin' place there.

But, oh, ah enjoyed bein' in Germany. Discipline wis a bit more relaxed there. The strictest discipline ye met wis in the trainin' period either at Caterham or at Pirbright.

But when ma three years were up ah decided that wis it. Ah didnae have any wish tae remain on in the army, no' really. Ah would take ma chance back in civilian life again. Ah spent aboot a week back at the Pirbright depot. They do have a bit chat tae ye, ye know. An officer said, 'Ah want tae ask you tae sign on again', and what have ye. They gie ye a sort o' week tae think things over. But ah decided tae come oot.

Ye got a couple o' weeks demob leave. And when ah come home ma old man says there wis an intake down at the docks at that time so did ah fancy it? Ah wisnae home long. Ah took the demob leave and then ah went down to the docks. That wis July 1955 ah went intae the docks.

Well, ah wondered at the time aboot startin' again in upholstery or goin' intae some other job. Ah tossed it aboot in ma mind. But ah never really got it out. Ma old man, of course, the first thing he said when ah got home wis, 'Well, if ye're prepared tae do a bit,' he says, 'there's good money tae be earned in the docks.' And the docks wis boomin' at that time, ye know.

After two or three weeks the only thing ah didnae like aboot the docks wis the old casual bit, ye know, the books and what have ye—havin' tae force your attention on tae a gaffer before ye got yoursel' employed. But once ah got used tae that....

In '55, when ah started in Leith docks, ah believe there wis aboot 800 dockers. Ah'm quite sure ah'm right wi' that figure. They reckon that at one time at Leith there wis something like 1,500 dockers—between 1,200 and 1,500. Ah think that wis before the war. Ah mean, ah used tae listen tae the old tales, ye know, aboot carryin' the bags off the Australian barley boats intae the shed. It wis the company porters at that time that employed most o' the dock labour. And when they were workin' away at the back end o' the shed they wid have so many men. And of course as it came nearer and nearer tae the front o' the shed off the ship they started payin' men off, ye know, as they came nearer the front. It wisnae as long a carry so they started layin' men off.

The work in the 1920s and '30s must have been hellish, ye know, wi' the lack o' cranes. Well, maist o' the work wis done carryin' on the back, oot the hold o' the ships and what have ye, up the plank. Oh, ah remember the older dockers speaking about those days, it wis often mentioned. As far as they were concerned life wis easy for us guys that came in in the '50s. If ye'd been there, say, thirty or forty year before ye'd ha' known all about it, ye know!

When ah went in the docks there wis old guys o' eighty workin' there. Well, there wis an old guy Jock Nicholson, he wis reputed tae be 80 year old. He worked on the North o' Scotland boats in the hold, carryin' bags. He wis 80 year auld, an old man wi' a stoop. Ah didnae work there a lot but the North o' Scotland boats attracted kind o' older men. They didnae work too quickly, they worked at a slower pace. But some o' the old guys, oh, they were well intae their seventies and this old guy Jock Nicholson wis reckoned tae be 81 or somethin'. Oh, there were quite a few older dockers then. They could work on till any age then, ye know.

In these days, 1955, ye had the Edinburgh dock, the Albert dock, the Imperial dock—which wis the biggest, and then in the late '50s, ah think it wis, they developed the western harbour, wi' deep water facilities for cruise ships. And also the Rank Hovis McDougall mill opened. So that wis a lot o' expansion at that time. And also at that time a lot o' work wis done at Granton Harbour. That wis esparto grass and pulp and everythin' came in there. And trawlin' wis still goin' on at Granton then—well, it wis goin' in decline in the '60s. A lot o' oor blokes used tae eke oot their… actually goin' over and doin' a landin' o' fish, ye know, at the trawlers at Granton. Although the trawlermen wid sling the fish ashore they had tae get some o' the dockers, if they were needin' hands. So they wid go and gie them a hand. Ah never done it masel' but they used tae load the lorries wi' the fish, ye know.

As ah say, what ah didnae like aboot the docks tae begin' wi' wis the old casual bit, the books, and havin' tae force your attention on tae a gaffer. You reported for work in the mornin' tae the stance at Tower Place. It wis known commonly as the howff. It wis a massive big hall, wi' this stance that the foremen went up on. They went up steps and came up along a kind o' platform. Ye were inside the place maybe about 7.30 a.m. Well, these lights flashed at 7.45 a.m. and over the tannoy came: 'It is now 7.45.' This is when the foremen went up all taegether on the stance. They jist trooped up the staircase and filed along. On the barrier along wis the different stevedores' names. Well, the men knew themselves where they were goin' tae try for a job that day, and they would assemble in groups, standin' round aboot. And when the foremen made their way tae go on tae the stance there wid be a surge forward by the men—a cavalry charge for work!

Oh, it wis terrible really. Oh, what a system. It wis hellish. Ah mean, in the Guards ah had been accustomed tae order and discipline. Oh, ah couldnae take this on board. Tae be honest, the first thing ah says tae ma old man when ah seen this on the Monday mornin' ah started, ah says, 'Dae you dae this every day?' He says, 'Aye.' Ah says, 'Ah don't think ah'll be stayin' here long, dad.' His words tae me were, 'Well, dinnae gie me a rid face.' He says, 'Stay a couple o' weeks anyway.'

Oh, it wis a bit different frae the Guards! And ma dad says tae me, 'Oh, come on.' And this had happened, ye know. Dozens o' dockers had taken their sons doon there. And blokes jist werenae up tae it or jist couldnae do it. They jist said, oh, that wis it, ye know. Some o' them were known tae work and leave, and maybe some o' them packed in a couple o' days later. They said, 'Ah'm no' havin' it.' Ah could well imagine blokes ah've known a' ma life jist wouldnae ha' done it. Ah mean, ah've seen blokes almost gettin' trampled on in the rush tae get work, ye know, oh, aye.

As ah say, the first week or so you were sayin' 'Oh, my God. Do ah have tae do this every day?' Ye know, this bloody cavalry charge. Ah mean, ye didnae jist need tae go down tae work at eight o'clock in the docks and walk intae work. Ah mean, ye had this hassle tae go through. Ye had tae be doon there for aboot twenty past seven in the mornin' and make sure ye got a decent position tae catch the foreman's eye wi' your book that mornin' for this particular job that ye were goin' tae try and get.

Oh, there wis a lot o' elbaein', ye know. A lot o' the dockers in these early days a' wore the flat caps. And when the crowd dispersed after the jobs had a' been taken you'd find guys goin' aboot lookin' for their hats and what have ye! Oh, terrible. Oh, it wis a scrimmage. There used tae be people, ah believe—ah never ever took stock o' them—they say there was often jist people, bystanders, used tae come and jist stand at the howff door, jist tae look in and see it actually happenin'. They wouldnae believe it, ye know. The docks wis an open bout, pedestrians could jist sort o' walk in. They would hear the shoutin' and bawlin'—the door wis wide open— and obviously people wid come tae the door and jist look in. And when they seen that they'd be sayin' 'What the hell? They're bloody animals!'

And it didnae dae any good for trade union solidarity because, ah mean, it wis an old story. When ye come out the crowd somebody wid ask ye, 'Did ye get a job?' 'No. Did you?' 'Aye, ah got a job.' Ye know, there wis always an undercurrent o' divide and rule. Oh, the employers loved it, they loved that—sixty men fightin' for ten jobs. Oh, they loved it.

The grapevine wis a marvellous thing in the docks, ye know. Once ye got there there were three gangs in such and such a boat, so they knew that would entail quite a lot o' men. So they would assemble there. Oh, stevedorin' companies, maybe Furness, Withy or Saddler's, dealt wi' particular ships that came in regularly. So if ye saw the *Whatnot* comin' in ye knew it was for that stevedorin' company. Ye know, probably the day before ye would hear there wis such and such due, whatever its cargo wis. The *Eemstroom* wis a regular boat. That wis due on Thursday, so ye knew that. And then the gaffers usually took their own men. They had a gang that they could rely on. They usually picked the same men.

The Dock Labour Board were our employers, although there'd be maybe aboot ten, fifteen stevedores in Leith at one time, different stevedore companies. They were the actual hirers of labour. Down in London they called the stevedore—like the gaffer, he wis called a stevedore, a master stevedore. But the stevedorin' company at Leith, ah mean, we jist knew them as foremen or gaffers or whatever ye ca'ed them. Ah mean, ye didnae ca' them a stevedore. But the stevedorin' companies they were the employers o' labour like. Some o' them were big. The two biggest in Leith in the '50s were Young & Leslie and Saddler—Peter Saddler. They were the two big stevedorin' companies, and there wis a lot o' wee-er ones as well, ye know.[139]

Young & Leslie had a' the work at Granton—the pulp and esparto grass. They employed a helluva labour oot the pool o' labour. Plus they had maybe at that time aboot forty or fifty weekly workers. That wis men that were on their books permanently. They ca'ed them weeklies, that's what they were called. They worked wi' the same firm a' the time. When ah went in the docks in 1955 maybe somethin' like 80 tae 100 oot the 800 dockers could be permanently employed. Ah think Young & Leslie and Saddler they would have the most. Some o' the smaller stevedorin' companies jist maybe employed permanent workers. The one ah worked wi' most of all that handled the butter comin' from Denmark wis Furness, Withy. They had aboot half a dozen weekly workers. So roughly aboot one in every eight o' the dockers were permanently employed or weekly workers, as they were known.

Ah wisnae a weekly worker but ah wis taken on and ah worked mainly with Furness, Withy. The butter boat came on a Monday and that wis two days' work, and the *Eemstroom* came in on a Thursday. She came in from Holland regularly on a Thursday wi' butter and cheese and stuff like that. Then Furness, Withy had the Cairn boats from Canada as well. There wis usually at least one o' them every ten days, which gave ye quite a bit o' work.

Furness, Withy were a shippin' company, but they were also stevedores in Leith. They were quite a big outfit down south in London. Furness, Withy wis a well known name, they were big. They werenae big in Leith but they were big all over the UK, ye know, in other ports. They had a place in Newcastle as well, if ah remember.

Boats came intae Leith frae all over the world. Aboot four or five o' the countries they traded most wi' were Germany, Holland, Belgium—the Low Countries in general—Scandinavia and Russia. We got a lot o' Russian pulp in, Russian timber, and we did a lot o' trade wi' Russia. Newsprint and pulp, stuff like that, all came in frae Sweden.

The biggest bulk cargoes intae Leith wis grain—maize, wheat and barley. Well, in the main that came frae Canada. And quite a lot o' it was transhipments frae the continent, ye know. They brought it over in the smaller craft. So they brought it over tae continental ports frae Canada and then it wis brought tae Leith. That wis mainly for the Rank Hovis McDougall mill. They brought a lot o' transhipments in there. And the Co-op shared that land there wi' Rank Hovis McDougall. So grain wis one o' the cargoes they worked on most at Leith.

Oh, timber in the '50s and '60s wis a big commodity comin' in tae Leith, a helluva timber came intae Leith. In these days it wis a' loose. It had tae be made up intae sets, where intae the '70s and '80s they brought it in in bundles, wired up, so there wis slings on them. It wis jist a case o' hookin' on, ye know. Again that cut the man gangs down, because there wis less labour needed. Timber wis labour intensive before then.

And then there wis foodstuffs imported tae Leith. Well, we had regular the butter boat from Denmark, the *Eemstroom* from Holland, bringing butter, cheese, canned goods, bacon, canned bacon, baled bacon. And there wis a regular Polish ship that brought foodstuffs in as well—again bacon and ham and stuff, tinned ham, butter, stuff like that: farm produce. Oh, that wis quite important in Leith. Oh, it wis labour intensive. It employed a lot o' men, ye know.

A thing we never handled much in Leith wis bananas. Possibly before ma time there wis bananas came in. Ah've heard o' bananas bein' handled at Leith but no' in ma time. Latterly, prior tae 1989, we had quite a few cargoes in o' New Zealand apples. And then for a while we had the bar on South African goods comin' in, due tae the apartheid policy. The employers had been offered South African apples tae come intae Leith. My recommendation from the National Committee wis that they were not tae be handled. And most o' the ports stood firm on that issue, ye know. Ah remember the employers did attempt tae bring South African stuff in but not in Leith. They did bring South African apples in tae Tilbury, ah think, which the dockers refused tae handle. And they took them somewhere tae the continent and they got discharged there—but never in Leith.

Well, wi' exports, quite a lot o' steel went out o' Leith frae Ravenscraig in the west o' Scotland. And engineering stuff, ye know. We'd often get heavy lifts from Parsons Peebles, places like that, heavy lifts goin' out.[140]

Then there wis a lot o' whisky exported frae Leith. In '67 we had quite a regular container traffic going out o' Leith wi' whisky. But that again died a death. There wis a helluva competition for containers in the UK. We had aboot three container ships at one time in Leith—three a week. It whittled doon tae one. There was that much competition for containers. It wis a lucrative trade, ye know.

Oh, stuff that came intae Leith tae that wis terrible stuff tae work wi' wis sulphur. Ma old man reckoned he worked on sulphur before the war, ye know, he had worked on cargoes o' sulphur. But the story wis that in the '50s this had been the first cargo o' sulphur in Leith for many years. It came from Poland—Gdansk. It wis in bulk, jist bulk form—big lumps, ye know, at first when it started comin' in. Latterly it came in in granulated form, which wis easier tae shovel and it wis easier tae handle really. But the old stuff that came in frae Poland wis big hard rocks. It came in jist bulk carriers. At the start it used tae come in in 10,000, 12,000, 15,000 tonners. Scottish Agricultural Industries started usin' less and less o' it and they started tae bring it in in jist smaller amounts, a couple o' thousand tons at most—2,000, 3,000 tons at most in a wee coaster.

And of course sulphur does irritate your eyes and what have ye, and some o' the men's faces were in a hell o' a mess—rashes and what have ye, ye know. And the dust wis a fire hazard as well. Ah mean, if the grab, for instance, hit the coamins—the coamins is the side o' the ship in the hold—a spark could be set off. And if the grab wis tae strike that—the cranemen, ye know, could slew the coamins, a spark could cause a sheet o' flame. It wis a sheet o' flame shot across the hold. And the fumes off it wis ghastly, it could almost choke ye, asphyxiate ye, ye know. And the dockers werenae issued wi' protective clothin', no' then, no' in the '50s. Ye jist wore a shirt, jacket, and ah think we had dungarees at first and then jeans became more fashionable. But there again that wis a' bought by yourself. There wis nothing issued by the firms, ye bought everything ye had tae wear.

So wi' sulphur there wis a danger element and everythin' else in it. So the dockers were after more money. And discussions went on for two or three days. Then a strike took off which lasted aboot a fortnight. Well, the reason that the strike took off wis it wis Young & Leslie were workin' the ship. And the outcome wis that the grabbin' o' sulphur wis paid at a much higher rate than the other grabbin' work. The amount o' money ye could get in sulphur wis aboot double. It then became a lucrative job. Everybody wanted tae go tae it irrespective o' what it wis doin' to your health and everythin' else. So that wis the first big strike ah wis involved in, over sulphur in 1956. The strike lasted aboot two weeks.[141]

Oh, there wis a lot o' injuries in the docks. Well, ye know, things fallin' off o' cargo boards goin' oot the hold, or bags o' potatoes no stowed right on the boards or somethin' and fallin' off. The men were workin' on piece work, it wis a' kind o' slapdash kind o' work. Safety wisnae at a premium. Ah must be honest wi' ye, they were pretty lackadaisical, ye know. It wis a' tryin' tae get on wi' it—more money. Well, the men would cut corners, yes, they would. The employers were quite happy. The more they got oot o' the hold o' a ship they were quite happy, ye know.

When ah first started in the docks there wisnae safety officers or officials, no' as such. Well, there would be a safety committee who were a subcommittee of the union committee. That wis on the men's side, the union side, the T&G side.[142] But if the men thought some practice wis unsafe they would send for the safety committee tae come roond. Ye could demand a safety inspection if ye felt somethin' wis unsafe—maybe in the case o' sulphur, say. That would be examined by the safety committee prior tae the strike in 1956, wi' their recommendations. Probably they werenae accepted by the stevedore or by the employer, hence the dispute took off, ye know.

But any cargo could be dangerous—the mere fact that there is somethin' goin' over your head day in day oot. Ah mean, ye always had this tendency, especially if you were workin' boxes or bags o' tatties or whatever, you're bendin' down. Some o' them could easily have come off the board but you were that busy trying tae get your next board loaded that if somethin' came doon and struck you, ah mean, ye didnae always stand religiously and watch that goin' oot off the ship. Ye couldnae, it wis the nature o' the work, you had to get on with it.

Well, ah wis injured a couple o' times. Ah wis struck wi' a cask—a wooden barrel—o' butter one time that fell off a board. Well, ah wis off work for aboot three or four weeks wi' it. It struck ma back and a disc had got dislodged. It bothered me again. Ah went back tae work after aboot four weeks, which ah probably shouldnae ha' done. But again it wis in these days ye didnae get a lot o' sick pay or anything! Sick pay ah dinnae think wis existent at that time. There wis nothin' like that really prior tae '67, ye know.

Then the first fatality ah know of when ah wis in the docks wis in, ah think, 1957. A lad wis killed by a reel o' paper, one o' these big reels tae go in the newsprint. The crane wis heavin' it oot the hold. In the hold it wis jammed in between two others. And the jib o' the crane wis oot like that. He got the heave but wi' the jib bein' oot it swung right across the hold and smashed against this guy called Rab Wylie and killed him outright, crushed him tae death. Ah wis workin' on a ship further up like, and that wis the first death that ah knew o' in the docks.[143]

Before ah went in the docks in 1955 the dockers had a register compiled, ye know, when your son left school ye automatically put his name doon and ye were hopin' some day he might get intae the industry. That wis the case when ma father wis a young docker. It was sons, sons o' dockers, that got jobs in the docks. It wis a list o' priorities—it wis dockers' sons. The first priority wis a docker's son maybe whose mother wis a widow— his father had been a docker, and the son wis still livin' at home wi' his mother. He got first priority tae come in. Dockers sons', their grandsons, then their nephews, brothers. Ah mean, this wis an agreement. There wis nobody at all, other than a son, grandson, or a nephew or brother o' a docker got a job as a docker, well, no' tae ma knowledge. Ah worked in the docks at Leith for 34 years and in that time there wis nobody employed as a docker that wasnae the son, grandson, or relative o' a docker. They were all related some way. The procedure was that the union branch committee— we had a registration committee, and when there wis an intake comin' in it wis the union that interviewed the men, and indeed in a lot o' cases they asked for birth certificates tae be shown, ye know, that they were who they were supposed tae be. And then we passed on the list to the employers. On one or two occasions the employers protested, possibly because they had knowledge that a man had maybe a prison record or something like that. But they had tae prove this tae us before we would say no tae it.

Well, ye used tae get odds and sods comin' tae our union office and knockin' on the door, and could we put their name...? Well, we couldnae refuse tae take their name. Under the circumstances we said, 'Well, we'll put ye on the waitin' list. But ye do understand that we give priority to relatives?'—ye know, either sons, brothers or nephews, whatever. Never to my knowledge was there anybody ever got in the industry that was not a relative o' some sort or other. That wisnae just at Leith, it wis every port—oh, very strict. It was one thing that took place at the national level. Oh, that went back tae ma father's time, it went back tae prior to the war, the Second War.

But then again, ah mean, ah'm dubious about that because there wis this straggin' situation where, as far as ah know like, in the '30s men were employed at the dock gates, ye know. Even frae the old lodgin' house men jist used tae come down. But to get a union card, ah think even at that time ye had tae be a relative o' someone. Ye could strag aboot the docks day in day out for evermore but ye would never get a union card.

Well, the Dock Labour Scheme, as far as ah know, wis started in 1946, ah think, roond aboot that time.[144] This is when every docker wis issued with a book that wis his property. And he held that tae get a job. Whichever o' the stevedore companies took it they stamped that book wi' their particular stamp, which a' had a number in it. Ah cannae remember now what they all were individually but each company had its own number stamp like, and they stamped your book for that day ye had worked wi' them. At the end o' the week, well, when we worked the Saturday mornin' ye handed the slip in tae the Dock Labour Board. They had an office there in Tower Street, jist as ye come in the dock gates from the Shore. It wis the National Dock Labour Board offices there. You went there on a Saturday morning. Or if you were employed on a Saturday mornin' the last employer would tear that slip oot and it wis returned tae the Dock Labour Board, who made up your wages and everythin'. The Dock Labour Board were our employers, although there'd be maybe aboot ten or fifteen different stevedore companies in Leith at one time.

When ah went in tae the docks in 1955 the basic wage would be somethin' like between £5 and £6. This wis under the Dock Labour Board guarantee. That wis the guaranteed minimum. There wis times that ye could never strike a blow the whole week, ye know, includin' a Saturday mornin'. And ye got what wis known as a duck egg. Your book wis stamped on each half shift that ye failed tae work. It wis a green stamp that ye got. Well, it never ever happened tae me but sometimes ye could finish up wi' eleven o' those duck eggs, that wis includin' the Saturday mornin'. But if ye got these eleven duck eggs, as they called it, ye got the guaranteed minimum, which would be, say, £5.50—five and a half quid in these days.

Well, in good weeks in the '50s ah could sort o' take home £30. Oh, that wis a good wage in those days. But, of course, it wisnae regular. This wis the thing. Ye could have a great run o' two or three weeks, wi' a lot o' work, and then ye hit these spells when ye could hardly work at all. Ah always remember a really bad year in the '50s. Ah cannae remember what year it wis—'58, '59. But dockers were up the roads in droves. Jist at the foot o' Leith Walk wis jist a sea o' faces, a' unemployed dockers. And the thing was that this wis the mornin' call. Ye had tae report back again at quarter tae one tae see if there wis any work had came in. And if any work had come in well, men got started and the remainder went up the road again, ye know.

When ah started the hours o' work in the docks were eight tae five. An hour for lunch—twelve tae one. Overtime wis five tae seven at night. Ye could work five o'clock tae six o'clock on a finishin' ship—it wis jist the one hour—tae let a ship go tae sea. Ye know, they hadnae booked ye tae seven but comin' near aboot the back o' four o'clock they would see they could finish the ship. They would ask ye tae work on tae six o'clock. But that wis done on a voluntary basis. Two thirds o' the gang had tae agree tae work tae six before the ship wis worked, ye know. The majority had tae say yes tae workin' tae six.

Wi' some stevedores there wis sharp practice. Instead o' bookin' the five tae seven in the mornin', tellin' the men they were workin' on tae seven, they would wait tae late on in the afternoon and then try and spring the six o'clock, ye know—it would save them an hour's overtime. Oh, that wis a source o' some antagonism. Often the men would say, 'Oh, we're no' workin' tae six.' And the boat wid have tae lie till the next again day. These were practices employers frowned upon. They thought, well, ye should ha' worked tae six. But the men said, 'Well, we knew it wisnae goin' tae finish at five. Then you see there wis a chance—the job speeded up in the afternoon—you seen there wis a chance o' the job finishin' before six o'clock. Then ye spring six o'clock on us. If ye had any idea why did ye no' book us tae seven o'clock, as ye should ha' done in the mornin'?' Oh, these things happened like more or less on a weekly basis. Men would refuse tae work tae six or somethin', ye know.

There were a lot o' characters in the docks. One that really stands out wis John Drummond. He wis the branch chairman for a long time. He was also a member on the National Docks and Waterways Committee— ma predecessor on that. He got the name Honest John because he wis a church elder and what have ye—Church o' Scotland, South Leith Church. John wis a bit o' a character in his own way.

Ah dinnae remember any dockers that were foreign, maybe come in after the war. But there wis a negro in the Leith docks: Freddie Steed. But his family were all Leithers. Freddie wis a Leither but his father had been a Jamaican. Oh, the family had been in Leith for many years, oh, a well known Leith family. And Freddie wis in the Royal Scots in the First World War. The real old timers talked about how smart he wis in his uniform, ye know, in the Royal Scots. He went right through the war, as far as ah know. Ah remember one day on board a Cairn boat—and this is jist a joke. We were humpin' bags doon this chamber. And Freddie wis at the door wi' this other old guy. And inadvertently the old guy says tae him, 'Ye know this, Freddie, ye widnae get niggers tae dae this.' And Freddie says, 'Oh, aye'! Oh, there wis nae kind o' racism. Ah mean, Freddie wis jist a Leither. Ma grandmother knew the old woman Steed. They'd obviously lived in Leith all their lives. But other than the Steeds, ah mean, there wis nobody o' foreign extract or anythin', no Poles or Germans, nothin' like that, in the docks.

There wis quite a good relationship between the dockers and the seamen that came intae Leith, especially wi' British seamen. Ye did find oot latterly when we were workin' these supply ships in the North Sea oil that there wis all sorts o' nationalities. Ye'd have German officers that seemed tae treat these Filipinos, people like that, ye know, that crewed these ships, quite rough. They seemed tae have quite a rough time o' it. But on the whole the seamen and the dockers seemed tae work quite well taegether. Ye'd have the occasional time, maybe if it started torrential rain and the crew would be uptight aboot havin' tae close the hatch lids. But we had said, 'Well, we'll have tae rain off.' Ah mean, things like that happened. They were the sort o' things that happened on a daily or weekly basis. And then if they were possibly maybe local guys on this ship they would want tae overstay their welcome and would be hopin' or prayin' for rain. But on the whole, ah mean, if it wis Germans or somethin' like that they were dead keen tae get away. And, oh, well, quite a lot o' dockers at Leith were ex-seamen theirsels. Ah found out the guys that drove the winches on board ships were mainly blokes that went tae sea—merchant seamen—prior tae becomin' dockers.

Ah heard aboot religious sectarianism. Ye see, Saddler's—they were supposed tae employ or did employ Roman Catholics. This was said, ye know. And Young & Leslie, the sayin' wis that they were freemasons, ye know, that worked wi' the other firm. Whether it wis or no' ah don't know really. Ah mean, ye got a smatterin' o' each. Ah couldnae say ah remember any docker bein' discriminated against because he wis a Catholic or a Protestant. Ah never knew that tae happen tae anyone. Old Peter Saddler, who wis one o' these characters ye always heard the older dockers talkin' aboot, he'd founded this firm the Saddler Stevedorin' Company. The Saddler family were jist workers but old Peter Saddler, one o' their uncles, had formed this firm. They also had lorries, a transport business, as well. He'd started it off and a lot o'—ah think they were like his great nephews—were all weekly workers wi' Saddler. Well, they were a' devout RCs. And ah think they had a tendency, ye know, tae pick up some o' them. But ah couldnae say that it really wis prominent. But the dockers believed it. A lot o' dockers believed there wis discrimination, that this did happen. Tae prove it would be difficult but there wis always that undercurrent, ye know. Some people believed that this wis a fact o' life. But ah couldnae really say wi' any honesty it wis a fact o' life. It may have been.

Oh, the Protestant Action Movement, wi' Councillor John Cormack, wis very much based on Leith. He used tae take his pitch at the foot o' Leith Walk, John Cormack. Well, ma old man had no time for John Cormack. Ah mean, his name wis bandied about. Ah suppose he had one or two supporters in the docks, ye know. Ah remember seein' Cormack at the Mound on a Sunday sometimes, when we used tae have a bit walk on a Sunday along Princes Street. Ye used tae see John Cormack there. He had quite a followin' in Leith at one time but in the '50s ah think he wis jist about taperin' out, John Cormack.

In the docks politics wis—oh, well, the majority o' the leadin' lights on the branch committee when I went in the docks in '55, from the chairman and vice chairman downwards, were members o' the Communist Party. Oh, there wis quite a considerable active section o' Communists among the dockers in Leith then. Well, ye know, they had this thing in the T&G called the Black Charter. If you were an active member o' the Communist Party you should not hold office in the T&G. Well, that wis abolished some time either in the '50s or '60s, ah cannae remember. It wis after Arthur Deakin, the general secretary o' the T&G, died. All these blokes that ah'm talkin' aboot in Leith docks they were known tae be Communists. When the nominations annually came up this would be asked by the branch secretary, that anybody nominated to serve on the branch committee was he a member o' the Communist Party? And if ye admitted ye were, well, ye couldn't hold office. The employers knew they were but, ah mean, it wis nothin' tae dae wi' the employers. These guys still held office in the union, ye know. Although they were members o' the Communist Party they would never.... We knew that these blokes were the best guys for the job! They werenae appointed because they were Communists. It wis because they done a good job o' work. They were good trade unionists. So the members were really prepared to ignore this Black Charter.[145]

Oh, there wis quite a few o' the dockers in Leith were members o' the Labour Party at that time. Ah dinnae remember any o' them bein' Liberals or in the SNP or Conservatives. We had occasions prior tae general elections when Jimmy Hoy wis the MP for Leith and Jimmy wid come in and address the dockers and the howff would be full, ye know. And we had tae offer the Tory the chance tae speak tae the dockers as well and maybe a couple o' guys would turn tae the meetin'. That wis it. But ah dinnae remember any dockers that were Tories.[146]

Ah preferred tae concentrate on trade union work. Although the T&G did encourage us tae go back tae our branches and have political meetins, and that we should have a night set aside for political discussion—other than discussing the rates or whatever for jobs and that, that we should set aside a night even once a month. But ah couldnae drum up any enthusiam among the membership for that. You didnae have tae be a member o' a political party to have that. But, ah mean, we assumed everybody wis, ye know, they were a' Labour men, oh, a' Labour voters. We regularly had, well, Ronald King Murray became the Leith MP for a while, and if there wis somethin' when we had tae get him down about.... And then Ron Brown wis the MP. We would have them down to our committee meetins at any time it wis necessary. If there wis somethin' that wis goin' tae happen in the port that they should be raisin' in the House o' Commons or whatever, or even on a local level, we had them down.[147]

As ah've said, ah wisnae in a union when ah worked at the printers or at the upholsterers. But in the docks the first thing ye did wis join the union. Oh, the docks wis a closed shop. Ye had tae join, oh, it wis compulsory. There were no non-unionists, not at all. We never had anybody like Plymouth Brethren or Seventh Day Adventists, we never had anybody like that. In some jobs, maybe miners or that, they put the money tae charity or somethin' like that if they widnae join the union because o' their religious beliefs. But that never happened in Leith docks. Ah never ever heard o' that happenin' in any other port either, ye know. It wis a £5 membership, ye paid your £5 then your weekly contributions after that—somethin' like 1s.3d. or somethin' like that. It wis small.

As ah say, ye had tae join the union in the docks. Ah remember one guy wis put out because his contributions fell behind. He fell behind so badly that he wouldnae pay off the arrears. And one Saturday mornin' the branch chairman got on the stance and said that we would no longer be working with him. And the guy jist upped and left, ye know. He wis expelled. He came from a long family o' dockers, tae. His father had been a docker, and he still had two brothers in the docks and it wis a sort o' disgrace in his family. But for some reason, ah don't know what it was.... Ah mean, the union delegate, as we called him—it wis Joe Bailo that wis the delegate—used tae sit there on a Thursday night when ye got your wages. Ye went out the door and that wis it. If ye maybe run a couple o' weeks ye would soon be warned. Joe Bailo would say, 'You've had six weeks,' ye know. And he soon got paid. Ah never fell behind masel'. But, ah mean, there wis occasions when maybe there wis a queue formed and somebody said, 'Ach, ah'll pey ye next week,' ye know. And they forgot and done the same the next again week. Six weeks—and ye were soon warned. This guy had jist let it run intae weeks and then months. He eventually wis expelled frae the union. That wis the only occasion o' anybody ever bein' drummed oot the union. That wis in ma early days in the docks, in the '50s. And after that, of course, came the payroll facilities. The employers took your union contributions off ye, so nobody could get in arrears. It came automatically off your wages, payroll facilities, as they called it.

It wis the Transport & General Workers' Union at the docks. There wis jist the two branches at Leith. There wis the dockers' section, which wis the 7/45 branch, and there wis the ancillary workers, which embraced the cranemen, granary workers, and everybody like that. They were in the 7/125 branch. There wis several attempts in the '60s tae amalgamate the two branches. But the dockers were adamant at that time that there would be no amalgamation o' the two branches because we were registered dock workers as such, ye know. And ah think ye found that at most o' the ports it wis the same: the dockers had their branch and the ancillary workers had their branch. Some ports, the like o' Glasgow, they had a composite branch where the crane drivers and the dockers were in the one branch o' the Union.

Then in Glasgow you had the Scottish Transport & General Workers' Union. Ah'm no' too acquainted wi' the history o' that. Ah know that there wis moves tae try and get the Leith dockers tae join the Scottish T&G but they stood oot against it at the time. It wis roond aboot the '30s, if ah remember right, roond aboot that time. Michael Byrne wis their general secretary for years and years. It wis aboot the late '60s that he retired and they jist went intae the T&G.[148] It wis somewhere aboot there, because ah always remember when ah became active in the union ah went on the Scottish Regional Docks Trade Group. We only had one representative frae the T&G but Glasgow had two. And when ah asked Tam McConnon—he wis chairman o' the Glasgow branch—ah said, 'Tam, how have you got two reps?', he says, 'That wis our amalgamation rights.' They had held firm for certain things, ye know, that they would have two reps, registered dock workers, on the Docks Trade Group. Most o' the dockers in Glasgow were in the Scottish T&G, no' the T&G.

My old man always recalled delegations comin' frae Liverpool and places, ye know, tae try and get the Leith dockers tae join the other union. The Blue Union wis somethin' similar tae the Scottish T&G: it wis a breakaway group from the T&G. Most parts o' London, ah think, were in the Blue

Union as well. Ah have a book, *The Dockers' Union*. Ah got it when ah wis at one o' the biennial delegate conferences somewhere. It's a great book, it tells ye the history o' the dockers' unions. There wis all sorts o' them—Riverside Workers, Wharf and Riverside Workers, Tugboat Lightermen, and a' this! [149]

Ah become active in the union after ah'd been in it a few years. Ah become active from 1967 onwards. Ah became a shop steward and ah wis on the branch committee and then in the '70s ah wis appointed as a member o' the Scottish Regional Docks Trade Group. And then ah wis elected from there tae the National Docks Trade Group Committee.

As ah say, it wis a bone o' contention in the '50s in Leith that we didnae get issued wi' any protective clothin' in the docks. In the '50s, when ah began, and early '60s and up till '67 there wis nothing issued to you at all. And ye were workin' in the open air a' the time. Oh, ye did get some hellish soakins, ye know. And there wis no place for shelter or anythin', bar tae be at a shed where ye could get intae as shelter. Then a lot came on from '67, when the Devlin scheme wis first brought in.

In '67 things picked up then. Ye went in a sort o' civilised manner tae a window and got allocated a job, instead o' that carry on ah wis previously tellin' ye aboot. Oh, it wis a big turnin' point, Devlin. A committee o' enquiry wis set up wi' the famous Lord Devlin intae the port transport industry. And, oh, the Devlin thing went on for about a year, ye know, while he made his findins, tourin' the ports. Oh, there were a deputation come tae Leith—ah don't know whether Devlin himself wis there, but some o' his aides de camp were there, some o' the committee that had been involved in settin' up the inquiry. At that time Jack Jones wis the T&G general secretary. Jack had a lot o' say in matters there. But the eventual outcome wis that the findins o' the Devlin Committee were very pro-docker—that things should change and that everybody should be allocated a permanent employer. That put paid to a lot o' the wee-er stevedores in Leith. And we were left wi' jist two stevedorin' companies there. These were the big ones: Young & Leslie, and Saddler. Well, what happened wis that Young & Leslie amalgamated wi' Saddler and made it Leslie & Saddler. And aboot, oh, say, six or eight o' the smaller stevedores got together and made themselves intae Forth Stevedores. So in '67 when the scheme started there wis Forth Stevedores and Leslie & Saddler. These were the only two employers. What they did wis they split the labour force at Leith in half. At that time we were doon tae, say, aboot maybe 600 men. They took, say, 300 dockers each, wi' the understandin' that if the one firm wis busy they would transfer back and forth, ye know—a certain amount o' flexibility. [150]

And again the port transfers wis still tae take place. That wis frae Leith tae Grangemouth, the Fife side—like Burntisland, Methil, Kirkcaldy—or indeed tae Glasgow. Prior tae '67 we used tae go frae Leith as far as Dundee. But the union at that time said it wis too far. Ye had tae leave Waverley station aboot six a.m. tae get up there tae Dundee tae start work at 8, and ye werenae gettin' back tae aboot 8 or 9 o'clock at night. So the union said they would call a halt tae Dundee. So they put Dundee oot the question. So it wis mainly Fife and Glasgow that we went tae frae '67.

And also, as ah said, they continued the inter-firm transfer inside Leith, between the two stevedore companies, Leslie & Saddler and Forth Stevedores. So there wis more regular work and more flexibility as between employers and between ports. Oh, that wis an improvement.

And then the firms, the employers, were obligated tae issue ye wi' gear—overalls, boots, a' these things. That wis part o' the Devlin report. Oh, conditions o' work improved dramatically in 1967. Oh, it wis like night and day. Ah had had twelve years in the old regime!

And of course they brought oot the severance schemes for the older dockers. The retiral age then had tae be 65, ye know.[151] As ah say, when ah went in the docks in '55 there wis old guys o' eighty, like old Jock Nicholson, workin' there. Oh, they could work on till any age then. Some o' these old guys, it wis jist a case o' necessity. A lot o' them, oh, it wis for heavy drinkin', ye know, so it wis for their bevy that they continued workin'. Then one o' the findins o' Devlin in '67 wis they brought the retiral age doon tae 65.

The docks wisnae the best o' jobs, tae be honest with you, when ah started in '55. But, ah mean, when the Devlin Report wis made official in 1967 it wis a dramatic change in life. Although the bone o' contention then wis that a lot o' the guys felt that they got allocated tae the wrong firm. They done more work wi' some o' the firms, ye know, that amalgamated intae the Forth Stevedores lot. It wis the Dock Labour Board that did the selection thing and they allocated 300 dockers tae them and 300 tae the other firm, Leslie & Saddler. There wis no appeal against the decision. Some o' the guys wanted the union tae take up their case. The union didnae actually wash their hands o' it but they said, 'Look, it wis oot o' oor hands. The Dock Labour Board were appointed tae allocate the labour tae both firms. And if there's been mistakes made they may be rectified. Ye can apply for a transfer from Leslie & Saddler tae Forth Stevedores, or vice versa.' It happened on a couple o' occasions, blokes transferred from the one firm tae another, but it wisnae common. Once ye got allocated ye'd tae dae that work and that wis it. And maybe a lot o' dockers felt the other improvements were that big that they werenae goin' tae make a big issue o' it.

Then containers brought quite a change tae the docks. Oh, ah mean, it did in Leith. But in some o' the bigger ports it certainly cut away wi' the labour, because a' that stuff had tae be handled at one time. It wis a' hand balled. But come containerisation it definitely slashed the man gangs. The big Dina lifts, ye know, brought it tae the crane. The crane lifted it in automatic gear. That wis it. Ah mean, there were jist a couple o' men, that wis a' that wis needed. Before that the gangs would consist o' maybe eighteen, twenty men. So in ma time in the docks, between '55 and '89, oh, there wis a massive change in the number o' men. There wis about 800 in '55. There wis only a hundred when we left in '89.

They brought in the national voluntary severance scheme, which maybe on a yearly basis the employers and the union side would review the situation labourwise and say, 'Well, we could maybe give twenty men severance.' And at that time there wis always willin' volunteers, ye know. Nine times out o' ten ye were oversubscribed. There'd be twenty places and ye would get sixty applicants. So the Joint Registration Committee, which wis three dockers and three employers, would select the men that were tae go, usually based on age and service or their health or whatever. They would be the first tae get their money.

Well, in 1989 they abolished the dock labour scheme. The employers, of course, had been lobbyin' the government for a while tae abolish the scheme. Their famous words wis that the dock labour scheme had become an anachronism and should be got rid of and that the employers would take care of welfare and all the other things that the National Dock Labour Board did. They said there wis no longer a need for the Board. Well, it wis the Thatcherite government at that time, and ah always remember Norman Fowler gettin' on his feet in the House o' Commons that day and announcin' the abolition o' the dock labour scheme. Obviously the port employers—the National Association o' Port Employers were over the moon about it.[152]

That evenin' ah got a phone call from ma colleague Joe in Dundee, who wis kept well informed by Ernie Copeland, the MP up there.[153] And Ernie had told Joe, who wis on the National Committee wi' me, that they were goin' tae offer £35,000 per man with fifteen years' service. And the Tory government at that stage were feelin' that, well, the dockers wis well in their '50s and they would grab it and run, ye know. But the National Committee's recommendation to the ports wis tae come oot on strike.

The strike wis an abysmal failure because at certain ports—it never happened at Leith—but in ports like Hull there were men goin' in and signin' for the £35,000 and leavin', ye know. And it wis comin' on the television. Ma members were phonin' me up at night sayin', 'What the hell's happenin' here, Eddie? Are we gettin' this money or no'?' And eventually—ah wis down in London at the time—our employer, the Forth Ports

Authority, had sent one o' these couriers wi' mail on the Friday night to every member threatenin' them wi' the sack. If they didnae resume work on Monday morning at 8 a.m. they would be sacked.

By this time—1989—there wis only one stevedore at Leith docks. The Forth Ports Authority had taken over as stevedore.[154] So my employer at that time wis the Authority. Some o' the directors o' the Authority had been directors o' Leslie & Saddler—the same players wearin' different coloured jerseys, ye might say. Well, they threatened our members wi' the sack. And ah had no knowledge of this as ah wis in London at the time. We had just missed a train home and we went in the Great Northern Hotel at King's Cross station when a guy came and said tae me, 'Mr Trotter, there's a phone call for ye. It's the *Daily Record*.' When ah went tae the phone some journalist frae the *Daily Record* said did I know that ma members had been threatened wi' the sack if they weren't back at work on Monday mornin'? Ah said this wis news tae me. Ah'd jist left a meetin' o' a full recalled docks delegate conference and the conference had decided tae continue the strike.

When we got home ah decided tae call a branch meetin' on the Saturday mornin', tae get the members there. By this time they'd a' received these letters threatenin' them wi' the sack. Ah had one waitin' for me that the wife had collected frae a courier at 11 o'clock this Friday night. Anyway we had the branch meetin' and the men decided tae continue the strike irrespective o' this threat frae the Authority.

Ah went wi' ma Local Joint Council colleagues tae meet the employers. We seen that it wis no hollow threat. They were goin' tae sack the men that Monday mornin'. So we thought we better recall the men again, and got them back on the Sunday mornin'. And after havin' various meetins wi' the employers, adjournments, meetin' them again, and goin' back tae the membership and back tae the employers, it wis decided that we did accept the fact that the employers would retain ah think it wis somethin' like 25 or 30 men. The rest o' the men would get the £35,000 on that day. They finished that day.

Well, everybody in the Leith docks had fifteen or more years' service. Everybody had fifteen years' service, so everybody would get the £35,000. But the thing wis the employers wanted tae select the men that they would keep behind tae train up some men tae do the dockers' work, ye know. Obviously the dockers didnae take kindly tae this and there wis a bit o' toin' and froin' whilst ah wis addressin' the members. The employers said they thought that tae be fair the men that should go first were the oldest men wi' the longest service—which nobody disagreed wi'. But anyway they did come up wi' a list o' names o' dockers that they were going tae keep back. Some o' the men were pretty expert on fork lifts and the container work and that. They had tae retain these kind o' men as well. So it wis eventually agreed that these men would stay. Well, they stayed on another year and there were an agreement they would get the £35,000 when the year wis up. They trained up new men—they werenae known then as dockers, they were known as port operators. After that there wis no dockers, ye know, registered dock workers as such in the port o' Leith. The rest is history.

I offered tae stay on for the year but the employers wouldnae have me stayin' on because o' ma union activities, ye know. Maself and the branch secretary offered tae stay on. But the employers said no tae that.

What happened was that the twenty-odd dockers that were kept on joined intae the same branch as the ancillary workers—the cranemen, granary workers, and so on. So there wis one branch o' the union left in 1989 where there had been two before then—the dockers' 7/45 branch, and the ancillary workers' 7/125 branch.

The strange thing was that the employers, when they started tae re-cruit the guys tae fill our positions, never recruited Leith men at all. They brought Fifers in, Musselburgh men—men from all over, ye know, out the toon. And ah wondered, 'Strange, aboot this.' And ah asked the bloke that became the chairman o' the branch after me. He reckoned the ideology behind this wis, 'Oh, these new guys when they finish their work at night'll jist go intae the amenity block, get themselves changed, intae their cars and away home and there'll be none o' the auld carry-on'—like we used tae have a wee bit chinwag in the pub after work at night and discuss rates and conditions and a' this. We were Leithers. But all these new guys would nip off away home and over the Forth Road Bridge tae the Fife side, or wherever they lived. A lot o' them that the Forth Ports Authority em-ployed were opencast mining people because they could drive the dumper trucks and the fork lifts and what have ye. So the employers would not recruit in Leith at all. And the bar wis definitely put up for dockers' sons havin' a hereditary right tae go in. We had a register compiled. When your son left school ye automatically put his name doon and ye were hopin' some day he might get intae the industry, ye know.

As far as ah know, as far as ah hear—ah've never been in the docks for a long time now—but ah hear that the blokes that they do employ there— it's port operators they call them, not dockers—they do all sorts o' other work. They've got them sweepin' oot sheds, they've got them doin' this, that and the next thing. They're jist jack of all trades. They're no' dockers as we were. Ah mean, we were workin' either loadin' or dischargin' ships— full stop. That wis it. We couldnae be employed at anythin' else, ye know, or wouldnae be employed at anythin' else.

And, oh, of course it had an impact on the Transport & General Workers'

Union that one o' its most active and militant sections jist melted away in 1989. Oh, it certainly did.

And, ah mean, it's no' a closed shop any longer in the docks. Anybody that they employed down there at Forth Ports Authority now, ah mean, they won't discourage ye from joinin' the union. Accordin' tae the bloke that took over from me as chairman, he said that when the Forth Ports Authority were recruitin' port operators they were sayin' tae them, 'The union will want tae talk tae ye. But ye don't have tae join the union, ye know. Ye have a right not tae belong tae the union'—oh, it's very different from ma day in the docks. It was a case then o' ye had tae be in the union.

Lookin' back on ma 35 years in the docks the only regrets ah have are jist aboot 1989 and the way that the Thatcherite government set aboot the dock labour scheme, ye know. We felt that the abolition o' the scheme could have been discussed, that we would have altered certain facets of it. But tae come doon as heavy handed as they did, ye know, and jist boot the scheme intae touch in '89....

Ah certainly didnae want tae work till ah wis 65. Ah wis hopeful o' maybe gettin' oot on the voluntary severance scheme when I got intae my sixties—but no' jist as prematurely as it did happen to me, ye know. Ah wis 54 at the time it happened. Ah felt ah could have worked on a few years at least until ah wis 60 or 60-odds, because the workload had lessened in the docks. Ah mean, the work wisnae as arduous as it used tae be. A lot o' the guys aboot ma age felt the same. We still had a few years' work left in us, ye know. Ye could have worked quite comfortably on till ye were in your sixties and then be hopeful o' maybe gettin' a golden handshake, the natural thing, ye know. Ye want tae try and get oot wi' a few quid, ye know. But at least we were in a group pension scheme. It's proved now tae be quite good. Ah've got quite a good pension.

But, oh, ah enjoyed ma time in the docks. Oh, it wis a great place tae work. Ah've no regrets about that. When ah look back now ah'm glad ah went in the docks. Oh, if ah had ma life tae live over ah'd probably do it again. Ah mean, the laughs and everything in the docks, and ye were oot in the fresh air and it wis a great job, ye know.

1. An aerial view of Leith docks in 1989.
Courtesy of the Royal Commission on the Ancient and Historic Monuments of Scotland

2. Before an amenity hut was built for dockers at Leith, these were the facilities provided for them. *Courtesy of City of Edinburgh Museums and Galleries: The People's Story*

3. A view of the docks and of Leith from a warehouse at the Edinburgh Dock. *Courtesy of Forth Ports PLC and City of Edinburgh Museums and Galleries: The People's Story*

4. Dockers load a caterpillar tractor onto a ship at Leith. *Courtesy of Forth Ports PLC and City of Edinburgh Museums and Galleries: The People's Story*

5. A cargo of wood at Leith docks, c.1950s. Courtesy of the *Herald*

6. Leith dockers stacking wood, c.1930s. Courtesy of the *Herald*

7. Dockers at work in the hold of a ship at Leith with grass seed, timber, luncheon meat and other cargo from Copenhagen. *Courtesy of Forth Ports PLC and City of Edinburgh Museums and Galleries: The People's Story*

8. Dockers at work on a cargo of fertiliser from Fisons. *Courtesy of Forth Ports PLC and City of Edinburgh Museums and Galleries: The People's Story*

9. A scene from Leith docks between the two World Wars.
Courtesy National Museums of Scotland, Scottish Life Archive

10. Leith dockers, c.1940s or 1950s, handling a cargo of parcels and small trees.
Courtesy of Mr J.D. Norrie, Gorebridge

11. Dockers' strike meeting in June 1952, with Henry Clarke, union branch chairman, addressing the meeting.
Courtesy of the Scotsman

12. Leith dockers' strike procession along the Shore, 1913.
Courtesy of City of Edinburgh Museums and Galleries: The People's Story

13. A crane operator at work at Leith docks.
*Courtesy of City of Edinburgh Museums and
Galleries: The People's Story and Forth Ports PLC*

14. Grain suction discharger at Leith docks.
*Courtesy of City of Edinburgh Museums and
Galleries: The People's Story and Forth Ports PLC*

15. Unloading deckchairs from Poland at Leith docks.
Courtesy of Forth Ports PLC and City of Edinburgh Museums and Galleries: The People's Story

16. Two veteran Leith dockers, c.1950s. *Courtesy of the* Herald

Tom Hart

If ah hadnae have got this job in the docks ah'd probably have been at the whalin' till 1964. That's when Salvesen rolled up, ken.[155] Well, ah wis married, we got married in 1952, and ma wife she wis havin' miscarriages and a' that and she says, 'Ye better stop the whalin'.' Then ah put ma name doon for the docks, 'cause there wis a chance tae get in the docks. And ah waited till aboot May 1955, which was when ah got in the docks.

Well, ma father wis a merchant seaman. He come over frae Ireland in 1928. He belonged tae Belfast, born about 1910. Well, he wis only seventeen when he came over tae Leith, so ah dare say there wis a lot o' unemployment in Belfast. He did mention that he done his caddyin' some times on the golf course and got a few pennies that way. But ah think employment wis hard tae get then. I imagine that's why he came over tae Leith. He took a job—probably jist general labourin'. And ma dad had went whalin' pre-war as well. But then at the beginnin' o' the war he went tae sea, like most o' the men that lived in the Port o' Leith. The biggest majority o' Leith men were either able bodied seamen or firemen-cum-donkeymen.[156]

Ma dad wis missin' for aboot nine month durin' the war and we didnae know where he wis. And then he come back and went on the Russian convoys. Well, at that time ye could be wi' various shippin' lines. Ye signed off one ship on tae another. Ye could say, 'Ah'm wantin' tae be paid off', when you hit your UK port, as long as ye didnae get what they called a burn down. A burn down wis—each seaman had a book and when each trip wis completed ye got a VG or a burn down, which meant ye had a bad record. But ye had tae do really somethin' bad for tae get that, ken. And then ye went on tae another ship. Well, once ma dad came ashore he worked in Bernard's maltins. They dae it wi' machines now wi' the hops. They used tae go tae turn it, well, at that time they used tae dae it manually wi' shovels. So he done that for a long time and that wis it. He jist went on the drink and that wis the end o' the story, ken. Well, he wis 57 when he died.

Ma grandparents on ma father's side they remained in Ireland. Ah jist met them a couple o' times, but ah wis only a small lad. They lived in

Belfast. Ah think ma grandfather Hart wis a baker, 'cause ah had an uncle wis a baker as well, ken, one o' ma father's brothers. Ah think they were on the bakery. Ah couldnae say what ma father's mother had done for a livin'—probably be a domestic, which used tae be the trend then. Ah remember ma grandparents Hart jist vaguely. I would probably be six or seven, something like that, when they died.

Ma mother belonged tae Leith. She wis off Irish parents as well. Obviously ma father must have met her when he came tae Leith. Well, ma mother worked in the fish industry. Well, she continued that. But durin' the war she wis a tram conductress. And she done a stint o' that. She worked down the oil cake mills when men labour wis short. She done manual work, hurlin' hundredweight bags o' animal mix and a' that food mix and stuff and that other stuff. That wis away doon at Salamander Street—Bath Road.

Ma mother's parents were Irish, as ah say. Well, ah could be guessin' about where they came from in Ireland. Ah've heard the names County Down and a place called Cloans. But they both were Irish. Oh, ma mother's mother, ah can mind o' her very well. She wis jist a housewife. She lived tae aboot 1946, she lived tae a good age. Ah think he died after the First War, a year or so after it. He wis a farrier, ken, a blacksmith. He was in the army. And ah think he wis run over wi' the horse gun carriages, somethin' like that. He died as a result of injuries in the First War.

Well, ah wis born on 24 July 1930. Ah had one sister. She's a few years younger than me.

Ah grew up in the Port o' Leith—Bridge Street, it's known now as Sandport Place. It wis jist a tenement. We were on the second floor. Oh, ah remember it clearly. Ah lived there frae ah wis, say, two year auld until ah got married. Well, the Bridge Street house wis only a but and ben, wi' an ootside toilet. We shared the toilet wi' a neighbour at that end o' that corner. The toilet was on the landing outside your house. We didnae have hot water in the house, jist a cold tap. There wis nae boiler because ye didnae have a cistern. And no cooker, jist a gas ring at that time. There wis a range wi' the built in oven. Ye could jist heat your pies if ye could afford them, ye know, things like that. And that wis it at that time.

Well, maist o' these houses had wee what they called comfy bunks, like you'd say a bed recess. Ken, you'd say this was a room but then it would recede in a bit enough for a bed. So it wis oot and ye could put curtains on it. It wis more or less like a bunk, ken. Ah wis in the hole in the wall! That wis a normal thing, that's what it was.

Well, we didnae have baths but we were all great swimmers, ah can tell ye that, because ye were always sure o' gettin' your money tae go tae the public baths. It served two purposes. It served as an entertainment, and it served tae keep ye clean. They called it a plunge. Well, sometimes maybe later on, if ye couldnae be bothered swimmin', ye went for that, or you were really dirty or that where you were workin'. But usually that wis the way ye had a bath—ye went for a swim in the public baths. The baths were in we called it Fire Brigade Street. It's now known as Junction Place in Leith, beside Dr Bell's School. It's still functioning yet. Well, in Leith there wis no' many houses had baths. A lot o' houses had inside toilets. But ah wis unfortunate, ah didnae have one. When ah used tae go tae a house wi' an inside toilet ah used tae like tae go in and jist flush the toilet. It wis a novelty for me, ye know—one o' the clean people! Ah widnae say ah wis poor—ah didnae know ah wis poor so ah wis happy. That wis the thing, ken. But these were the conditions then in Leith that most people lived in.

Well, as time progressed obviously they started buildin' the Corporation houses. They had houses built jist before the war. As ye come up Granton Square thae houses wis built before the war. And there were baths inside them. One o' ma uncles and aunt got one o' these wi' this bath. But ah didnae go there for a bath, no' really, it wis too far away, Granton frae Leith, at that time. So ah steyed in Bridge Street until ah got married.

The school ah started at wis St Mary's. It wis in Constitution Street, Leith. The school's still there. That's where the church is as well, the chapel. The chapel's still functionin', St Mary's. And the school is used as a recreational club—snooker tables and what have ye. But ah remember goin' tae that school up tae ah wis aboot seven year old. Now at that time when ah wis seven, maybe eight, ah'm no' very sure, the Catholics werenae allowed tae use the playin' fields, as ah call them, at Leith Links. In consequence, we had tae use the top o' the roof o' the school, believe it or no', tae dae wir yearly sports. And if it wis a terrific hot day ye left your rubbers on the tarmac, 'cause it wis meltin'. And that's true that. It wis a small space, near enough the size o' a fitba' pitch it wid be. Well, it wis surprisin'. But that's what we used. They must ha' condemned it or somethin'. And we took over St Mary's School at Yardheads, which is called St Mary's Workshop now. So we flitted in bulk, a' the classes—take your ain slates wi' ye, and a' that stuff, ye know, slates and your rag and your cup and books and your catechism, of course: ye had tae remember that as well.

The primary wis quite good. It wis jist normal readin', writin' and 'rithmetic. That's it. Ah wisnae really a keen scholar, no' really. Well, ah played fitba' jist like a' the laddies, but nothin' startlin'. Ah didnae bother, ah didnae play for a team. They did have teams but ah didnae go tae that. It's kind o' hard tae recollect if ah enjoyed anythin' particularly at the primary, ye ken. Ye went that way and your biggest anxiety wis tae have tuppence ha'penny for your milk every mornin'. If ye didnae have a ha'penny ye didnae get milk. Now in ma case the teacher wid say tae me, 'Hart, you put your ha'penny in the black babies' box because you're fat enough.' Ken, this was what they used tae say tae ye. Ken, they used tae have this charity box, tae put your ha'penny in it. Oh, she'd allow ye tae buy milk but she would brainwash ye tae put your ha'penny in and dae without the milk so you'd send your money tae the black babies! It's amazin' but that's what happened. And there wis nothin' better as put your milk on the radiator and heat it up for your ten o'clock, especially in the winter mornins, ken. Oh, ah got milk some mornins. Or if ye helped the janitor, which ah done a lot, ye'd get two or three bottles frae the janitor, ken, the wee third bottles. That wis the kind o' things ah used tae dae.

We were never short o' food, but it wid be jist basic stuff. Especially we worked in the fish industry, so fish wis a good diet and there wis plenty o' it. Well, ah even used tae go doon the docks sometimes tae Granton, and the men would be loadin' the fish off the ships on tae the trucks. And they would slide off or they wid kick ye two or three off and a' that. In fact, when ma wife and I were only kids we used tae go roond the doors sometimes. We'd get the herrin' and put a bit o' wire through their eyes and have aboot a dozen or two dozen, and knock on the door: 'D'ye want tae buy two herrin' or four herrin'?' And they wid gie ye a penny or tuppence, ken. That wis a lot o' money then. Ah wis ten when ah used tae dae it. Ma wife and I used tae dae that when we were kids. We were brought up thegither. She lived jist roond the corner.

When ah left primary ah went tae St Anthony's. That wis Lochend Road, well, the middle. Ah rolled through St Anthony's OK. Ah wis a' right, it wis a' right. There wisnae any subject that ah wis especially interested in, no' really. It didnae bother me. Ah jist scraped through, that wis it. It wis nae problem school, that wis nae problem. If ah'd had the chance tae stay on at school ah don't think ah wid have taken it. Ye see, ah wis burstin' tae get tae sea. 'Cause you were seein' ships and ye were on ships. Ah wis in the Sea Cadets—the *Dolphin*.[157]

Ah'd be possibly twelve, maybe thirteen, when ah joined the Sea Cadets. It wis a great thing tae be a Sea Cadet because ye got a pass tae get in the docks. So ye thought ye were somebody, ye know. Ye werenae some spy, ye were given a pass. In the Sea Cadets there wis a kind o' bandanna thing and a hat and a' that but no' a full uniform, no' at that time—ye're talkin' aboot the tail end o' the war. Ye got, well, rope work, .22 shootin', and a' that kind o' stuff. Drill and lifeboat drill, oot on the water wi' the whalers, and a' that... row away, and a' that kind o' stuff. Ye put the mast up in case ye got torpedoed or whatever it wis tae be, ye ken. Self-preservation—ye got taught a' that frae ex-seamen, ken, mates and skippers and that. So ah liked that, of course. Ah wis interested in a' that, ye see, because ma intention wis tae go tae sea.

Oh, that wis ma intention frae quite an early age, certainly. Well, the docks wis there, the ships were at the bottom o' your street. At the bottom o' ma street they discharged cement and at the bridge at Bridge Street the ship wid go through—a 300-ton ship—tae a stevedore's called Yule & Company. Ah stayed jist next tae the bridge. Ye crossed the Bridge Street bridge every half an hoor practically. Oh, the sea attracted me, ships attracted me. Oh, many o' ma pals wanted tae be seamen, tae. They were a' seamen as well, loads o' them.

Ah'd jist begun at the secondary school when ah joined the Sea Cadets. Well, ah had a wee stint in the Army Cadets as well, a wee bit. That would be aboot the same time near enough, ah think. 'Cause you got a uniform wi' the Army Cadets, ye know, and a wooden rifle and a' that stuff. And then ye took part in swimmin' and a' that, and competitions. Ah done that kind o' thing.

Well, ah left school when ah wis fourteen, well, officially, tae be precise, the school term ended on June something—the 30th. And ah wisnae fourteen till the 24th o' July. So ah wis workin' before ah wis fourteen. That wis in 1944. Well, ah did get a job and it's comical really, because the job ah got wis in a pork butcher's. And they were Germans. Well, they were Germans, there wis no doubt aboot that. And the firm still exists today, called Bowman's. At the time their shop wis in the Old Kirkgate. And ah got a job there, believe it or no', takin' knots oot o' sausage skins. And this was ma job. The sausage skins was for tae use for makin' pork sausages or the red and black puddin'.

The first mornin' ah started at seven o'clock. That wis nae problem. Ah wis daein' what they wanted me tae do. And the old German woman gave me a cup o' tea and a bacon roll, which wis elite tae me, ye ken. And she says in her German accent that ah wis tae ask ma mother tae give me sugar tae bring tae the shop, 'cause they couldnae afford tae gie me sugar. So the followin' day she gave me the same again and she says, 'Ah want the sugar.' So when ah went hame at dinner time ah spoke tae ma mother aboot this sugar thing. She wis annoyed aboot this German wantin' sugar for me tae take oot the house, because at the time her two brothers had been captured. They were pre-war soldiers, Argyll and Sutherland Highlanders. And ma dad wis missin' for aboot nine month and we didnae know where he wis either. Then this woman wantin' a cupfae o' sugar. So the followin' day ma mother wis passin' or somethin', she came up, she wis in the shop and she got in a tongue-twistin' mood wi' this German woman. And, oh, that wis it. So ah wis asked tae leave! Ah'd only lasted two and a half days as a sausage knot untwister.

Then ah went frae there tae Calder's the tent makers, in Commercial Street. Ah got the job more or less straight away. Ye'd jist go in, 'Are ye needin' any laddies or that?' And ah got a job there. And it wis aboot tents, marquees, and ah forget the names o' the tents. But they had a place along at Seafield. There wis a span o' grass field and we used tae go there and spread oot the marquees, and ye'd get a pitcher o' paint, either brown or green, and somebody would mark off the tent and this is what you were tae dae, wis either tae paint the green patches or the brown patches. It wis camouflagin' tents for the RAF. And that's what ah wis doin' at the tail end o' the war. And, as ah said, that went on for a wee while.

And then ah went from there tae Crawford's biscuit factory in Elbe Street, Leith. Well, it's a bond now—MacDonald & Muir, ah think it is. And that wis jist before the war ended. Ma mother had a kind o' argument wi' ma dad aboot somethin' and she sent somebody down tae the factory and told me tae jist pack up. And when ah went hame she'd sold a' the furniture in the hoose and we were off tae London, wi' ma sister, tae. Now everybody at that time wis leavin' London because the V2s wis droppin'.[158] And here wis us goin' in tae London tae live—which we done. We lived in the Aldgate and then another place called Shoreditch. And ah did get a couple o' jobs there. It wis easy gettin' a job. Ah had two jobs in one day. What happened wis the buroo would send ye for a job and when ye went there the followin' day it had been hit, flagged off. So we stayed there in London tae aboot, well, late 1945—no, ah'd come back home masel'. Ah came back hame again—it wis the VE Day and VJ Day. Ah wis stayin' in Edinburgh at that time when that happened. And that wis it, we a' came back again and were back in the same hoose again and a' that. Everythin' wis a' OK, ken. Ma parents were reconciled.

Well, as ah said, ma dad came ashore at the end o' the war and worked in Bernard's maltins, ken. He done that for a long time and he jist went on the drink and he died when he wis 57. In fact, ma wife's dad died when he wis 57, tae, a funny thing. It wis what they saw durin' the war and that. Ma wife says her brother wis never allowed a whistle, 'cause he used tae go terrified o' whistles. 'Cause at sea when you were in the water or in the fog or that, ye blew this whistle. And he—his memory, see. So they werenae allowed tin whistles. It set the brain goin'. It happened tae a lot o' men. When they come back they jist hit the bottle, drinkin' wine or anythin', ken. That happened. Oh, that wis the case wi', oh, loads and loads o' seamen.

So before we went tae London ah went intae Crawford's biscuits. Well, ah can mind what ah wis doin' there, because there wis a guy there that used tae feed me wi' the biscuit tins, and the biscuit tins were recoverable.

There wis always a deposit on them, i.e., 2s.6d. or somethin'. And then when they came back intae the factory the lids were kind o' tinny and crushed a bit at the corners. And this wis ma job wi' a wooden mallet and a square bit o' steel the size o' the lid. Ah'd put the lid in and then hammer it roond so it wis usable again for the next load o' biscuits, ken. So that wis the kind o' job ah wis daein'.

The wages at Crawford's wis roughly aboot thirty shillins, thirty bob a week, roond aboot that. Ah think it wis twenty minutes tae eight tae half-past five or somethin' like that. It wis long hoors. Oh, ye got a break. And they used tae gie ye a vitamin tablet and a' that stuff. Of course, there wis plenty biscuits. Well, ye could take an odd biscuit wi' ye through the day. But every Thursday ye got this bag o' broken biscuits—a tanner, it wis. And the bag wis that size—a couple o' feet deep, oh, wis it no'! And they were mostly whole biscuits 'cause it wis your ain people's packin' them anyway. So they were maistly whole. Plus what you could maybe put in your shirt! It wis only natural. Och, Crawford's wisnae a bad job. It wis somethin' tae dae, ye ken. It didnae bother me workin', 'cause ah like tae get oot and dae things, ye know. Ah wid only be fourteen, fifteen—this wis before ah went tae London. The war wis still on. When ah came back frae London ah didnae go back tae Crawford's. Ah got a job in MacGregor's, the glassware merchants.

MacGregor's were located in Storrie's Alley. And now it's a big company. But at the time ah worked there ah used tae deliver their glassware wi' a barrae—a hand barrow—tae the pubs in Leith. It wisnae much distance but ah did that, ye know. It wis beer glasses, whisky glasses, and dominoes—and all that kind o' stuff, ken.

The hours at MacGregor's werenae bad: half-past eight tae aboot the back o' five, something' like that. Oh, ye always got your dinner hour. It wis quite a good job. The wages were jist aboot the same—in aboot £2 or somethin'. Ye'd maybe go up. It wisnae a great deal o' money. But then ye didnae really need a lot o' money, because the money wis pretty valuable then. Ye'd value for money. 'Cause ah can remember when ah came back frae the whalin'—of course, we're goin' a wee bit further on—and ah gave ma old man a fiver. He wis drunk for about a week. 'Cause ye could go twenty pints o' beer and a packet o' Woodbine for a pound—a pound.

Ah wis there in MacGregor's about a year, till ah wis sixteen. A' the time ah worked in Crawford's and MacGregor's—ah wis only in the sausage shop for a couple o' days, as ah said—ah wis intendin' tae go tae sea. Well, it did happen ye could go tae sea before ye were sixteen. Ah went doon wi' a pal o' mine—he was older than me—tae Salvesen's, thinkin' we'd get signed on in 1945. But ah wis only fifteen. Ah wis told tae come back the followin' year because ah wis too young.

And at that time everybody—seamen and a' that—wanted tae go tae the whalin'. And the reason ah got in wis because ah had an uncle—ma mother's brother—was a whaler as well. So he wis kind o' speakin' for ye in a sense, that ye had a relation at the whalin' already. He'd went whalin' pre-war wi' Salvesen, and was a merchant seaman—torpedoed and a' that stuff. And ma dad had went pre-war whalin' as well.

Well, by the time ah wis sixteen ma pal—Rab MacNair, he's dead now, poor soul—he had done his first whalin' trip. He done a lot o' whalin' time, lots o' it. Well, ah wis sixteen in July. Ah had tae wait another couple o' months before they started enrollin' ye for the whalin'. Ah went down tae Salvesen's office in Bernard Street. Ah went tae the whalin'. Ah think it wis the end o' October, November 1946 when we sailed. Ah came back beginnin' o' May the followin' year.

Ah wis fortunate, well, if ye could say fortunate. Durin' the war British merchant seamen were paid £12.10.0 a month war risk, and the boys under 18 got £10. So the result wis ma first trip at the whalin' wis a lot o' money. The war risk money only ended at the end o' February 1947. So that wis quite a lot o' money that ah wis gettin'. The wages ah wis gettin' wis £6.10.0 a month, and ye got your food. Oh, the food wis the best ye could get.

At the end o' the war Salvesen took on hisself to build two new factory ships, i.e., the *Southern Venturer* and the *Southern Harvester*. Now the *Southern Venturer* wis completed in time for tae do the 1945-6 season. And the year that went doon—the '46-'47 season—ah joined the *Southern Harvester*, which wis her maiden trip as well. Both these ships were built at Haverton Hill, Middlesbrough. Ah forget the name o' the company now. Well, the *Harvester* sailed from Haverton Hill. She'd jist been launched.[159]

Well, we sailed frae Middlesbrough tae Norway first tae pick up the Norwegian personnel. We went intae a place called Tonsberg, which is a whalin' town, if you want tae call it that, where a' the whalers lived. The Norwegians were the experts at whalin', there's no doubt aboot that. And we picked up the whalers there and then proceeded down tae South Georgia. Now there's two routes ye can take tae go tae South Georgia. One is direct—cross the line and straight down, i.e., if we were in Leith it's, say, 57 degrees north. South Georgia would possibly be 57 degrees south. So what we done was we'd dae 57 degrees tae the equator, and then cuttin' corners we're straight down and start again 1 to 57 south. The long route is to go to the equator and go along the equator line for about a week tae the Dutch West Indies, where bunkers wis pretty cheap. They must ha' been gettin' it for a song really, because Salvesen used tae do that tae save a lot o' money on fuel oil. So there wis two ways ye could go. And the two ways wis quite good, because it wis relaxin' and you were gettin' fuelled up for the comin' season, or even comin' back tae relax, tae fuel up for the activities when ye got back home again, ye know. So it wis quite a good thing really, ken.

The crew o' the *Southern Harvester* factory ship would be probably about 600 men, because when the ship's in full cooking production you have two twelve-hour shifts to work the ship—which needed a lot o' men, because on these ships wis a factory below decks. And it took a lot o' men for tae man that night and day.

Oh, it wis a big change for me frae Crawford's biscuits works when ah went on the *Southern Harvester* the first time. Well, ma job when ah went on the *Harvester*, ah wis an engine-room boy. Well, forbye makin' the tea and toast, which wis always a thing ye had tae dae as well, ye cleaned the filters. The filters needed done probably every second watch. When the steam left the boiler and went through your three engines—that's your HP engine, your NP engine and your MP engine, it returned back intae water again after it went through a condenser. Now the condenser wis full o' copper tubes, and flushin' through the copper tubes wis cold sea water. So as soon as the steam hit the ootside o' the copper tubes it became fresh water again. It had tae be filtered tae get the oil back oot o' it before it went back intae the boiler. So hence it had tae go through the filters. So this is the menial job ye got as engine-room boy. And then ye were learnin' various things—how tae do your greaser or whatever. Ye changed the tips on the burners in the stokehold. Oh, ah found that interestin' on ma first trip, ah did. But then the more that ye learned aboot it and a' that, well, ye'd get made up tae be a fireman or a firin' greaser or a donkeyman.

That first trip frae Middlesbrough tae Tonsberg in Norway and then tae South Georgia took aboot six weeks. We went intae Leith Harbour in South Georgia, what Salvesen leased off the Falklands Islands government. And he had a factory there on the island as well and he used tae fish off South Georgia as well and bring them back tae the island. Ye remember when the Argentinians went and put the flag up? This is the place ah'm talkin' about, South Georgia.[160]

The *Southern Harvester* only went in there tae Leith Harbour for bunkers, fresh water, and your ain stuff that they had brought down. Well, throughout the season the factory ship would take up the whales through the after end o' the stern, ye see. The whales would go up there, the blubber would be taken off, pit doon intae the cookers, made intae oil. The carcase would go further up tae the plan deck and it wid be stripped o' a' its meat. The meat would go intae a roast down—ah called it a roast down—and it wis pulverised and dried intae a powder stuff for the animal feedin'. Then it wis bagged in hundredweight bags, sewn up, along a conveyor belt, two men puttin' eight in a sling, pick it up, intae the hold and stowed away for tae bring back tae Britain. But wi' the oil ye'd get a transport comin' oot maybe aboot, say, Christmas time or January, and she wid take a full cargo off the factory ship. And maybe ye'd get another one, maybe the end o' February, and then by that time we'd have enough tae come back and bring it back ourselves. That's what we used tae dae.

On the factory ship, as ah say, it wis a long shift, a twelve hour shift. Ah didnae find it tirin', no' really, because ye were twelve hours off and ye had nothin' tae dae bar read books and eat and smoke or whatever ye wanted tae dae. That wis it. Oh, everybody seemed tae read, ye'd get readin' roond. On the factory ship there wis nothing else—well, ye'd play cards. But table tennis, billiards—nothin' like that. There wisnae much recreational stuff. It wis work, sleep and eat. And that's it, durin' the season. Ye had an odd game o' cards obviously wi' your mates in the cabin, and things like that. Some o' the men did carvins frae whales' teeth. And this is what they could dae, they could jist sit and fiddle away. So the men found ways o' passin' the time. But Salvesen didnae provide nothin' for recreation. There wis nae room. Everything wis a' used up.

There'd be two to a cabin or four. If ye were young lads there wis aboot four o' ye in the one cabin, ken. Oh, we were four young guys. Ye were always put wi' the laddies, ken, no' wi' the older men. Well, ye could bet there'd maybe be two workin' anyway and two oot—or three, and one guy would be on watch. In oor case it wis two on watch and two on the night watch, ken. But, oh, ah enjoyed that first trip tae the whalin'.

Well, your thoughts would go back tae your family and that. Ah'd never really been away from ma family before. There wis always somethin' tae dae, though. This wis the thing that kept ye goin', ken. Oh, ye were kept busy.

They were a' young men. There wis a lot o' first trippers an' a', ken. The first trip wis a big experience. And efter that it jist came natural. Ye became the auld salt kind, ye know. Ah had met some o' the old whalers, well, ma uncle wis one. He wis one o' the pre-war whalers. And so wis ma dad, of course, and a lot o' men that ah knew frae Leith, of course. 'Cause ye used tae see them. They used tae come up tae the hoose when ah wis a laddie. They were sittin' drinkin' and a' that.

Well, the whale oil—it wid be Lever Brothers would take it for makin' soap and stuff like that. But as ye see on one o' ma contracts ye got so much per barrel. But as the years went on and they had a' this modern machinery, the by-products overseded the oil as regards money. The by-products—ah mean, Bovril and a' that kind o' stuff. That made a difference tae that stuff. If ye were lucky ye'd maybe get a lump of ambergris in one o' the whales, ye know. That would give ye a bit o' bonus as well. Ah did get a bonus o' that once.

So ah wis away it would be roughly eight months that first time. We went back tae Tonsberg again and dropped the men off and then come up the Channel tae Liverpool. There wis another alternative: you could stay there in South Georgia if you wanted and overwinter. And there wis a lot o' men done it. They were married and they wanted tae start in business, what have you. And ye could stay there season-winter-season. And if you were a greedy guy and could keep your brain thegither you could dae it again: you could stay there three years if you wanted tae. There wis nothing tae stop ye if ye had the willpower tae dae it. It didnae attract me, well, ye were young and that, ye see. Durin' the winter months in South Georgia, prior to them gettin' a floatin' dock towed in frae Britain, the ships used tae go tae Montevideo or Valparaiso and they stayed there over winter. But then they spent a' their money, ken. So it wisnae lucrative tae go there. So ah didnae go there.

When ah came back frae that first trip tae the whalin', well, ah went back tae the Polar Foods. As ah say, ma mother worked in the fish industry. Ma mother and sister worked wi' a firm called Polar Foods. They were at Granton at one time but they're in Leith again, Polar Foods. And ah did work there masel'. Ma mother and her sister were filleters. And consequently when ah used tae come back frae the whalin' in the summer months ah used tae get a job wi' Polar Foods washin' the fish tae ma mother and aunt. Ah kept feedin' them the whole fish and they filleted them and they got piece work. And then through time ah learned the skill tae use the knife on the fillet, and ah took part in makin' the money as well.

So ah worked at Polar Foods until the next whalin' season and then the next season after that. Ah done three seasons at the whalin'. Ye could work by the ship in South Shields when she went intae the dry dock. The factory ships used tae get repairs there. Of, course ah looked forward tae goin' back tae the whalin' each year.

Well, after three seasons ah wis nineteen and what happened wis ah wis standin' by the *Southern Harvester* in South Shields and we used tae get the week-end off. But here ah wis late comin' back one Monday and ah had tae chow the fat wi' the chief engineer. Ah said, 'Ach, ah'll sign on when she's ready tae sail.' And ah come home. But ah wis duty bound tae go tae the Labour Exchange. And as soon as ah done that ah wis caught for the National Service, 'cause ah had escaped it a year. So they didnae catch me till ah wis nineteen, if ye could call it that. If ah'd stayed where ah was ah wid ha' been a' right. Ye were exempt in the merchant navy. But wi' daein' this two or three weeks now ah wis caught. Oh, ah wis upset.

So ah went intae the navy and ah did quite well in the navy really because ah wis a killick and a leadin' hand and a' that stuff through ma knowledge o' machinery. A killick's a leadin' seaman. It wis bein' like a gaffer, ken. Well, what happened wis when ah wis in the navy ah went tae a place called

Royal Ather in Wiltshire—two weeks fittin' wi' your uniform and a' that stuff. And ah went doon tae HMS *Raleigh* in Torpoint in Cornwall and ah wis taught how tae burn oil fuel for twelve weeks, which ah'd done when ah wis sixteen. So ah knew a' aboot what he wis talkin' aboot in practical, ken, 'cause ah used tae draw the boilers for a' the lads and a' that, ken. And they'd say, 'Who's this guy that's daein' a' this?' But it wis me, ken, ah wis drawin' a' the boilers and superheat steam on it. So ah done a' that.

Well, more or less ah wis an engine room artificer in the navy. Ah wis senior and more than a fireman, oh, ye could call it that—well, a leadin' hand really ye could call it. It wis stoker/mechanic they called us. Ye had the propeller on your arm and ah had the two stars. The bottom star signi-fied ah wis what ye called a trustworthy auxiliary watch-keeper. It means that ah could be left in the engine room masel' wi' the boilers a' pumpin' away and everythin's a' light and the dynamos. Ah wis capable o' it. And then ye got this other badge.

So ah did very well as a National Serviceman. What happened wis, burnin' oil fuel and that and then ah wis put in front o' the draftin' com-mander at St Mary's Barracks in Chatham, and he says tae me that ah wis a fisherman entry. Ah wis classed as a fisherman, bein' a whaler. And he says, 'Ah've got a job here for you,' he says, 'ah think it'll suit you. Have ye ever been on a ship that burned coal?' And ah told him a white lie. Ah says, 'Ah think ah have.' Ye ken, ah hadnae been. He says, 'Well, it's jist ideal for ye.' It wis a wee coal T-class trawler. Ah went doon there and ah got the jars on. Ah kicked the gear and that.

So the chief mechanic he'd been allocated seven what they called buff stokers. When ah say buff stokers ah mean jist raw guys, as the name ex-presses itsel'. And he says, 'Ah need two auxiliary watch-keepers.' He wis a fair guy—in fact, he played for England at cricket. He wis a guy called Woolard, a nice guy.[161] So he says, 'What ah'm goin' tae dae, ah'm goin' tae get ye doon tae the engine room and ah'm goin' tae gie ye tests. No' writin' doon fancy names and that—ah want ye tae be seen tae be doin'.' And he went through the whole lot o' us tae dae individual things. And he asked me tae go up tae the top o' the boiler and shut the main steam valve and open the auxiliary steam valve, which ah did, ken. And then he asked me tae pump the after end bilges, which ah used tae dae as an engine room boy, ye ken. And ah sailed through it, ken, because ah had the knowl-edge o' it. So he made two o' us the leadin' stokers oot the seven. The other guy wis a trawlerman, he had been mechanical wise, tae.

Ah wis there on that T-class trawler for aboot over a year. And they sent me up tae the Gairloch for the remainder o' ma time. But at the time when ah went tae National Service it wis only for eighteen months. And ah'd wrote tae Salvesen and the plan wis that ah wis tae get demobbed in

February 1951 and ah wis tae go up tae Labrador and join a ship called the *Southern Hunter*. But here did the axe no' fall doon and they said, 'There's another six month added on tae National Service.' So ah didnae get pit oot till the August or September in '51.[162]

So then ah went back intae the whalin'. Ah joined a Salvesen ship at Newcastle called the *Southern Raven*. It wis a refrigerated ship but she wis used durin' the war for transportin' soldiers' dead bodies, i.e., frae the continent tae Britain, these guys that were killed. So Salvesen in his wisdom got a haud o' it and converted it intae a ship that when the whales wis shot and blocked in the factory ship there would be a big lump cut off the whale's tail, i.e., say, a ton or two ton, and transported to the *Southern Raven*, put intae 14lb slabs and stored away for human consumption. And ah think it wis quite a success, ye know, the whalemeat.

But ah went doon on the *Southern Raven* tae the south Atlantic. And ah remained in the whalin' for jist under three years tae 1954. Ah went doon there each season. Ah never done the winter doon there. It didnae appeal tae me. Ah didnae need the money that hard, ye know. But ah must ha' passed, oh, six seasons a'thegither at the whalin', easy—which is no' a lot really, because there wis a lot o' men done ten, twelve, fifteen seasons—a' their days, ken. There's a lad ah know, Danny Morrison. He joined the same time as me in 1946, the same age as me, and he wis there for years. He never stopped.

Well, ah wis married. We got married in 1952 and ma wife she wis havin' miscarriages and a' that and she says, 'Ye better stop the whalin'.' Then ah put ma name doon for the docks, 'cause there wis a chance tae get in the docks. And ah waited till aboot May 1955, which was when ah got in the docks. If ah hadnae got this job in the docks ah'd probably have been at the whalin' till 1964. That's when Salvesen rolled up, ken.

But when ah left the whalin' ah worked in the cold storage a year or jist under a year, somethin' like that. Oh, ah used tae work there sometimes in the summer months when ah come back frae the whalin'. So ah wis quoted in there as well, ye ken. Ach, ah didnae really miss the whalin' when ah gave it up, no' really. It wis socially for ma wife's sake. It wis nae a good thing. Oh, by then ah'd satisfied ma ambition. Ah'd swallowed the anchor, as ye call it. Oh, well, as ah say, ah've still reaped the benefit here because ah'm socialisin' wi' the ex-whalers.

So ah'd put ma name down for the docks. Ma wife's father wis in the docks. Well, they'd run short o' dockers sons then, ye see. So the next best thing wis tae—no' tae let anybody on the fringe intae the job, keep it family wise, which at the end o' the day wisnae a success because nae jobs are safe nowadays. But, oh, ah looked forward tae gettin' in the docks.

Well, ah wis in ma element when ah wis in the docks. Every day wis a different task for me because it wis a different ship and ah wis loadin' and dischargin' cargo. It wis a good job if ye're willin' tae work. It wis a good job tae get, but no' at the time, because it wis hard work. Ye could ha' been the best worker in Scotland and this guy that wis the foreman if he didnae like you he widnae take your book. Ye used tae stand like this wi' books, holdin' up your book, and if he didnae like your face he wid jist dae that—one there, and one there, and take his fifteen men. That wis you finished. Oh, that happened, oh, that happened, aye, that happened tae everybody. Oh, it happened tae everybody till ye could make a name for yersel' that you're a grafter and you can produce, and a' that.

But it wis still a bad job at that time in the '50s, because in the docks ye wid go doon at half-past seven. Ah wis down at quarter past seven every mornin'. When ah wis first in the docks ah wis still in ma mother's hoose in Bridge Street. Ma wife and me lived there. Ma mother wis dead. She died the same week as I got married, ma mother. So ah got ma mother's house, ah jist stayed there. Oh, in Bridge Street ah wis jist a minute's thingmy frae the docks, nae bother.

Well, in the docks the call in the mornin' wis at quarter tae eight. And the foremen wid a' go up on the stance, and they'd be lookin' doon on ye. That's when they picked the books. Now it wis the way the dockers acted like animals tae get jobs—because that's what it wis. Oh, of course there wis a lot o' jostlin' among the dockers, especially ma size. Ah wis an awfy bugger for climbin' on top o' men's backs and everything. Oh, it wis as bad as that, definitely. Men were desperate tae get a job. Ah've seen me runnin' up the back o' a guy six feet tall, right up tae his shooders, sittin' on his shooders, tae get this book, ken! He didnae say nothin'—he wis too busy tryin' tae get a job hissel'. He never noticed me! Well, ye see, ah'm only five feet four, five three, that's a' ah am. And some o' them were great big guys. And ye're a' packed there at the howff, as ye ca'ed it. Well, ah would try and get in the front obviously a' the time. But then in ma case, oh, once you were in the gang, the foreman o' the cement boat he had two gangs and we were a' the time as the two gangs. And ah could be away at the back but he'd wait until it wis clear and then he would come and take ma book. He widnae make mistakes. Ye see, ye always went tae his boats. If the docks wis full o' ships he wis sure you would go wi' him, 'cause when the docks wis quiet his boat wis always there, ye see. So ye always went where your bread wis buttered.

Later on Lord Devlin said this wis a' wrong, men shouldnae act like this against each other tae be employed. And he brought oot this Bill that a' dockers should be allocated work, doesnae matter who they were. So what they done wis: there were too many stevedores in the docks, so they got rid o' some o' them. They left two stevedores.

Well, the stevedores were the bosses on the companies, the employers.

At the time, say there wis 200 o' us they'd take 100 dockers each and pay a wage. But they'd have this labour at their hand a' the time and if ye had five ships in they'd allocate maybe 80 men. So 20 men obviously is no' goin' tae be workin'. So they'd be idle—sent home. But they'd get paid after Devlin in the '60s. That wis the difference, they'd get paid a basic, a minimum. And then the followin' day the 20 that hadnae been workin' wid get a job before the other 80. And so on and so on. It created a better system, which wis really good. That's when it started becomin' really good.

But in January 1961 the dockers' pension scheme started. Ah wis one o' the founders, if ye could call it that. And they started off wi' payin' 2s.6d. a week, and then five bob. Then in 1974 it increased a wee bit. But in 1978 they put a document out that ye could pay up tae £12.50 a week, accordin' tae what ye earned, a ceilin' o' £12.50. And the Employment pay 6 per cent. So frae '78 tae the time we were finished off in '89 ah wid have, say, £10 a week intae ma pension and they were peyin' 6 per cent. So ah got quite a no' bad pension at the end up. The likes o' ma wife's dad he got nothin' because there wis nothin' there, nothin' for them. There wis nothin', nothin' at a'. And he'd spent his life in the docks.

But as ah wis sayin' aboot the docks. It wis a really tough job like. So, as ah say, ah worked cement boats. Ah didnae prefer that, it wis for the money, it wis for the money. Well, ye see, ah worked two days on this boat and ah'd a good wage for the next again week. Oh, the cement paid well, paid better than other jobs. That wis 'cause the cement wis both dirty and heavy—oh, hundredweight bags. And what we done was, if ye were doon the hold o' the ship there'd only be six o' ye. And ye put fifteen hundred-weight bags in a sling. That's a canvas sling wi' two angles, and it wid be hooked on. And it wis a steam crane. It burned coal at the time. So when the steam crane come in the hold like that and he'd bring his wire doon, if ye were over there where that bag wis you'd have tae pull it. And then he wid take the weight o' it, pull it intae his plumb and then lift it up. So it wis a' work. It wis different wi' crane jibs, ye ken. I ended up drivin' cranes and stuff like that. But this wis the kind o' thing ye had tae dae then. Oh, it wis heavy work.

Well, obviously cement wis a bad job. Naebody likes tae knock their pan in, let's be truthful aboot it, especially in the summer months, when the sweat wis pourin' oot ye and the dry and your nostrils a' cakin' up, sweatin'. And then your skin wis dryin' up as well. Your fingertips, the blood wid come right through them. But ah wis quite lucky, ah didnae suffer frae dermatitis.

So ah worked the cement boats and, as ah say, ye always went where your bread wis buttered. We had two or three good jobs like that. The Danish butter boat wis another one. Ah done that boat, the butter boat.

When Leith wis a tidal port we used tae have trade frae Canada—the Cairn boats, they come frae Canada—apples, flour, asbestos, believe it or not, and grain, of course. And then that stopped, it dried up. When they made the docks a 24-hour port it seemed tae go back the way instead o' forward. That wis in the '60s, and it wis in the '60s as well when they built the new 24-hour dock.[163] Then esparto grass used tae be discharged in Granton, and prior tae them takin' the embankment away at Trinity—ken, where the railway run—that's where the esparto grass used tae go. But it used tae be discharged at Granton, at the west pier. Well, Granton wis ideal for esparto grass. It wis oot the road and esparto wis bulky stuff. Well, it wis dusty, oh, dry—dry grass. If ye got a jag in it ye went bealin' wise. In fact, one o' the dockers lost their eye wi' one. He fell and it jagged him on the eyeball and he lost his eye. That wis at Granton at the west pier. The middle pier they used tae use at Granton for, well, trawlers used tae discharge their cargoes there. But also Keizer used tae import what they called boxwood, it used tae come in—or pulp, an occasional wee boat, 200 or 300 ton. So ah worked there as well.

And ah worked on timber, a lot o' timber. The timber wis a hard job in the old times 'cause it wis done by hand. Ye see, four by twos, five by twos, six by two—you name it, and they a' had tae be made up in slings and bundles, stowed up on bouts and then taken ashore, landed on bogies and then it wid be taken to the spare bit o' grund and hand stowed. It took an awfy lot o' work, an awfy lot o' time. And they were good jobs, tae, because ye got no' bad money at them.

Ye worked in the open, oh, it wis open a' the time. If ye're down the holds o' ships years ago ye had nae thermal troosers or thermal jackets. There wis nae heatin', nothin'. There wis nothin' at a', no' even gloves— nowt, nothin'. In fact, when ah wis in the docks ye were kind o' classed as a cissy if ye put a pair o' gloves on: 'What's up with him?'! That's what they used tae dae, ye know, gloves, ken. Now it's—'Where's the gloves? Oh, ah'm no' workin' withoot gloves!', ye know.

The docks wis, oh, it wis heavy work, dirty, and nae amenities. No amenities whatsoever, nane. What ye done wis—well, everybody used tae take a pride in keepin' oorsels clean obviously, well, most o' us. And ye'd have your boots on and your clean jeans and your coat and that. And if ye went tae the cement, we used tae have a bag that ye'd have auld dunga-rees in it and put them on the top. In fact, ah took a new bag, ken, a cement bag, and one guy says tae me, he says, 'Do you ken thae cost 9d. each?' He grudged me the paper bag tae pit ma good coat in. Ken, that's the kind o' things. And then when you were finished a' ye done wis, there wis a hose there that the cranemen used tae fill his boiler up wi'. Ye used that tae wash your face. When ah started in the docks the toilets wis jist dock toilets—terrible. And usually nine out o' ten were manky. Ye couldnae use them. That wis another aspect. But ah must admit, as the years got on, we ended up wi' amenities—ken, the showers, your ain lockers, change your clothes completely, have your shower—a' that kind o' stuff. There wis no baths or showers, nothin', when ah started in the docks but eventually we did get that, ken, at the end.

Ah could go home for ma dinner when ah started in the docks. But goin' back tae like tea up, ye had nae amenities. Ye'd maybe send one guy tae the Greasy Spoon. That wis a cafe in Commercial Street. Well, it wis quite a good title it used tae get. And he'd come back wi' three bottles o' hot tea—milk bottles. Three milk bottles we got tea in and tae drink it the wey it wis.

The tricks they used tae dae, the stevedores. There wis that many stevedores before Lord Devlin took in that if a stevedore got the use o' ye for one day that's a' he wanted. Say ah wis a stevedore, ah'd say: 'Here, ah've got a ship comin' here. It's only 600 ton o' chips, ken, granite chips. So ah'll need aboot, say, six, eight men.' A' ah had tae do wis get the eight men tae dae that and ah had nae obligation tae them efter that. Ah didnae have tae pey them holiday money, ah didnae have tae pey them nothin' bar the day's pey. Ken, this is what they got away wi' for years and years and years.

Ah think there were three men killed workin' in the docks in a' the years ah wis there. Ma wife's sister's husband wis a docker. He had a tragedy. He fell doon the hold o' a ship and consequently he wis in a coma for seven year and then he died, ken, poor soul. It wis a tragedy, tae.

Ah wis hit wi' cargo, 1962, ah think it wis. Cargo fell doon a hold. Ah wis off for aboot eight weeks wi' a fracture on the heel. But that wis it. Ah wis lucky there. But in the docks, oh, there wis always fingers and thumbs and a' that. No' sae much as what Grangemooth wis, because in Grangemooth if ye spoke tae every second man they had bits o' fingers off. This is them tightenin' hooks up quick, ken, and makin' money. They were in too much o' a hurry—hookin' on and, Christ, away wi' your hands. Gloves saved them a lot there, ken.

Especially pipes wis very dangerous. And the craneman knew—well, he relied on your wisdom an' a', because if he's liftin' the pipes if he lifts, say, frae that bag, liftin' that bag up, he'd take his jib oot first and then lower doon right above it. But then if he's pullin' it frae underneath he's pullin' it oot but then there'll be a swing. So ye had tae keep oot the road, or leave a bumper thing, ken—leave two pipes so he hits the two pipes. Well, as ah say, ye didnae learn the docks in five minutes, nothin' like it really. It took a long time.

Ah remember an explosion, dischargin' sulphur. Oh, that wis terrible stuff that. Ah have worked on sulphur. It got intae the pipes. There wis an explosion. The craneman got the shock o' his life because it wis up where he wis. There wis naebody hurt. But that wis the only time ah can mind o' that.

When they were dischargin' sulphur wi' grabs ye get the odd spark wi' the grab hittin' the coamin' and things like that. They put an asbestos lap over the coamin', so that when the guy wis comin' up wi' the grab, ye gave it a wee dunt and ye always got that flash. So that stopped it, ken.

Ah remember there wis one fire—no' when ah've been on the boat, nothin' like that. There wis a fire on one o' the Cairn boats.

As ah say, one at the cargoes at Leith frae Canada wis asbestos. Well, that used tae come wi' the Cairn boats and it used tae be stored in tanks, believe it or not, on top o' grain. That's a fact that. Ye had the grain—the grain wid be fulled up, tae, say, maybe near the top o' the hold. And then they'd put burlap on the top o' it and then dunnage and then asbestos on top o' it.[164] But then you had tae keep pullin' it oot. It wis burstin' bags and a' that. In fact, we used tae kick the bag and burst it and get an extra two bob an hour, unknown tae the dangers that it had.

There wis a' tricks like that. You used tae barter wi' the stevedores, as shop stewards, for cargo money. And if the cargo wis set, ye see, well, dischargin' the potatoes—thruppence a ton. But that wis a straightforward job—thruppence a ton wis agreed wi' the stevedore, agreed wi' the union, and that's the money that'll be paid. And everybody's happy. But if the cargo's damaged, i.e., that the bags is speared wi' glue or glut, this is a different thing a'thegither. It becomes a salvage job. So you say, 'Oh, here, this is nae good this. We're no wantin' thruppence a ton. We'll take thruppence a ton—but we're wanting £10 a half shift for handlin' this stinkin' muck,' ken. And this is what ye dae. And ye used tae barter wi' them. So if ah wis a shop steward and ah wis lookin' for £6 tae £8 ah'd ask for £10 or £12. So the stevedore'd be fair away wi' hissel' that he'd got me doon tae £6. But ah wanted £6 in the first place anyway. And he knew, he knew. It wis Dutch bargainin' and, ye ken, this is what ye done. Ken, this wis the kind o' things we used tae dae.

Oh, your wages went up and doon, they did. Well, ye had a good week and a bad week. Oh, sometimes there wis good weeks, ken. Well, you were guaranteed your basic pay in latter years. See, at one time ye used tae get 60 pence a day—duck egg money—or at the time in the early '60s £11.1.8. wis the wages. But then ye had a battle o' wits. What used tae happen wis, we'll say ye'd be in the howff, say, at dinner time and some o' them wid maybe go for a pint or they'd say, 'Well, we'll go to the pictures this efternin'.' Or, 'It's a lovely day, we'll go doon the Links', and a' this stuff. But here a job would start, we'll say four men for shakin' bags or somethin'.

Oh, naebody wants that, naebody'll go. So this foreman's standin' waitin' on four men. So then the port officer wid take charge—no' the stevedores, the port officer wid take charge.[165] And say it's a Thursday, he'd come up. So there'd be two duck eggs for Monday, two for Tuesday, two for Wednesday, one for Thursday mornin'—there'd be seven duck eggs. The duck egg wis a stamp on your book. You'd got your book in your pocket. So he'd go up on the stance and he'd shout, 'Right, four men for tae shake bags.' Naebody wid move. 'Right then. Last call for seven duck eggs.' So naebody wid have seven duck eggs, 'cause maybe they've a' been workin'. 'Right then.' Of course then, if somebody went in wi' seven duck eggs that's them lost their money, the whole lot. So then he'd say, 'Six duck eggs.' So there'd be a big rush and he wid get the four men. But it wis a battle o' wits. They'd wait and wait and say, 'Oh, ah'm goin' tae loss ma....' And then he'd get the four men. But we used tae say, 'Feart', ken. And that wis it. That wis the kind o' thing that used tae happen.

So it wis a big improvement when the Devlin scheme came in, oh, definitely. Oh, ye got your basic and then as ah said ye got quite a wee bit o' money. It wis a' right. Frae 1978 onwards wis really good, for a good wage, ken. In fact, when it come tae the worst o' it ye got a wage tae take hame and put it on the table. Maybe nothin' for yoursel' but ye had a wage tae take hame. But then men were careful: the good weeks were lookin' efter the bad weeks. Put somethin' away, ken.

But then there'd be other dockers, oh, they were jist bevvyin' a' the time—drunks. Oh, we were seeck pullin' them oot the fire—well, no' pullin' them oot the fire in a sense, but wi' helpin' them oot and a' that, ken, and gettin' intae trouble. And this is what we done as shop stewards, senior shop stewards. See, wi' the stevedore or employer he didnae have the power tae gie a docker the sack. He couldnae gie the docker the sack. A' he could dae wis refer him back tae the Dock Labour Board. The stevedore wid sack ye frae bein' an employee o' himsel'. But ye'd go back tae the Dock Labour Board until your case came up through the East o' Scotland Board. And it wis like an inward trial. Then ye'd have a' the man's records and what wis the problem that he'd done, i.e., maybe stealin'. Like stealin' wis really taboo, like whisky and a' that kind o' stuff. If ye got caught at that ye were sojered oot there. But there wisnae many dockers got sacked. Ye always got one or two but no' even one or two a year. See, the dockers had a code that if somebody wis takin' somethin'—most o' them were a' intae it anyway really, tae be truthful aboot it—i.e., they were takin' a bottle o' whisky, everybody wis watchin' the shore. Even the gaffer wis at the take. He wis the gaffer for the day. Ah used tae get the chance masel' tae be a foreman an' a'. So you were the gaffer for the day. So ye had the authority but then the men wid jist say, 'Och, he'll no' say nothin'.' 'Cause ye didnae, because you might be a docker the followin' day. So we had this code that naebody wid report anybody, as dockers like. And then when the police wis on the gates—the Forth Ports Authority declined tae pay them and eventually there wis nae polis—but when the polis wis on the gates, as soon as a polisman walked intae a shed the buzz went roond: 'Paddy Kelly'. That wis a' they said. That wis a polisman, 'Paddy Kelly'. And that wis the code.

Oh, pilferin' loose cargo. Loose stuff wis nothin' tae… likes, if a guy wis workin' maybe on an ingan boat an' he pits two or three ingans in his pocket it's no' stealin'. It wis pilferin'. But he's takin' a couple o' ingans maybe for his dinner or tea. Carrots, tatties—but nothin' big. There wis nothin' big wis stolen. Whisky was. Ye'd get some o' the alkies havin' a go at that, ken, and gettin' drunk and then gettin' caught. But then that wis their fault. They knew the consequences.

Ah mentioned ingans there. The ingan boats they come frae Britanny. Ah knew them personally, the Ingan Johnnies. Well, they'd have one guy tae be the overseer, ye might call it. And they'd probably hire a wee cargo ship, 400 ton. And they'd a' put their ingans in Britanny in it and then come back tae Leith. They telt me where they come frae in Britanny, but ah cannae mind. Ah knew them right enough, ah knew them because they used tae take some o' the hooses roond aboot where we lived, and stow the ingans in the shops, stow them wi' onions an' a'. Oh, well, we wid discharge their ship wi' onions and then they'd take them tae their wee shops. Oh, they didnae leave the onions on the ships. And then they're be here a' winter.

So the Onion Johnnies had shops. They'd sometimes hooses as well, steyed in their houses. A strong smell o' onions! Och, owff, ye can say that again. There wis quite a lot o' Ingan Johnnies. In fact, some o' them used tae speak broad Scotch. Once ah wis the foreman o' a boat and this Ingan Johnny says tae me, 'Could ye tell the dockers tae stop usin' their bag hooks?' He says, 'They're rippin' ma bags.' A bag-hook's a wee two-pronged thing, an easy grip, tae lift the bag up. The bags wis rubbish, tae be truthful, and there wis this rippin', so a' the ingans wis lyin' aboot. This Ingan Johnny says, 'Oh,' he says, 'I give the manager £10 tae buy cans o' beer', ken. Ah says, 'Did ye?' Ah says, 'Oh, that's different then,' ah says, 'Ah'll soon sort him out!' Ah says tae the men, 'Stop usin' the hooks, ye'll get cans o' beer.' Well, that wis it, they put the hooks away. Ah says, 'Ye'd better get the beer doon.'

Oh, the Ingan Johnnies were in Leith for years. They had bairns. There wis one settled here. He's dead now, ah think. There wis another one, Joe. He wis wi' the partisans durin' the war and a' that. Ah knew him, tae. Ah knew quite a lot o' them. They steyed roond aboot the port. They rented hooses, they wid get them frae the factors. Then if they had a shop they sometimes slept in the shop an' a' wi' their ingans an' a', ken. Oh, they didnae keep their onions on their boat. Oh, no, that wid be far too expensive, plus ye'd need tae pey a' your dues tae the port authorities. And then they had their bikes, wi' the strings o' onions on them. Ye never see them now. It's like the fishwives, isn't it? [166]

Relations between the dockers and seamen at Leith wis quite good. Sometimes ah'd be on a ship loadin' cargo and maybe one or two dockers would be laxiedaisical. Ah'd say, 'You'd better fill that hole in. You cannae leave that like that.' Ah says, 'When the ship goes tae sea that'll be rattlin' a' night.' So ah'd make them fill it in. See, what we done was we used tae pride oursels on loadin' cargo. Say, for example, we loaded wheat for Russia. We'd load the cargo hold right up tae aboot, say, three feet frae the top. What we would do is, we'd get maybe, say, 200 or 300 empty bags and get them tae bag and scoop the wheat intae the bags and stow them right over the tap. And we called that stiffeners. And that stopped the cargo frae rollin'. And we used tae take pride in that. In fact, ah've got a photiegraph where they're layin' the tram rails in 19-somethin' at the fit o' the Walk. Now in 1950-odds they lifted the tramcar rails up. And ah wis on a wee tiny ship and they were loadin' the car rails in chunks—scrap. And this skipper he wis told no' tae put too much weight on his 'tween deck. And he widnae listen. His ship went oot and got sunk, believe it or not, plus the lads o' the crew. And he wis told that he should ha' had more cargo in the bottom and very little on the 'tween deck. But he widnae listen, and she went down—tram rails.[167]

As ah say, the docks wis a' heavy work. Ye done a lot o' liftin'—no' in the last, say, 15 years before 1989 but prior tae that ye done a lot o' heavy liftin'. A lot o' the ex-dockers have suffered frae arthritis, ken, and back trouble. In fact, they used tae say that ye had a longer airm than your left, because ye always had a big hook in your hand. In fact, ah handed in hooks tae The People's Story Museum in the Canongate Tolbooth. Ah gave them a tomahawk, a hand hook, a big hook, and what we called a back scratcher: it wis like a flat hook wi' like nails stickin' up in it—the tools o' the trade. A mate and me handed them in tae the museum, because ah wis on the District Committee o' the Transport & General Workers' Union wi' Charlie Ripley, the District secretary. And Charlie asked if ah had any stuff. Ah says, 'Well, ah'll get ye the stuff.'

The tomahawk is a tool that they used for dischargin' telegraph poles. We didnae actually have much o' that at Leith docks. But in Grangemouth they did. The system in the docks wis the Forth Port Authority, as they call them now—the Forth stevedores—they also owned Grangemouth. And always in the past, when the dockers wis idle in Leith the lad in Grangemouth would say, 'Ah've got ten ships tomorrow. Ah need so many men.' He'd phone up Leith and say, 'Have ye got any men tae spare?' 'How much do ye need?' 'Ah need 40 or 50.' 'Nae problem.' So he'd book 50 men frae Leith and we'd be allocated, say, in the afternoon that ye'd be goin' tae Grangemouth the followin' day. So we worked in Grangemouth. That wis the agreement. Ah've worked in Grangemooth, Burntisland, Methil and Kirkcaldy. And the first two or three years ah wis in the docks we even travelled tae Dundee on the train, believe it or not—daily! Workin' the jute at Dundee, oh, it wis terrible. It wis like a bale o' cotton, ye ken, jist like a bale o' cotton—dusty, a' stoury, oh, heavy, well banded, ye know. It wis like esparto grass. Ye used hooks.

As ah've said, ah became a shop steward in the docks, a senior shop steward. Oh, it wis 1979 when ah became a steward. Of course, a' the older ones had died off, ye see. Oh, ye had tae be a member o' the union as soon as ye went in the docks. Well, ah actually got a free card. Once ye're 35 years in the Transport & General Workers' Union you become a free card. Ah've got a gold card. Ah wis 35 years in the union.

Ah wis a member o' the National Union o' Seamen when ah wis at the whalin'. Later ah wis a member o' both unions at the same time, because an old friend o' mine says tae me, 'When ye are goin' tae sign on at the whalin' '—because ah'll come tae that again in a minute—'make sure that ye don't give up your dock union card.' And what happened wis, the docks had a big slump in 1959. The docks wis quite busy frae 1955, but aboot 1958-9 it went back the way: nae trains. So through their wisdom the National Dock Labour Board says: 'Ye are free tae go for a year if you want tae go oot o' the docks for a year and come back. Nae obligations. Ye'll get back providin' ye pay your union money, obviously.' So ah took the opportunity and ah went back tae the whalin' again in 1959.

Ma wife didnae mind. It wis jist the one trip and ah wis burstin' tae go. Ah wanted tae get a wee bit fresh air. And ah got a job at the whalin'. Ah went doon on the *Southern Opal*. She wis a passenger ship and ah joined her in Glasgow in 1959. Ah wis, well, a docker-cum—well, ah dinnae ken what ah wis at the time. And ah went doon tae South Georgia, Leith Harbour, again. But ah fished for the island this time. Ah wisnae attached tae the factory ships. Ah wis fishin' for the island. And ah wis on a catcher called the *Southern Jester*. There wis two o' them catchers. Salvesen always teamed up his ships wi' correspondin' names, the likes o' the *Southern Briar* and the *Southern Broom*. He bought some ex-naval corvettes and converted them intae catchers. He had the *Lotus* and the *Lily*, the *Gambler* and the *Guider*. The names a' sort o' corresponded, ye know.

Ah didnae like that fishin' for the island, because the gunners were always afraid o' the managers for some reason, ah don't know. And the gunner he'd say, 'We have to go outside the harbour.' And it could be blowin' a 50-knot gale they'd still go ootside. And ye'd jist get ootside and ye'd get thrown aboot a' over the place, and then he'd come back in again. This wis goin' oot tae catch whales, ken. Ah couldnae understand this. It wis very dangerous, oh, wis it no'! A' the time.

Ye see, on ma first trip tae the whalin', when ah wis sixteen, one o' these catchers overturned and the crew they were a' lost bar one lad. Ah knew him personally. Oh, if ye fell in the sea doon there ye were finished. But this lad he survived. See, what they do wi' whale catchers is their radio operator usually is the second mate. He has tae report his position every four hours and if he sighted any whales, wi' their ain kind o' lingo and a' that, ken, in case anybody else wis listenin' in. But they have tae do this every four hours. So wi' this catcher no' callin' in for, say, three or four times, there wis somethin' wrong. So they put a net oot—when ah say a net, ah mean the ships a' spread oot intae a 200 or 300 miles circle—and here they got the lifeboat. But on the lifeboat there wis four o' them: three dead men—ah seen them—and this young lad. There wis six had got in the lifeboat but two had died very quick so they put them over the side. That left the four o' them. And the other three, the men, they died. This young laddie, he wis only aboot 17. Ah knew him personally because him and I had went for wir comfort coupons. At the time ye got clothin' coupons, but ye always got so many comfort coupons. And if ye put them tae the minister in the sailors' home he gave ye what we called a gansey, ken, a polo necked jersey, seaboot stockins, maybe muffs. Ye got these, ken, frae charity if ye gave the comfort coupons tae the minister in the Salvation. So that's how ah had got tae know this laddie. Ah'm sure he come frae the Shetlands. He happened tae be in the crow's nest in the catcher at the time it overturned. It turned over. There's two versions on it. It says in Salvesen's book, 'While chasin' a whale in heavy, heavy weather she capsized.' Ah think maself mine's is the best version. Ma version is that, knowin' what things happen, when you're on a catcher and you're fishin' day and night, you're travellin' and ye dae thousands o' miles, your bunkers'll get used up. And on these catchers there's what they call a thorp bunker. Well, there's the thorp bunker, then two wing bunkers. Now in the thorp bunker is a steam coil and this pre-heats the oil so it gets pumped up, and then through and intae your pump and then through intae your fire. So when your oil's goin' doon you transfer the oil from your two wing tanks intae the thorp tank. But you're comin' up oot the water like a balloon, 'cause the deeper ye are in the water, believe it or no', the safer ye are. And ah think maself she wis right up, because when you maybe take your whales tae the factory ship there might be a queue o' guys waitin' on bunkers. So you might be fifth. Time's money: 'Ach, we'll get it tomorrow, tomorrow.' As a result ye jist come up, come up. And that could ha' happened—which ah think it did. Ah think that's what happened tae this whale catcher.[168]

Well, sixteen lives were lost on it. And that laddie was the seventeenth. He wis saved.

So when ah went doon again tae the whale catchin' frae the docks in 1959 ah stuck it jist the one season. And ah came back in 1960 and then back in the docks. Ah wisnae sorry tae get back in the docks, no' really. Well, ah couldnae go back tae the whalin' again efter that or ah would have lost ma job in the docks. Ken, it wis a job ah wis goin' tae have for life.

Well, as ah've said, efter Devlin they started ploughin' money intae the docks—likes o' the fork lifts, new ships comin' in wi' ships' cranes. Oh, that a' made the job lighter. But then again it wis less men. When ah first went tae the docks in 1955 there wis 1,100 men. And when ah went oot the docks in 1989 there wis 99. Now that's in a gap o' thirty-odd years. Of course, when they brought in the containers, ah think, the late '60s that started that.

See, when ye take a container ship, one that's runnin' in tae Leith docks. It wid maybe carry ah wid say, say, 140 containers for dockin'. So the 140 containers could be taken off wi' the help o' four men on the ship, four men on the quay, and a checker and a craneman obviously. There's ten men. Now prior tae the containers it wid ha' took, ah wid say, three gangs o' men three or four days tae discharge the same cargo—at least four days, wi' aboot, say, 40 men. And then ye're dischargin' 140 containers but ye're loadin' 140 the same day as well. So you're dischargin' and loadin'. And once they started tae get hold o' it it wis a case o' takin' one off the ship but takin' one back aboard. So his travellin' wis always payin' off, ken, units wise. Ye'd get 20 feet containers, 30 feet and 40 feet. Oh, that made a huge change in dockers' conditions.

Then we were pit out the docks in 1989—'cause we, the dockers, were put out. There's nae doubt about it. When they got rid o' the National Dock Labour Board the gun wis at oor heid tae leave. Ah left in July '89. Oh, they wanted 30 men tae remain at Leith for another six months so they could function as the stevedores, dischargin' ships. When they done that the 30 colleagues that wis left finished up their six months.

Well, there wis some kind o' word went roond no' tae employ any ex-dockers' sons. Ah mean, ye couldnae even buy any shares. This is how much they hated us. But the thing wis they hated the dockers because the docker made sure if there wis a pie he didnae want the crumbs, he wanted half o' it. And they hated this. We were able tae talk tae them as though we were jist as good as them. We were equal—there wis naebody any better than anybody else. But they were feared o' us because we wouldnae stand any nonsense: 'See, this is what we were thinkin' and if we dinnae get it, ok, well, we're no' goin' tae shoot ye but we want a fair crack o' the whip.'

Oh, the dockers were very well organised for years and years. Well, right through we had a National Port Shop Stewards an' a', ken. See, we were members o' the Local Joint Council, the LJC: Eddie Trotter, Tom Ferguson, maself, George Meikle, and another lad, Andrew Paterson, ken. That wis the LJC. Then there wis another, say, five or seven shop stewards that made up the 12-man committee for the workin' o' the docks. And we made the rates and a' that kind o' thing as well, Dutch bargainin' wi' the employers tae make better rates for the men, and a' this sort o' thing.

Well, the Dock Labour Board were adamant that when you were 65 you were oot the door. Most men wanted tae get oot before they were 65 so they could get a bit o' money. Ah'd ha' been quite happy tae work tae ah wis 65. But when this thing came for us in 1989 ah wis 59 and the money wis quite good. Ah had nae mortgage. Ah wis able tae buy oor hoose and a' oor stuff. So it suited me at ma time o' life. What ah did feel sorry for wis the younger lads, 'cause they had aboot 25 or 30 years tae go. And they were missin' oot. We've had ours, and the £30,000-odd they gave us wis no' a lot o' money tae them, 'cause they had a long time tae go. Ah wis fortunate wi' bein' the age ah wis. Where the money wis concerned ah got oot at the right time. And ah wis in the process o' buyin' this hoose. So that wis quite easy tae dae that.

At the docks they're bringin' in agencies now. Tae be truthful there'll be mair accidents. Ah hope there's no', but there will be, there's bound tae be. Aboot two or three months after the 30 men left that had remained for their six months from July '89 one o' the new lads—they ca' them pods: port operator department—he wis killed. And tae me they didnae have a clue where that laddie should have been standin'. Because if we had a rookie in the hold wi' us, as we'll call him, he wis always told tae stand where we told him tae stand, i.e., if a crane wis liftin' two pipes and his jib's oot the plumb, obviously the pipe is goin' tae swing. And if that laddie wis standin' where he shouldnae have been standin' this is how he got killed. He should ha' been at the back o' the pipes. He wis only 20-odds.[169]

Oh, the docks wis a good life. The cameraderie wis good an' a', ken, it wis really good. The docks wis the best o' the bunch o' jobs ah did, oh, definitely. Ah loved the docks, ah loved every minute o' it. It wis a' family, ye see. Ye got whole generations. Well, the likes o' Tom Ferguson's dad wis a docker, and Tom's brother wis a docker, Eddie Trotter's dad wis a docker, ma fither wis a docker. The cameraderie wis great. And that's what we actually miss more, the comradeship—pals an' a' that. It's a way o' life that's gone.

Tom Ferguson

Well, it wis the system that we were in where this foreman had the power. Ah mean, when he got up on that stance he had the power for tae leave you standin' there idle or tae give ye work. And if ye wanted money these were some o' the types o' things that ye had tae do. Well, it took all sorts o' forms. Like, one bloke used tae bring a regular parcel o' fish down for a particular foreman. Other ones they went tae the pub at night wi' him and they ca'ed them joug fillers. Joug fillers, ye know—they bought him drink, and the foreman wis fa'in' oot the pub at night drunk. He never put his hand in his pocket because certain men were buyin' him drink so that they would know there wis certain ships comin' in, there wis good pay in it. This wis the type o' things that they did.

Well, ma grandfather wis a Leith docker. Henry Ferguson wis his name. Oh, ah remember him quite well. And ma other grandfather, ma mother's father, wis also a docker. Ma grandfather Henry Ferguson he died in his seventies in the early 1960s. Well, he wis in the docks prior tae him goin' tae the First World War. He must ha' been in the docks a few years before the war. So he wis a foreman docker then, and then he went to the First World War. Ah couldn't tell you what regiment he wis in but, oh, it wis definitely the army he wis in. Ah think he wis at the Somme. It wis one o' thae battles he wis in.

Unfortunately, ma grandfather Ferguson never spoke tae me about his life in the docks. Ah mean, there are times like this now you wish that you had asked your grandfather all about the docks when you were young, and about the army, when you went down to see him on the Sunday. It wis always a Sunday when you went tae visit your grandfather or grandmother. And you wish now you had ha' sat down and got the history from him, which you never did. It's now that you say, 'Well, ah wish ah had ha' sat down and spoke to him.' Well, when he came back from the war he went back intae the docks.

His wife, ma grandmother Ferguson, her maiden name wis Tulloch. Her father had started off as a teacher and then wis a headmaster-teacher in Leith. And then he joined a shipping firm in Leith and in the shippin' firm he had to make out the manifests for the ships. Ma grandmother she took the manifests from her father down tae the ships in Leith when they were sailing ships. This she did tell me. Ah got this out o' her one day ah wis sittin' talkin' tae her. And she took the manifest down tae the skipper, the captain o' the vessels. And she told me then that in the Edinburgh Dock wi' the sailin' vessels you could walk from one side o' the docks to the other over the ships. There wis that many ships—sailin' ships—in the docks at that time. Oh, ah remember ma grandmother Ferguson. She lived tae she wis 96. She died about the 1970s. She must have been born about 1880. Grandfather Ferguson'd probably be the same age.

Well, ma grandmother Ferguson she wis only a school kid when she did the manifests. She wasn't paid. She wis only deliverin' for her father. Instead o' her father goin' down tae the docks wi' the manifests she did it. She went down the docks and delivered these ships' manifests. Well, the ship's manifest, you know, contains all the cargo that they've got on the ship. Ah don't know what age she was when she left school. She was really well educated and she could write beautiful letters. You know, if you ever wanted a letter written for anything I used tae go down and ask her to write a letter for me. And she could write it out and then I would write it in ma own hand, you know. But, oh, she wis a lovely writer and she used tae write letters, well, tae all my aunties. Ah had two aunties in London and she wis always writin' letters to them. She worked in the mills in Leith, and she landed up workin' in the roperie, where she got her hand caught in a machine. Her fingers were jist crushed, badly crushed. And the doctor then said they would never be of any use tae her. But she got the movement in them back.[170]

Ah don't think she worked after she got married tae ma grandfather Ferguson. Well, she had nine kids! And two died. So she had eleven kids. So ah dinnae think there wis much time for workin'!

Ma other grandfather Malone, ma mother's father, wis also a docker. Ah don't remember ma granny Malone. She had died by the time ah came along. Oh, she could have been livin' but ah wis young. Ah can't remember her but ah remember ma grandfather Malone. He was about 70-odds when he died. Ma grandfather and granny Malone the two o' them were Irish immigrants. Ma grandmother came from Cork and ma grandfather came frae Galway. They were married before they came here. They had seven children. Ma uncle Peter—ma mother's brother—he wis the eldest, he got killed in the First World War. Ma mother wis the youngest o' the family.

When ma grandfather Malone came tae Leith frae Ireland he worked in the docks as a coal trimmer. Well, he wis a docker but he was a coal trimmer. And that's all he did was coal the ships, you know, bunker them.

It's a dirty job, the hardest job. But he worked in the coal tips in Leith. At that time there wis about four or five coal tips, coalin' ships for bunkers. 'Cause that's what they run on, they didnae run on oil then, it wis a' coal that they run on—coal-fired. He worked as a coal trimmer right until he retired. He wis older than 65 when he retired. Well, there wis no retirement age then. He worked on in the docks until after the Second World War. Even when ah went intae the docks in 1955 there were some men workin' there and they were 70-odd year old, workin' in the docks.

Ah think ma grandfather Malone wis in his seventies when he died. Ah think ah wis jist comin' up tae ma teens when he died. He didnae tell me anything about his early life. Ah jist went up tae visit him, you know, wi' ma mother. He stayed wi' ma auntie and he had a wee room in ma auntie's house, and we'd go up and ma mother would sit and chat tae him. But, you know, as a kid you were never really interested. He wis there and he used tae smoke his pipe and he had his wee room and that. But that wis it. Ah don't remember any talk in the family about ma grandparents' life in Ireland before they came tae Leith. Ma mother wis born here, you see. They never went back tae see the family in Ireland or nothin'. There wis no connection wi' Ireland. Ah mean, ah could have family livin' in Ireland and ah don't even know about them, ken.

Ma mother worked in the bonds, the whisky bonds in Leith, before she wis married. Well, she did various jobs, you know. When you start ah think you wash the bottles and then you move up to labellin' and then wrappin' and then boxin' and things like that. You know, jist in the general progress. Ma mother worked there in the bonds until ah came along.

Ah wis the eldest. Ah wis born on 30 November 1937, ah think it wis the Eastern General Hospital in Leith. And then when ma brother came along in '40 ah don't know if ma mother worked in between times. But when ma dad went tae the Second World War ma mother had tae take a job and she worked in Smith's of Hawkhill, bakers, in Duke Street, Leith. They had outlets, ye know, they had bakers' shops. Ah think she worked there in Duke Street. And then she got a job in Leith Academy as a school cleaner and she wis there until she retired at 65.

Ah stayed in 7 Yardheads, a tenement. That's jist off Junction Street in Leith. Ah wis there till ah wis 19 years o' age, so ah wis there from 1937 tae 1956. We were on the second flat. It had one bedroom, kitchen, sittin' room or whatever you want tae call it, a small scullery, a toilet, and two cupboards. It wis our own toilet, not shared: we were posh! There were no shared toilets in our stair. Along the road, two stairs away, there were shared toilets—the one toilet for a landin', two houses to one toilet.

There wis four houses a landin', so twelve in the stair. And the two shops at the bottom. There wis a shop wi' a house at the back. There wis

Kit's, the barber's, and there wis Henderson's, the greengrocers. They had a shared house.

There wis a Co-op in Henderson Street—Leith Provi: Leith Provident Co-operative Society. Well, everybody went tae it. You remember your Store number, you know.

When ah started the school ah jist crossed the road tae St Mary's Star o' the Sea School. Ma dad wis Protestant, ma mother wis Catholic—naturally, comin' from Ireland! Well, her parents were like. Ah wis brought up in the Catholic religion. So ah went tae St Mary's till ah wis eleven. Ah liked school. Oh, ah liked art, arithmetic and geography, you know, things like that, and drawin' and doin' designs and that. What you got then, ah mean, ah liked.

Ah wis in the Life Boys.[171] Ah joined the Life Boys and ma brother, the two o' us, went tae the Life Boys. Well, a' the kids in the street, you know, you joined somethin'. And that wis the nearest thing: it wis jist round in Dr Bell's School, the 18th Leith Life Boys. We were in that. It wis the likes o' in your teens when you went to the Boys' Brigade. But we didnae go tae the Boys Brigade after the Life Boys. We were jist in the Life Boys. This wis prior tae leavin' the primary school and goin' tae the secondary we were in the Life Boys. We got marchin', games, you know, sports, things like. And then ah played football for the school. Ah played half-back or back. Ah wis a defender.

Ah had no ambitions as a laddie at that age, not in the least. Ah never thought about it. Ah sat the Qualifyin' exam at St Mary's and ah passed it. And then ah went tae Holy Cross Academy in Ferry Road. Ah liked the secondary school but there were a couple o' subjects that put me off. It wis Latin, ah got Latin and ah didnae like Latin. Well, ah couldnae grasp it really. French ah got and now ah wish ah had ha' stuck in at the French, ye know, because now you're goin' overseas on holidays. But at the school ah thought that wis a waste o' time because ah wis never usin' it and it wis French grammar rather than speakin' French. And then ah started gettin' disillusioned and then ah started kippin' school. Ah wis thirteen, fourteen, in the second year. Ah mean, ah liked the school other than that—again art and geography and gymnastics and things like that. Things that ye liked ye were good at, things that you didnae like, well, ye jist sort o' jist sat there.

And when ah started kippin' ah got caught out! Ah jist wandered aboot, wandered the streets, got on a bus and went on a circular tour, ye know, o' Edinburgh. Or if you met someone that you knew that wis kippin' the two o' youse could go, you know, fishin' or somethin' like that. The kippin' wis a waste o' time really. You know, now that you think about it you see you never used it for anything. Ye jist put in time till your pals came oot o' school and then you could meet a' your pals again, 'cause they were a' at school, ye know.

Ma parents didnae know ah wis kippin' until—at that time you had the man that came round, the Education—and he came round and he laid it on the line, asked them why ah wisnae attendin' school on this day and that day, that day and that day. Of course, they said right away, 'He's never been off school,' ye know. Ah wis never off school but accordin' tae this ah wisnae at school and then ah got found out and dragged up tae in front o' the headmaster wi' ma mother and father. And the headmaster laid it on the line, and of course ma old man, bein' a docker, he laid it on the line very strictly that if ah didnae attend school ah'd be gettin' a good hidin'. But it worked out. Ah jist stopped kippin' and that wis it.

Well, ah think ah found the secondary school more agreeable then because they let me drop subjects that ah didn't like and take up other subjects that ah did like. Ah dropped the Latin and French and ah took up extra maths and geography. So then, as ah'm sayin', ah liked it and ah wis there. And of course ah'd learned more about the geography o' Edinburgh goin' circular tours on the bus! Well, ah didnae mind the school. The school wis good, in fact it wis a brand new school. When we moved in tae Holy Cross Academy it wis the new Academy that they had jist built after the war, '48 or somethin', and it wis a brand new school and everythin' wis perfect.[172] Ah mean, the school wis good, the teachers were good. It wis jist that if you fall by the wayside and you've no interest in things…. Well, they did find out the days when ah wis constantly off. They pinpointed the things—it wis Latin and French that wis on these days that ah wis takin' off. So they said, 'Right, well, you can drop them. But you'll have tae take up extra periods o' other things.' They asked me what ah wanted and it wis, well, algebra, geometry, arithmetic, and geography, things like that. Oh, ah did settle down then.

Ah left school when ah'd jist turned sixteen. Ah wis goin' tae stay on. Ah'd passed ma Lowers—the Lower Leavin' Certificate, ah'd passed that. And ah jist drifted on till ah wis goin' on tae ma sixteenth birthday. And ma cousin she worked in the Coastal Radio, up in McDonald Road, off Leith Walk, and she came down tae the house and said there wis a job goin' if ah wis interested in radio. Ma old man, he had it set in his way that ah wisnae tae be goin' intae the docks. Ah've only got the one eye. Ah wis blind frae birth—a tumour. And ah had an operation when ah wis two, in '39, and ah lost the sight o' ma eye. Ah mean, it's never bothered me really, 'cause ah wis blind frae birth. But ma old man, because o' this handicap, he says, 'Oh, no way are you goin' tae the docks.' So he had it in his mind that ah wis goin' tae get a job sittin' at a desk or doin' somethin' like that. So the radio job wis ideal in his mind and he encouraged me tae go in tae take this job. Oh, ah wis interested in it as well. So ah went off tae Coastal Radio.

Coastal Radio wis a factory in McDonald Road. They made receiver transmitters and power units for fishin' boats, the lifeboats, a' the things like that, ye know. And they also made for Marconi echo-soundin' machines, a' the things like that, you know. There were about fifty workers employed there, it wis quite a big factory. They also made transformers, you know, for the Royal Navy. And they coated them and made them and we packed them.

Well, when ah got the job ah wis an apprentice radio mechanic. But ye started off in the stores tae learn all the pieces that go intae a wireless or unit then. And you had your transistors or condensers and things like that. So you had to learn a' the different parts. You were in the stores for a year and after the year you moved up to the first flat, and then they started learnin' you how to solder and then make up your units.

So ah left school when ah wis still fifteen, jist goin' on sixteen, and ah began an apprenticeship wi' Coastal Radio as a radio mechanic. Oh, it wis great. The only thing ah didnae like about it was ah wis confined inside all the time. Ah wis sittin' at a bench and when you were solderin', you know, it would be stuffy. And ah wis bothered wi' catarrh at that time and ah always had headaches. And of course in the factory ah wanted tae open the windows tae get fresh air. But there wis two or three old women worked there and they wanted the windaes shut, 'cause it wis a draught. And then there wis always a conflict between me openin' the windows and them shuttin' them. But ah suffered that for about two year. Ah wis a year down the stair and then a year up the stair.

Ah wis sittin', well, ah wis in the store and then ah wis sittin' at this bench. And that's a' you did, you jist sat there and ye couldnae sit and talk tae people, you know. When you were sittin' you had tae get on wi' it and then you finished whatever you were doin' to this apparatus. Then you put it to the bench in front and then you got the same again, and you started over again. It wis jist like a production line, you know, there were no variety. It wis jist doin' the same thing a' the time.

At Coastal Radio the hours wis 8 till 5, well, 8 till 12, and then an hour for lunch, and then 1 till 5. Ah went home for lunch. Ah had a bicycle and cycled doon the road, oh, a couple o' minutes doon the road, and had lunch. And then ah met ma mate. He wis a fishmonger up at Newington, and ah met him. He came home at the same time and ah used tae go round, meet him and then he used tae meet his girlfriend and then we used tae walk back up for 1 o'clock. His girlfriend wis a bookbinder, she worked in Hunter & Foulis, the bookbinders, down in McDonald Road. Every day she went down there, ah went intae Coastal Radio, and he cycled off back tae Newington!

The wages at Coastal Radio wis aboot thirty bob or something a week. It wisnae much when ah started. But when ah left ah remember it wis £2.17.6d. That wis the end o' ma first year's apprenticeship, wis £2.17.6d. It wis a five-year apprenticeship. Ah enjoyed the work when ah wis doin' it. But ah couldnae see masel' sittin' there for thirty or forty years, sittin' solderin'. Of course, Coastal Radio's no' there now. It's gone. It closed in the '60s, not so long after ah left it—ten or twelve years. It closed. Ah don't know what happened. They probably lost the fishin'. That's what they made mostly, wis the equipment for the fishin' vessels, you know, radio transmitters and power units.

It wis mostly women worked at Coastal Radio, two-thirds women to a third men. It wis men they had in the machine shop, that wis a' men, 'cause it wis like engineers. In the stores wis a' men. But up the stairs wis a top flat and that wis mostly women. And that's where they made the transformers, and they had tae wind them, you know. They had machines and women, ah think, they were better adapted tae it, you know, than men. They had tae wind it and coil it up. There wis mostly women up there. But it wis mostly women that wis in the factory than men.

There were no union activity in the place at the time, 'cause ah would have known if there wis somethin' tae dae wi' unions—unless the engineers' shop was in an engineerin' union ah didnae know about. But there wis no union in the stores and there were no union up the stair. And nobody ever spoke about unions or nothin'. As far as ah know the women werenae in a union.

Well, as ah say, ma two grandfathers were dockers in Leith and so wis ma father. Ma father wis a Leith man, he wis born in Prince Regent Street in 1914. When he left school, well, he wis unemployed. He did various odd jobs. And then he wis workin' in the docks as a strag, you know, jist pickin' up odd jobs but he wasn't permanently employed. He wasn't employed in the docks until 1937 when he got registered under the old National Dock Labour Board—well, it wisnae the National Dock Labour Board then, because they didnae come into bein' until 1940. But it was a similar scheme then. And 1937 wis the year ah wis born. By then ma dad wis 23 so for about nine years he'd been unemployed and doin' odd jobs, and had picked up odd jobs in the docks wi' his father. As ah say, ma father didnae want me to go intae the docks.

He wis still against it when in 1955, when ah wis wi' Coastal Radio, ah got a letter sayin' ma application for the docks had came up. And ah wanted tae go. When the docks came up and the sun wis shinin', ken, that appealed tae me, bein' outside, you know, and bein' wi' men and workin' wi' ma dad. You know, that wis a novelty in itsel', workin' wi' ma dad. Ma uncles, a' ma uncles were there and ma cousins were there, ye know, in the docks. And ah got on very well wi' ma father. So that wis another reason for wantin' tae get in tae the docks. But ma old man wis still against it but he says, 'Well, it's up to you. Ah'm advisin' you no' tae go to the docks,' he says, 'but if you wanted tae go to the docks then ah wouldnae stand in your way.' Ken, he would help me. So off ah went. Ah got ma interview, ah wis accepted, and ah started on the 6th o' February 1955.

Ah wis only seventeen, goin' on eighteen. Well, there wis reckoned to be a minimum age of roughly eighteen, ye know. There wis five o' us were accepted at that time because they ran oot o' dockers' sons. Well, there wis a shortage o' dockers' sons. After the dockers' sons came in then they had tae sort o' cast their net further out and they let in-laws come in. So if you were married and you had a son-in-law then he could have applied for to get in under your book. So that's why the net had to be cast further afield and it wis in-laws came in after we came in. In-laws hadnae been allowed in before. It wis always dockers' sons. We were the last o' the dockers' sons. And ah think they bent the rules, that we were seventeen, goin' on eighteen, and we would never be seventeen again and we were eighteen in the year that we were gettin' taken in. So they let us come in, the five o' us.

There wis more demand, there wis more work comin' in, so demand wis higher. They wanted tae build up the workforce in the docks. And the likes o' maself we were all brought in on a temporary basis—a pink book. They called it a pink book. Ye came in as a pink book man. Well, bein' a pink book man ah couldnae go on tae the live register until they required me. So ah retained this pink book until a certain age. Ah got ma white book when ah wis twenty. So ah wis in the docks aboot two year—ah had the pink book for aboot two year and then ah got made up tae the live register, which is a white book.

When ah went intae the docks in 1955 there wis about 1,000 dockers in Leith. At that time you joined the National Dock Labour Board. The Board wis set up durin' the war years, in 1940-1. It wis set up as a national organisin' body for the docks nationwide. So when ah came in ah wis employed by the National Dock Labour Board. Now in the mornin' ah came in and ah had ma book. And certain foremen went up on the stance, as we called it. It wis like a gantry. They climbed up and they went along. Now you put your book up to that foreman, you passed it up, you held it up. And if he took your book that was you employed for four hours, a minimum of four hours. He could give you your book back at dinnertime and that wis you back unemployed. And you would have to go back to the stance in the afternoon to try and get another job. If you were fortunate enough, maybe the job lasted two or three days and you could jist keep goin' back. He jist took the books in in bulk the next mornin'.

So that wis me. They would stamp ma book, the stevedorin' firm that ah wis workin' for. If it wis Furness, Withy they'd got a certain stamp and a certain number. At the end o' the week that page wis torn out o' your book and handed in tae the National Dock Labour Board, who in turn organised all your wages. So they would contact Furness, Withy for the period ah worked with them. Then they would contact, say, Young & Leslie, another stevedorin' firm, for the period ah worked wi' them, and Saddler or any other stevedorin' firm. At the end o' the week ma wages wis made up that way.

Now if ah wis idle and didn't work a day ah wis employed by the National Dock Labour Board, who in turn would stamp ma book. But it wis their own stamp and that constituted, ah think it wis 6s. Ah got 6s. frae the National Dock Labour Board. That wis on top o' a' the money that ah earned. At the end o' the week it wis a' itemised, the different wages.

When ah first went in tae Leith docks in 1955 ah wid say there wis between twenty and thirty stevedorin' firms. Ye see, the likes o China Clay, they were stevedore. But that's all they dealt in, jist dealt wi' china clay. And it wisnae labour intensified. When the ship came in they maybe had one or two men workin' in their store permanently. They would call them a weekly, that wis what they called them, a weekly, well, jist like a permanent employee. They were employed there week in and week out. So the weeklies would be workin' the stores. If a ship came in they would need maybe an extra ten men. So then the foreman would go to the stance or he would apply to the National Dock Labour Board, sayin' tae them: 'Listen, ah need ten men.' So next mornin' he would go in and he would go up on the stance and start his ten men.

The foremen would jist walk in. When they came in, ah mean, everybody knew roughly, ye know—well, the men that followed the china clay would know by word o' mouth from the weeklies or frae the manager hissel' there were a ship comin' in, say, on Wednesday. So Wednesday they'd be lookin' for the ship. Now it wid be there, pendin' other bad weather that kep' it away or somethin' else. But normally they came in. So the men that followed the china clay they would be standin' waitin'. If the foreman came in he wid say, 'Well.' And his regulars wid be standin' waitin' for tae get the job. If they didnae see him, ye know, they could ask so-and-so, 'Is the china clay in the day?' 'No, the boat's been delayed till dinnertime. He winnae be in till dinnertime.' Well, dependin' on the way the work was, you could hang back and no' go tae work that mornin', waitin' for the dinnertime start. And then you'd be on that ship maybe two or three days.

So the foremen came tae the stance when they needed dockers. If they came in the mornin' they could also come back in the afternoon. There wis two set times. There wis 8 o'clock and 1 o'clock daily. It could be different foremen. The likes o' one foreman'd maybe have the ship and then there's maybe another foreman did the upliftin' from the shed. And after the ship's foreman had got his men then durin' the course o' the mornin' they might say, 'Well, listen, ah need an extra two men for layin' this or stackin' that. You better go and start another two men.' And a different foreman would come in.

But you had the different stevedorin' firms' names were screwed on to the wooden stance: Saddler's, Furness, Withy, Sandy Orr, Young & Leslie, North o' Scotland, ye know. Ye knew where the foremen came up where you were goin' tae work at. So lookin' at the stance and the foremen you knew what job you were goin' tae go to.

When ah first began in the docks, oh, it wis horrendous. Ah mean, the first mornin' you were jist standin' there. But fortunately, havin' ma dad, ma dad would say, 'Right, listen, follow me and ah'll take ye tae a nice easy job tae start with.' So he took me intae the shed, which wis a shed job. There wisnae much money attached tae it but it wis a shed job and he got me intae the ways o' workin' in the docks. And the two o' us, wi' two other men—there were four o' us—went tae what ye call a shed gang. And it wis fortunate enough it wis Young & Leslie and we were workin' for the Currie Line ships.[173] We were upliftin' goods out the shed, stuff that came from Denmark. So it wis a' Danish cargo we were upliftin', and layin' down stuff that wis tae get exported tae Denmark. This ship came in every fortnight, ye know. So we laid down a' the stuff, uplifted bacon, luncheon meat, eggs, things like that, and laid down general stuffs, goods round about.

You had your regular traders. The regular ones wis like the Hell Ship— what we called the Hell Ship. That wis the Currie Line. The Hell Ship wis the one that run weekly tae Copenhagen. It wis called the Hell Ship 'cause it wis a hellish job. Ach, it wis like a grocery shop in a way, ye know. Ah mean, there wis all sorts o' different things. Likes o' most jobs, when ye're goin' tae them it's the one thing. But that one wis jist like, as ah say, a grocer's shop. There wis bacon, there wis luncheon meat, there wis eggs, there wis grass seed. And ye couldnae get a sort o' run at the one thing. You were stoppin' and startin', startin' this and goin' back tae that. And it got nicknamed the Hell Ship. So in the mornin' when you were leavin' the stance somebody would say tae you, 'Where are ye workin'?' You'd say, 'Aw, the Hell Ship.' So right away he knew where you wis goin'— five, Edinburgh Dock. That wis where the Hell Ship went into. The Hell Ship went up there.

Well, the ships in the Edinburgh Dock had tae go through the Albert Dock and then they could go out through the harbour. If somethin' wis stoppin' them that way then they could go through intae the Imperial Dock and then through the Imperial locks. Ken, there were two sets o' locks.

When ah started in the docks there were six docks and ah think there were three harbour sheds, that's the ones on the river, ken, the Water o' Leith, that runs down from Edinburgh. Ye had the right old docks, the two old docks they've filled in now. That's where the new Scottish Office is now. Where the Scottish Office is standin' there were two docks there. We jist called them the Old Dock, because we were workin' at the new docks—the Albert and the Edinburgh and the Imperial. But the old docks they were filled in when ah wis there in the '50s, '60s. Ah wisnae long there when they started fillin' them in. Ah wid say the '60s they started fillin' them in.[174] Well, they were no use. They were too shallow tae take the modern ships. The lock gates werenae big enough tae take the modern ships. You could only get very small ships in. And all they were used for wis these little yachts and things like that, they sort o' dumped them in there. And the *Dolphin*, the trainin' ship for the merchant navy, that lay up in the far corner o' the old dock. And then they brought the *Dolphin* out intae the second one because they filled the first one in. And then once they started tae fill in the second one they took the *Dolphin* out. Ah don't know where it went, the old *Dolphin*. Ah don't know what happened tae it after that.[175] But then they left the third old dock, that's still there. The Scottish Office faces intae it now. And then the North o' Scotland place wis on the other side o' that dock. The cement store wis where the Scottish Office is—the big cement store, Portland Cement, that wis there.

Cement wis an important cargo comin' in tae the docks, oh, there wis ships maybe once or twice a week. They come from down in London, somewhere in the Thames Estuary where they made the cement. They came up twice a week, ah think it wis, the cement boats. Cement boats wis good money. Ye could make good money at it, because we were paid on tonnage. Every ton that came out ye got money for it. So you made your tonnage. You made good money at it. It wis a dirty, filthy job. And, ah mean, the men that followed it—there wis men that did go tae it all the time: again back tae the foremen—the foreman had his own men. And it wis two gangs o' men that went there mostly a' the time. You would maybe get a job if you wanted it, if there were men off sick or men on holiday, things like that. But mostly the same two gangs went. But if they wanted a third gang that meant they would have to pick men—anybody oot the stance. Well, a lot o' people didnae like cement, and you got forced intae it. We called it forced in—ye didnae want tae go but ye had tae go. And it wis a soul destroyin' job, because ye had tae dig it out, ye know—bags o' cement, hundred weight bags o' cement. And it wis warm, it wis right oot the factory. And the nature o' cement itsel' wis dry and warm and dusty. Och, you were filthy.

Oh, well, the docks wis interestin', ye know. Ships were comin' in tae Leith from all over the world. You could find that the ships wi' grain came frae everywhere—Canada, Mexico, South Africa. It came frae all the grain producing countries in the world. Very rarely frae Russia—Russia, they were always takin' grain away! Ah mean, that wis an export, grain goin' tae Russia. But it wis mostly American or Canadian wheat and barley that wis comin' in tae Leith, and if you wanted it wis maize from Mexico—Vera Cruz, that wis one o' the ports—and then South Africa. And then when ah first went tae the docks there wis Australian barley used tae come in once a year and it wis all bags. And it wis nearly a two-week job, ye know, if ye could get on it it wis about a two-week job tae empty the ship. It came in every year.

Oh, ye tried tae get jobs that would last for days. Well, the likes o' the scrap. If you got a job on the scrap you could be there for a month, because a lot o' people didnae like the scrap, ye know. It wis a dirty, arduous job. But if you wanted money, ye know, put it that way. Ah wis newly married—ah wis 19 when ah got married in '57. We got merried when ah wis 19 and ma son wis born when ah wis 20. So ah wis quite young. Well, ah wis newly married when ah started followin' the scrap. And if you got the job on the Monday, you worked Monday tae seven o'clock. And then you could go on the night shift. So you worked Monday, Tuesday, Wednesday, Thursday, Friday nights. Saturday mornin' after your night shift—it finished at six—you would go back down to the stance at eight o'clock and get a job on the same scrap boat. And you would work there tae twelve and then you would work Sunday and then Monday again tae seven o'clock, and then go your night shifts again. So this is what it did. You got a month, constant work. But it wis a dirty job and, ah mean, you weren't supplied wi' gear then—no protective clothin'.

Scrap metal, ye know, that wis a dangerous job. Well, in the scrap metal ye're blocked in, ken. It wis blocks and ye jist had tae hook them on, ken, as best ye could. And ye had tae watch, ye had tae watch that they were clear o' the hold. Even the scrap, when ye fold it intae pans, ye had tae watch the thing goin' up oot the hold and away. And also when you were diggin' the scrap by hand, you were pullin' it. If you maybe pulled it wis like a mountain. The scrap wid jist move down on you. So you had tae watch when you were pullin' out that it didnae trap your hands and things like that.

The scrap metal came frae America mostly. It wis imported American scrap, ye know. It wis parts o' cars—engines, wings, hub caps, bumpers, ye know. Frae Leith it wis sent tae Ravenscraig steel works, Glasgow. Everything went intae railway waggons, it wis all waggons. It went right through tae Ravenscraig for steel-making. Ye see, possibly we were about the best in Scotland at Leith docks for dischargin' the scrap. We had the equipment: we had magnets that attached tae the crane. We had four magnets, four cranes, and they had like a grabbin' thing—an octopus. They had that at one time as well. They tried that out. They tried various things but mostly it wis the magnets and pans, ken. The pans were like a scoop, bent maybe about three feet by four or five, maybe about that size and length, somethin' like that, wi' a bar. And ye jist emptied the scrap intae it, a' the bits and pieces and shovelled it up. Ken, bits that fell tae the floor ye shovelled in. And then tae get a break in ye would get a wire and ye would crawl intae the scrap and ye would fish it through. And your mate he would be roond the other side wi' a beastie—ken, like a wire wi' a hook on it—and he would get the wire and pull it through. And then you would feed it up through, join it together and then ye get the crane on it. You would say tae the hatchman, 'Now hold it,' ken. He would hold it there and you would a' run away, climb away oot the road and then say, 'Right! Lift!' And he wid lift this up. And a' this scrap used tae a' fa' doon and it would skite oot—och! Oh, there were some injuries—fingers and hands and cuts on heids and everythin'. There wis nae protective clothin', nothin', as ah say.

A lot o' men went tae the scrap. The likes o' in the mornin' ye would get forced in. Ye would maybe come doon thinkin' you were goin' tae go tae a job and ye didnae get it, and the scrap man wis waitin'. He wid take ye roond. Ye wid go roond there—nae steel hat, nothin'. And ye were doon there, and your hands were a' cut wi' scrap, bits o' scrap.

Another cargo that came in tae Leith wis sulphur. Well, the worst part o' sulphur wis that it would go on fire. The dust got ignited. The grabs hit the side o' the ship and caused a spark and if there wis dust it jist went up in flames. And in one o' the ships—well, ah wis in it, ah had ma photiegraph in the paper funny enough—one o' the chaps, the sulphur burned right along the hard deck and burned his shoes. His shoes were bent like that. And ma mate that ah worked wi' and did a' ma swimmin' wi', the two o' us were standin' holdin' his shoe, ken, lookin' at it in the photograph, because it wis all bent, u-shaped. And sulphur wis a dangerous job, ye know. You were in a confined space wi' the dust and then if it went off, ye know. And the smell when sulphur wis burnin'—oh, dear. And, as ah say, the fire brigade wis practically in attendance a' the time. But at the latter part o' the sulphur imports they got over this. In some way they crystalized it, ye know, and ye didnae get this burnin', the dust an' a' that. Safer, it wis safer handlin' at the end.

Ah think the sulphur came frae the Caribbean, ken, the Gulf o' Mexico, somewhere roond aboot there. It came frae over there somewhere.

Well, ah'd been aboot four or five year in the docks when there wis a big sulphur strike. That wis the late '50s, maybe the early '60s. And the sulphur came intae Leith. It wis the first sulphur ship that came in for Scottish Agricultural Industries—SAI. And of course the sulphur went on fire. Burnin' eyes, everybody had burnin' eyes. And ye couldnae go near anythin' hot and your eyes started tae water, things like that. Well, ye didnae have any protective clothin' or nothin', ken. They widnae supply nothin'. And your clothes were stinkin' o' sulphur, ye know. Ye could never get it oot your clothes. Well, the dockers went on strike for more money. See, when a ship comes in they wid jist look up the rate book, they wid look up grabbin', and they would put it doon as a grabbin' job. It wis a grabbin' job but it wisnae under the same conditions as what the other ones were. So the employers wouldnae move. Ken, they said, 'No, it's in the book that rate,' ken, 'and that's what you're gettin' paid.' The men said, 'No. We're wantin' somethin' extra because o' the nature o' the job.' And one thing led tae another and the next thing we were oot on strike. It wis over a week the strike lasted. But we got back. Henry Clarke—he wis the union branch chairman—and Dan Burnside—he wis the regional secretary, he came through frae Glasgow—between them they got it settled down to our satisfaction. They got good rates and conditions and they were quite happy wi' it. And that wis it.[176]

Oh, sulphur wis horrible, ye know. Ah mean, it's no' as if it wis jist in a square, it wis in wings and ends—ye know, an old cargo ship where it wis a small hatch and there wis a lot o' wings and ends—everything had tae get shovelled out. It wis a' work, put it that way. The wings and ends were the parts o' the hold outwith the hatch. In the new ships—bulk carriers— where it's a' hatch and there's no wings and ends the grab can get tae everywhere. So everything had tae be trimmed frae there tae there both sides. Oh, it wis horrible stuff sulphur.

Strikes werenae common in the docks, no' really. Ah think we had a couple after that sulphur strike, but nothin', ken, no major ones. Maybe a stoppage for somethin' that cropped up and it wid maybe last a day, somethin' like that. But nothin' major like the sulphur one. The sulphur one wis the biggest one we had. It lasted for about a week. So strikes wis uncommon.[177]

In ma early days in the docks the main cargoes wis wood pulp, scrap. Scrap wis there nearly a' the time ah wis first there. Then grain—a lot o' grain came in. In fact, that wis one o' the reasons ah think it came in, there wis aboot four or five boats lyin' in the Imperial Dock, ye know, at the back o' each other, some o' them bow on. Ye know, they were a' against each other. There would be three or four boats waitin' tae get intae the elevator. So there wis a lot o' grain. And then ye had your weekly ships, which wis the

North o' Scotland, London Scottish Lines, Coast Lines, Currie Line, Gibson's. Ye had a' thae ships comin' in. It wis labour intensified, because there wisnae this containers or pallets or nothin' then. Everythin' wis stacked in the ship loose. Everything wis loose. So ye needed men tae unload it and men tae stack it. And everythin' went intae sheds, it got loaded intae sheds, so everythin' wis lyin' in sheds. So ye had tae have labour then tae uplift it then a' oot the sheds. Ye know, it wis labour intensive.

Everything went intae the shed and then on tae lorries. Some o' the cargo comin' in, the likes o' Carlsberg beer, that came oot and they had the transport tae load it on. Carlsberg beer come on the Hell Ship from Denmark. And that went straight on tae trucks—that's lorries. And they took it tae the Carlsberg store. It wis in Leith somewhere and then it moved along tae Seafield.[178] Railway waggons when ah started in the docks in the middle '50s they were used mostly for the scrap and all bulk cargoes— likes o' coal, coal all went intae waggons. Imported coal went intae waggons. The coal come frae Poland and places like that—Germany. Ken, it came frae the continent. We werenae intae the Japanese or the Australian coal and a' that then. It wis nearer, it wis Europe.

Then there wis timber. A lot o' timber came in in bulk: Scandinavian, Baltic, Finnish, Russian—a lot o' Russian timber, occasionally Canadian. You got the occasional lumber boats come frae either America or Canada, ye know, the big lumber, the big stuff, twelve by twelves, and a lot o' plywood. And we were still gettin' that right up tae the end.

And then when the Scottish Agricultural Industries had started up the SAI imported sulphur, phosphates, sulphate of ammonia and salt from Israel. So you had the four cargoes comin' in regularly for the SAI for the fertilisin'. And then next door tae SAI ye had Fisons. So Fisons' fertiliser that came in in bulk and got into the factory and it wis bagged inside the factory there. Fisons sometimes exported the bagged Fisons, and the SAI did the same, although most o' it wis for home use, ye know, for the farms.[179] And then after that along came British Pipes, or Bredero-Price it wis at that time—North Sea oil. When North Sea oil started up they moved in along beside Fisons and they started importin' pipes and iron ore for the coatin' for the pipes, and things like that. And of course most o' their stuff went out again, ye know: it came in raw and it went out manufacturerd. The pipes, the heavy coat pipes and that went back out tae the North Sea. And ye had your cement. Ye had two cement stores. Ye had Portland Cement and Tunnel Cement, and then ye had a bulk cement store up the Edinburgh Dock. It wis bulk cement that came in. Then Sandy Orr they had timber, plywood, boxwood, and sometimes grain, and most exported whisky and general stuff from Scotland back tae the continent.

Oh, there wis a big range o' imports and exports as well through Leith.

It wis mostly whisky that wis exported, a lot o' whisky went through, boxes o' whisky, ye know. It used tae be the old wooden boxes and then on tae the cardboard boxes. That went. And then jist various things. United Wire they exported stuff through Sandy Orr tae the continent, ye know, in big long boxes. It wis wire things. General cargo from the Currie Line went across tae Copenhagen. It wis jist general—whisky and various other things.

Cars went through Leith at one time from Hillman Imps, ye know, when that started—Linwood and Bathgate. Trucks—we had tractors and combine harvesters, they were exported. And then ye had the German trade. Ye know, every company had their own sort o' ship that went back and forward tae Germany. That wis Volkswagen cars[180] and various things—rags. Funny, rags came in and rags went out, and lampblack. That used tae come in in bulk—well, no' bulk, bags, bags o' lampblack, and other things.

And then ye had the seasons for different things. Ye had your seasons for apples, ye know—the apples frae New Zealand that came in, and then, as ah wis sayin', that wheat from Australia. Ye had various times that they came direct frae Australia and New Zealand. Once we had whale meat. That came up on the Salvesen ships, a whale meat boat came in. That wis for pet food, whale meat. Bananas never came much. We never got any meat at Leith. Ah think once we got New Zealand lamb in and that went intae the cold storage along Tower Street. That's no longer there now. That's gone as well. There wis one cargo o' that. That wis unusual. Sometimes maybe the port that they were usually usin' wis busy or somethin' wis wrong and then they would bring it up tae Leith and put it intae storage and then they would transport it away by lorry at a later date.

The shippin' lines that used Leith, well, ye had the local ones, which wis Currie Line, ye had Gibson's—the Gibson Rankine Line, ye had London Scottish Lines, North o' Scotland. Well, ye had the cement: there wis the *Head* boats that used the cement—the *Marwick Head* and the *Farwick Head*—they all came in for the cement. The Coast Lines had their regular ships as well. That wis aboot it. Ben Line boats jist came in and out. They didnae use Leith regularly. The Ben Line used Grangemouth regular, ken, a regular basis for the Far East. We didnae have a Far East line. But they came in now and again wi' different things, ye know. But it wis very rarely Ben boats come in tae Leith. Well, they did come in regular but it wis tae get repaired. When they got fitted out they always came tae Leith tae get things done. But they never brought a lot o' cargo intae Leith, the Ben Line.

We got passengers at Leith goin' on the *Gullfoss*—that wis tae Iceland and Copenhagen, 'cause it went an 'L'. It came frae Iceland tae Leith, tae Copenhagen, tae Leith, tae Iceland. So we got them both ways. Iceland had the passengers on the North o' Scotland ships goin' tae the Orkneys and Shetland. Well, mostly they went tae Aberdeen when they were goin' up tae the islands, ken. The *Minion* took them. We had the *Uganda* used the port for a while wi' school kids, took them on their cruises. And then we had the occasional passenger boat comin' in, but mostly they didnae take a lot o' passengers on. It wis mostly jist a stop-over—let the tourists have a look at Scotland, back on the boat and away again. Now and again ye had them disembarkin', and then sometimes ye had them goin' back on again, dependin' on the thingmy. But no' a lot o' that.[181]

'Ye got tae know seamen, ye know, if the boat wis a regular user o' Leith. And masel' ah got tae know a Turkish chap. Ahmed Mermer was his name. He came from the Bosphorus in Turkey and he wis runnin' intae Leith regularly wi' pipes for British Pipe Coaters. And ah jist happened tae meet him when ah wis on the ship and we got talkin'. He wis the bosun on the ship—it wis a German ship. And we jist got friendly and every time he came in ah went down tae see him, although ah maybe wis no' workin' on the ship. Ah went tae see him and he wis up at the house and brought a bottle o' wine for a present and a bottle o' Haig's whisky. And we become good friends and he gave us his address in Turkey. He wanted us tae go for a holiday there but we never ever got there. And then the ship stopped comin' and ah got one letter from him when he had moved away frae another port wi' the ship and ah wrote one letter. And then that wis it. The thing stopped.

Oh, ye met a lot o' nice people on the ships, ye know: seamen, bosuns, and different people. Oh, relations between the dockers and the seamen were quite friendly. Ah mean, everybody's the same. Ah mean, if ye're friendly wi' people they're friendly back. If ye're nasty tae them they're jist nasty back. Ah mean, when ye were on a ship ye'd get talkin' tae them, if they spoke English. A lot o' the time they didnae speak English and ye were beat there. If they could speak English ye could get talkin' tae them and sometimes they would ask you, ye know, aboot goin' ashore—where's the best pubs tae go tae, and if they were lookin' for a woman, ken, where could they get a woman, and things like that, so you would direct them tae the certain pubs on the Shore where they could pick up women, ye know.

When ah started in the docks in 1955, well, ah wis only a boy and ah started on a Sunday, which wis strange as well. After ma interview ah had tae go and get ma book, and ah went down—and it wis a Saturday mornin'. The union office wis open, and ah went down tae see ma dad. He wis workin' on this ship called the *Rutland*. He wis dischargin' pulp, timber, boxwood, newsreel, things like that, ye know. It wis a' frae Finland. So when ah got there ma old man says tae me, 'Have ye got your number, your pool number?' Ah says, 'No,' ah says, 'ah've no' got ma book yet.' He says,

'Well, go right up tae the union office and get your book and,' he says, 'get your union card and bring it back down because they're lookin' for men for Sunday. They cannae get any men tae work for Sunday.' So ah went right up and got ma book and ah went right back down. And ma old man's shoutin' tae the time clerk, 'Here,' he says, 'he'll start the morn.' And ah remember the clerk lookin' at me and sayin', 'Are you a docker?' Ah says, 'Ah've jist got ma book.' And he says, 'Oh, that's fair enough.' So ah started on a Sunday.

Oh, ye needed someone tae guide ye when ye started in the docks. Ye needed someone tae take ye under their wing. And if at any time ah got separated from ma dad, or the likes o' when ah wis first in the docks, if ah got separated from him, ma old man would make sure that there wis some-body there that wis goin' tae watch after me, ye know. Ken, he would say, 'Where are you workin'?' Ah would say, 'The timber.' 'Right.' Then he's intae the timber, ken, and he would go across and ask two or three and he would say to them—the older ones, ken—'Tam, he's with ye the day. Would you keep an eye on him? Make sure that he's ok?' 'Aye, nae bother, Tam', ye know—ma old man's name wis Tam as well—'Aye, nae bother.' So a' durin' that day there wis always somebody lookin' out for ye. But, ah mean, as the months went on ye got mair confident in yoursel' and, oh, ye learnt quick.

Well, most o' the dockers wis very helpful. Ye see, it wis family orien-tated. I mean, I could have went roond and maybe ma cousin wis at the same ship, ye know. So you would join up wi' him or ma uncle, one o' ma other uncles wis there, ye know. But there wis always somebody there. And ma father had cousins in the docks. They werenae Fergusons, they were Tullochs and Mackenzies. Oh, as ah'm sayin', it wis a family orien-tated job. Everybody knew each other and it wis a great job.

The docks could be dangerous and that wis why ma dad asked them tae keep their eye on me when ah first started, because ye had tae have your wits about ye all the time, ye know, because the crane wis swingin' in. It wis always swingin' about. When you were takin' timber out sometimes ye got the timber shootin' out the sets back intae the hold where ye were workin'—things like that. And it wis dangerous. There were a lot o' acci-dents. Well, durin' ma time in the docks there wis about three men killed.

Well, masel' ah fell off a motor loadin' pulp: ambulance, Leith Hospi-tal. Ah wis in there for a couple o' days and was off work for about two or three weeks. And then ah had another one where the cargo moved on the bank at Rank's mill. We were dischargin' grain, wi' the elevator suckin' the pipes. Well, there wis bags and the bags were gettin' cut and emptied intae the bulk. And the beam moved. The beam hadnae been properly put in wi' the safety hatches, safety clips, and it moved. Well, when that moved the hatches fell and a' the bags fell over. Well, ah wis down below and the bags came and, well, no' buried me but trapped me. And there wis two other men, they were worse than me. Ah sort o' seen it comin' and started runnin' but the bags caught up wi' me and trapped me, where they were right underneath it. The docks was a dangerous job. Ye had tae have your wits about ye a lot of the time.

As ah say, in ma early years in the docks there wis nae protective clothin', nae hat, nothin'. Well, ah had a bike and ah could tell ye what ah had on ma bike on the carrier bag. Ah had a pair o' gloves, ah had ma big hook, ma bag hook, ah had an apron, ken, a canvas apron that ye tied, that kept at least the front thingmied. But ah didnae have any other overalls. And ah had a cap in there as well. That wis in ma bag. And ah had ma boots on and ma working clothes on. Ah didnae have the steel toe boots. Ye could buy them. But ah jist had heavy boots. Many days ye didnae know what work ye were goin' tae, ye widnae know what ye had. Well, it could be anything. There were no facilities really, nothin' in the docks in ma early years there.

When ah started it wis the old stance. It wisnae big enough tae hold the amount o' people that were goin' in. It wis jist about fifty feet by a hundred feet. It wis small. And also contained in the buildin' wis the offices for the National Dock Labour Board. They also at that time had a smaller office up Constitution Street. The manager o' the National Dock Labour Board had his office up there. And sometimes maybe one o' the accountants were up there with him. But mostly in general they were down in the stance, ye know, the clerks and that, makin' up your wages in there. It wis crowded. That's why they had tae expand. And it wis an old sort o' corrugated sheeted buildin', ye know. It wis jist a tiny place. There were no facilities there really, nothin'. Well, they wid have toilets for their own staff but ah dinnae think there were toilets there. Ah cannae remember there bein' toilets in there. It wis jist a small buildin'.

Well, the National Dock Labour Board flattened the old stance, and in the period o' time they were buildin' the new stance we were put intae No.1 harbour shed. That wis jist across the road. We were put in there for about a year for this new buildin' gettin' built. The National Dock Labour Board moved over the road as well. They got offices built in the corner o' the shed. Well, the stance wis right at the door o' the Tower Street gates. You come up the Shore and you've got the new gates—a' fancy now, but then it wis jist two wooden gates. And just as you entered it wis on the right hand side they had the stance.

As ah say, there were twenty to thirty stevedorin' companies at Leith docks when ah first began. The biggest companies wis, well, Saddler's. It wis the same Saddler's that had the Saddler's Transport in Tower Street, Leith—Saddler's Transport and Saddler's the stevedores. And Young &

Leslie, they were the next biggest ones, and then Furness, Withy. That wis the three biggest ones. But there wis various other ones. There wis the Coast Lines, the North o' Scotland. North o' Scotland wis quite a big one but again they employed mostly their own men on a weekly basis. So again you only went across there if and when required. You werenae there a' the time.

And wi' 1,000 men in the docks, you know, there wis a lot o' men ah never seen, because they worked weekly wi' the firms. Ah wis maybe in the Dockers' Club wi' ma dad and ma dad wis talkin' tae someone and he'd say, 'That's so-and-so.' And ah'd say, 'Where does he work?' He'd say, 'He works at the docks', ken, but ah've never seen him. And he says, 'He works for Coast Lines' or 'He works for the London Scottish Lines. He works there as a weekly worker.' So they never came intae the stance. They came in the docks and went right down to their job and that wis it, ye never seen them. They were weeklies, as ah say, they were regular workers, they were regularly employed. Where when ah began ah wis a strag. They called us strags. Where the word come from ah don't know, they jist called it a strag. It could be the word came frae 'straggler'—you werenae regularly employed. If folk kent you were a strag you jist stragged this job, that job, and everythin'. Well, about a third o' the men at Leith wis weeklies, and two-thirds straggin'.

Well, most o' the people that were weeklies were foremen and checkers and weighers, you know, that stevedores required within their system. They could say, 'Right, ah've got a foreman.' So you would go off. But any given day he would always have enough people that he could man each ship maybe or one gang wi' his weekly workers. So if one ship wis in and there wis nothin' else in he could put a' his weeklies tae that ship and he wouldnae have tae employ any strags at a'. You know, it wid jist be manned by his weeklies. But he picked the men he wanted from the labour force. He wid approach you and say, 'Well, would you like tae join us as a weekly worker?' If you had expertise in somethin', if you were a sworn metter and weigher for the grass at Granton that he needed then, or a checker, or if you could drive a fork-lift, or somethin' like that, then he would approach you and ask you to join his company, if you had particular skill and experience.

The sworn metter wis, well, you had to go through an exam through the court and ye had to sort o' swear that everything you did wis correct and above board. Ye've a sworn metter, a sworn checker and weigher. You weighed the esparto grass when it come off the boat. Every two bales o' grass that came ashore wis weighed and it wis a' tallied up half-shiftly and then daily and then for the whole ship. And then for the whole ship the weight would go tae the importer, which would be Cowan's, the papermakers at Penicuik, and people like that.[182] So that they would know exactly how much grass wis in that ship at any given time. Well, ah mean, it was a responsible job, where you have a sworn metter it wis a responsible job. Trust, a lot o' trust, wis involved. And then the metters and weighers they had their own company. And that wis another employer, ye know.

When ah left Coastal Radio ma wages wis about £2.17.6. a week. When ah went in the docks ma wages went up, because the first day—the Sunday—that ah earned I earned about £8 or £9. That wis double time and then the tonnage. And that first week, workin' on the *Rutland* on the Sunday and workin' in the shed for five days ah landed up wi' £30. Ah remember that wis ma first wage in the dock. It wis £30 minus tax and that, of course. But it wis a lot o' money compared tae £2.17.6d. Well, ah went frae bein' a boy intae earnin' a man's wage. And it wis fantastic.

Oh, it went up and down. It wis a hanger or a burst, they called it. Ye know, one week ye had everything, next week ye had nothing. Ah mean, ye had tae sort o' plan your life that when you did get a good week you had tae put money away tae shed ye over the bad weeks. And ye knew what wis comin', ye know. Oh, but, ah mean, that wis it—bein' a strag ye jist got what ye had when ye had it. Well, you would always be one or two days a week you wouldnae be workin'. So takin' that over a year, ye ken, percentage wise…. But there wis always at least one or two days that ye wouldnae be workin' every week.

Well, the scrap wis the only job you could work right through for a time. If you followed the scrap you could get a month's work—that wis daily, week-ends, night shifts. If there wis no scrap, well, you were waitin' on the next ship comin' in. And then you jist had tae go back tae the stance and see what wis there and pick up anythin', ye know. Ye might or might no' be lucky. If ye worked the scrap, well, ye see, you lost contact wi' the other gaffers. See, the gaffer that ye followed wi' the scrap wis Peter Marshall. He wis the scrap foreman. He worked wi' Saddler's. It wis Saddler that brought the scrap in, ken. So if ye were followin' the scrap ye were workin' wi' him a' the time. Well, when ye come back straggin' again after workin' on the scrap then ye had tae get your face known wi' other foremen, ye know. And after the scrap went, when they stopped comin' in altaegether, then ye had tae sort o' readjust tae followin' other foremen. And then at that time ah think ah started followin' Sandy Orr Stevedorin' Company, and that wis mostly timber and pulp. And ye followed the foreman there and, as ah say, ye followed him nearly tae everything he had, his good and bad. He had a lot o' bad work and he had a lot o' good work. So ye had tae follow him wi' everythin, 'cause the gaffers werenae stupid. He wisnae goin' tae gie ye a' the good work and then you avoided him for his bad work. Ye either had tae take the bad wi' the good or ye werenae on. The gaffer wis lookin' for loyalty. Ye stuck wi' him through thick and thin.

Well, when he got up on the stance you knew if it wis a good job and you were followin' him you would get started on the good jobs. Whereas when he wis left on the stance when it wis a bad job ye still had tae sort o' go in and go with him, ye know, tae his bad job for the sake o' bein' in his sort o'—a blue eyes, ye called them—be a blue eyes for his good work, ken. Ah mean, it wis a come and go.

Well, ye tried your best tae get in wi' two or three foremen, ye know. When Sandy Orr didnae have nothin', or this foreman didnae have nothin', ye would try and go back tae this other foreman that ye were quite well acquainted wi'. And again it wis doon tae if ye were a good worker or ye werenae a good worker. Ye know, he knew the men that he needed for a certain job. If it wis timber, diggin' out timber, then he knew the men he wis lookin' for, the men that could give him a good turn-oot—'cause he wis on tonnage as well. The more money you earned the more money he earned. So he wis lookin' for men that could get the job done and get the most money at it.

The foremen got slightly more, slightly more than the men. There wasnae a huge difference. The likes o' when he wis on a ship wi' three or four gangs workin' he wid get the highest tonnage. So, say, there wis £5, £6 and £7 earned that day, he wid get the £7 earnin'. He wid get the highest tonnage. So it didnae matter tae him whae got the money, he got the highest anyway.

Well, at that time—ah'm talkin' aboot the early straggin' days—ah mean, the foremen were like a god. Ah mean, they were *the* people. Ye had tae be sort o' pee-heein' him, if ye want tae know. Ye sort o' had tae, no' crawl tae them, but ye had tae sort o' maybe be.... What's the word ah'm lookin' for? Well, ye had tae be a good worker and they had tae accept ye. Ah mean, they were the thing. At the latter stages in the docks, see, we didnae have the foremen goin' on the stance. Ye were allocated a job frae the windows. So you were allocated tae a job and when ye got roond there there wis a foreman there. And then the next day the foreman could be workin' wi' you. So there wisnae the same.... He wisnae on a pedestal. He wisnae up above you at the latter stages in the docks, where he wis in ma early days.

See, a foreman then could make or break you. Ah mean, it wis either starvin' or eatin'. And that's what it was then, ken. Ye had tae sort o'.... Well, it took all sorts o' forms. Like, one bloke used tae bring a regular parcel o' fish down for a particular foreman. Other ones then went tae the pub at night wi' the foreman. They ca'ed them joug fillers. Joug fillers— ye know, they bought him drink, and the foreman wis fa'in' oot the pub at night drunk. He never put his hand in his pocket because certain men were buyin' him drink so that they would know there wis certain ships comin' in and that there wis good pay in it. This wis the type o' things that they did prior tae the decasualisation in the '60s.

Oh, it caused resentment among other dockers, oh, it did. It caused a lot o' conflict. And this is what a lot o' the arguments arose frae in the docks, 'cause, ye know, maybe durin' a heated argument one o' the men wid say tae the other one, 'But ah'm no' a joug filler. Ah dinnae follow him and you are. You're oot buyin' him drink'—and things like this. Oh, it wis a term o' abuse, a joug filler, a crawler. Ken, the things that joug fillers wid dae: take the foreman's car and get it fixed, and things like this, ken. Ah mean, there were a' sorts o' weys, odd different ways o' skinnin' a cat, ye know. And most o' them were found oot aboot it, how they could do it, ye know.

Well, ah mean, it wis the system where we were in where this foreman had the power. Ah mean, when he got up on that stance he had the power for tae leave you standin' there idle or tae give ye work. And if ye wanted money these were some o' the types o' things that ye had tae do.

There were some hard foremen, ye know, hard foremen that they wanted their pound o' flesh oot ye. Some o' them ye jist couldnae joug fill because they didnae go tae pubs, unless they were gettin' somethin' some other way that ah didnae find oot about. But some o' the foremen jist didnae join in this type o' thing, ye know. There were foremen and there were foremen, that wis it. Some o' them, as ah'm sayin', they were drinkin' wi' the men. Now there's nothin' against a man goin' oot drinkin' wi' his pals. But that wisnae what wis happenin'. Ah mean, some o' the men had some o' the foremen wi' their pals and they went drinkin' wi' them. They went oot wi' them, ye know, they were friends. But, ah mean, ah'm talkin' aboot the ones that werenae friends that were buyin' them drink and things like that.

The foremen began as dockers, ordinary dockers. Well, ah take it they got the jobs as foremen on their expertise. Some o' them were quite— well, ah'm no' sayin' that they were brilliant—but they were well educated, ye know. Ah mean, ye can pick oot men that are clever and some men that'll never be clever. And you can relate tae some o' the foremen, you couldnae relate tae some o' the other ones. You would have a conversation. Some o' them were really clever. But they'd a' been dockers. They'd risen frae the ranks up, ye know. Somewhere along the line the manager o' the firm must have thought that this man would make a good foreman and a leader o' men, if ye could say that.

Oh, the foremen were the owners' men. Ye werenae an active trade unionist if you become a foreman. Although there wis one chap that wis a weekly, he worked for Saddler's. His name wis Henry Clarke. Now he wis the chairman o' the union branch and they called him a nickname—Stalin. He wis a right Red. Ah mean, he wis an out and out Communist. He didnae deny he wis a Communist. That wis his feelins and he wanted the workin' classes tae rise in a revolution and tae take over! But he never got his wish. But he wis a right Red, ye know. Although he wis a weekly he still had his loyalties tae his firm but he wis an out-and-out agitator. Henry Clarke never became a foreman, he wis never up on the stance, but he wis a weekly worker. He worked for Saddler's on a weekly basis. He wis a good worker. And, ah mean, there were times that, withoot him, the docks wid maybe have been out on strike. Ah mean, he wis a fair man, ye know. He could see both sides o' an argument. But, lo and behold, if the employer wis wrong it didnae make any difference. He jist cut them doon jist the same as he would cut us down. You know, he went baith ways. Oh, he wis a man o' integrity Henry Clarke. He wis first class. Unfortunately, he died young. He died when he wis in his fifties. He had a heart attack. That wis in the '70s. It wis funny, he went away tae a conference and he came back and on the way back he died. He wis in wi' his brother-in-law in a car. His brother-in-law had drove him doon tae somethin' and he wis drivin' back and had this heart attack and died.

Oh, it wis a closed shop in the dock. As soon as ah started work in the dock in 1955 ah joined the Transport & General Workers' Union. Ye had tae. Ah know of one man that stopped payin' his union. He got flung oot the dock. For some unknown reason—and at the time he wis earnin' good money, 'cause he wis workin' at the coal tips and the coal tips wis busy and they were makin' good money. And he wis warned that he wis in arrears, two or three times he wis warned. And they told him if he didnae pay his union money that his job would be terminated. And he jist totally ignored them and he lost his job.

Well, ah would imagine it would probably be jist prior tae the war the docks became a closed shop.[183] Ma old man, he would probably have tae join the union hissel'. That's goin' intae the register, no' the straggin' part where he wis a day on and a day off. When he joined the docks ah think he had tae join the union as well. Well, when you were gettin' interviewed for a job at the docks one o' the questions they were askin' you, 'Have you any objections about joinin' the union?' And if ye said, 'Yes,' they wid probably ask ye what it was. And then they jist didnae send for ye. Your application form wis probably torn up, ah don't know. It wis a closed shop.

Ah didnae become active in the union early on. When ah first joined the docks it wis men like ma dad and ma uncles—well, ma uncles nane o' them were union minded—but men o' that age group. They were the militant ones, ye know. And they were a' on the committees, different committes that were set up: your docks committee, union committee, safety committee—but safety came in a lot later than 1955. Ye had a Local Joint Council committee—that wis the men that went through and negotiated wages or any disputes. And, as ah say, then it wis a' the older type o' man, experienced workways and experienced in everythin' else. They interviewed most o' the men that came in tae work in the dock so they knew everybody that came through the docks and it wis them ye looked tae for guidance. This Henry Clarke he wis really militant, as ah said, and he wis the chairman then o' the branch. And he wis first class, ken.

The Leith dockers had their own branch o' the Transport & General Workers' Union—7/45 Branch. Oh, ah went tae the meetins. Ma dad, ma faither, he wis a militant. He dragged me every month tae the meetins. Well, ah mean, bein' nineteen and twenty, ma mind wis away on other things. Ah wis married no' long after ah began in the dock and had a young family. But ma auld man he wis militant and he said, 'If ye dinnae go tae union meetins ye winnae ken what's goin' on in the docks.' And it wis him that instilled it intae me, ye know, that ah should always attend ma meetings. There wis nae use pleadin' ignorant. If ye didnae attend then ye didnae know what wis goin' on.

The 7/45 branch met in Leith Assembly Rooms. Ah mean, they had various points. They had the Leith Liberal Rooms down Hope Street— they were down there for a while. Then the Leith Assembly Rooms. They moved around, dependin' what halls they could get and things like that. The branch meetin' wis once a month. The Leith members they were all welcome. Oh, ye were lucky if you had thirty or forty at the branch meetins—jist a minority. Unless someone had somethin' that he wanted— an axe tae grind—and then he would be there. Ye got the same ones month in and month oot and occasionally a different face would turn up because he had an axe tae grind, somethin' he wanted tae raise. But ye never got a big turn-out. And that wis the same right up tae '89 when we left the docks. That wis the only time we got full turn-outs wis when we were on strike prior tae us gettin' made redundant in '89. Everybody wis there because their livelihood wis at stake. But prior tae that we could have a branch meetin' a month and sometimes we didnae get a quorum. We had tae jist cancel it because ye didnae get a quorum.

Ah think most o' the regular attenders at the branch meetins wis Labour Party rather than Communist Party. Henry Clarke most definitely wis in the Communist Party. Ah mean, he made it known that he wis a member o' the Communist Party, Henry. There may have been others that were affiliated tae both, ah don't know. But most o' the branch members that ah know were members o' the Labour Party. Well, ah don't know if they were active in the Leith Labour Party but ah think they supported them. But ah dinnae think they were active in actually doin' things for them. They werenae canvassers or leafleters, no' tae ma knowledge. They may have been but ah didnae know anythin' about them. Ah never joined a political party masel', although we were affiliated tae the Labour Party through the union branch, ye know. We paid money in and we affiliated ourselves to the Labour Party. But ah wisnae individually, ah wis never a member o' the Labour Party.

As ah say, for years after ah started in the docks in '55 there wis no protective clothin'. Anythin' you wore you had tae buy. So if you wanted gloves you had tae buy gloves. If you wanted special boots you had tae buy the boots. And you wore all your old stuff, ken, old jeans, old jerseys and that. And they'd no hard hats then, it wis jist a cloth cap tae keep your hair sort o' tidy. But in the mornin', when you went home after the night shift, you know, it wis virtually strip right down, you had tae wash a' yourself. But well, we were lucky—we did have a bath at home. But you had tae wash a' yourself, and that wis it. It wis a dirty, arduous job the docks.

Most o' the Leith dockers lived then in houses where there wisnae baths or showers. Well, ah wis fortunate. Ah got married when ah wis 19 and we were fortunate, we got a sub-let from an old man. He had this big house in Sandport Street—Sandport Street wis right down at the docks— and ah got part o' it, and it included the bathroom. So we had a bath. But most o' the people that lived round about me, well, we were the only stair in Sandport Street that had baths. All the rest o' the stairs didn't have baths in their houses. So other dockers had jist the sink tae wash in. Well, ah don't know what they did. But I imagine most o' them wid jist be a wash at the sink and dried and then after that maybe go to the Victoria Baths at the top o' Junction Place. It's at the back o' Dr Bell's School.

Dockers didnae go straight tae the baths from their work in the dock. Most o' them went straight frae the dock tae the pubs for a drink, tae have a drink before they went home! It wis a hard drinkin' job. Well, as ah was tellin' you earlier, the regular men at the cement in the mornin' they had their teabreak. And it wis a recognised thing wi' the cement that at half-past two they would knock off and they would go intae Dock Street or Dock Place, in the first pub. And the foreman used tae go in and ordered a' the beer up. Maybe if he had a gang o' fifteen men there were fifteen pints. And the gang would stop work, and the crane—it wis a steam crane, and the craneman he had tae get coal. Well, the coal came round at half-past two. So the craneman wid stock up wi' his coal and the men would go and have a pint jist for tae wash doon the dust, ten, fifteen minutes, and then go back tae their work. They walked over tae the pub and walked back tae their work wi' the cement.

Mostly the pubs round about the dock gates were the ones that got frequent users among the dockers. Well, one pub wis the Barbary Coast. That wis the name it got but ah think it wis really the Tower Bar. It wis right at the old tower on the Shore at the dock gate. That wis a regular user. And there wis a pub right next tae it, Muir's Pub. And then ye had

Tam's Bar, that wis further up the Shore. But they're no' there now, they're gone. But they tended tae be pubs that were at the dock gates. Any o' the dock gates where the dockers were goin' out—the Corn Exchange Bar: a lot o' the dockers frequented that. The Man at the Wheel and Strathie's at the fit o' Sandport Street—they went there. And then the Steamboat Tavern wis along at the North o' Scotland gate, the Steamboat Tavern where they went in. And then ye had the Vine Bar and the Portland Bar. It wis a' at the gates. And the Annfield—that wis as they were comin' oot the Rank's area, they went tae the Annfield. The dockers went tae their ain pub wi' their ain men, see.

When ah wis livin' wi' ma auld man, before ah got married, well, the likes o' ma old man, he wis always up early. So ah wis always in the docks no later than half-past seven. But when after we got married sometimes it wis a gallop doon the road frae Sandport Street, ye know. But the gaffers went up on the stance at quarter to eight. Well, that wis the time, supposed tae be, quarter tae eight: 7.45 they would go up on the stance. They would ring a bell or flash the lights, and then the gaffers would go up. If ye werenae there in time, well, ye didnae get a job, see. And then after the stance wis cleared and if there were men left then about eight o'clock or five past eight the window would open and the National Dock Labour were roond. And then you would go across there and get your book stamped. Now on occasion where a foreman wis left on the stance and there wis men still standin' idle and were standin' waitin they widnae go on tae him because they didnae fancy the job he had, or they knew that something else that wis better wis comin' at dinnertime, they hung back, see. So then the manager, the port manager, wid have tae come out on tae the stance and he would say tae them, you know, 'Come on. Are ye goin' tae go tae work here?' And, ye know, you held back, everybody wis standin' holdin' back. So he would start by callin' out duck eggs. And that wis what we called the National Dock Labour Board stamp. It wis green. So he would shout, 'Right.' Say it wis a Thursday mornin' and it wis possibly maybe somebody had five or six duck eggs—they'd been idle a' week and they still didnae want tae go tae work—the port manager would shout, 'Right. Six duck eggs.' See. So he would stand there for a minute or two waitin'. And he would say, 'Six duck eggs. The last call for six. Now if you don't go in ah'm goin' tae burst ye.' Which means that he widnae pay ye, he wid jist burst you for that week. So a' the duck eggs that you had in that book ye would get nothin' for. You would jist get no pay at all. So then you would get maybe one or two stragglers wi' six duck eggs would go forward and hand their books up. So they were intae work. And then he would say, 'Right. Last for six. Right, fives.' So then the ones wi' six would rush tae try and get started. And if he wis only wantin', say, one man he would take the one and the rest that were left the manager used tae say tae them, 'Right. Gie me your books.' He took the books and checked them a'—six duck eggs: 'Right ye're a' burst.' Busted. So they lost 36 bob. So it wis either toe the line or you had no money. That wis it.

Ah never found masel' in that position. Ah wis never burst for the week. Ah had a cousin that worked in the docks and he wis regular. He got tuppence one week for a pey because he wis idle a' week. Ah mean, bad times. Ah mean, when no ships were comin' in ye'd maybe get ten duck eggs and on a Saturday mornin' a ship would turn up and naebody wanted tae go tae work on the Saturday mornin', havin' been idle a' week. So the port manager would shout, 'Right. Ten duck eggs.' And naebody would move. And if he shouted, 'Right. Nine.' And then a' the tens would run forward—and then again they'd be too late. He'd collect a' the books and say, 'Right. A' the tens are a' burst.' So he would save the National Dock Labour Board a' their wages for that week! Oh, it wis some system, oh.

People were livin' in poverty. They widnae know where their next penny wis comin' from. Well, they found themselves like that because, ah mean, it wis through their own selves they did it. But, ah mean, they didnae want tae go tae work on a Saturday mornin' because they hadnae worked a' week. So they'd say, 'Why work on the Saturday when we've no' worked a' week?' But having been burst it would have been worth their while workin' on the Saturday mornin'. They would have got their Saturday mornin's earnins, plus a' their duck eggs, the ten duck eggs. But that wis gone. So the next again week they had no money.

And when they went hame and said, 'There's nae money,' well, ah know for a fact wives used tae come down tae find oot how they didnae have money. A lot o' them gambled their money away, ye know, but blamin' it on the National Dock Labour Board, sayin' that, ken, aboot duck eggs. And then the wives would come down and the National Dock Labour Board would say, well, 'Ah can tell you what he got in earnins,' ken. And then, lo and behold, it wis a lot mair than she ever thought he wis earnin'. And, oh, there wis lots o' friction, ye know.

Ah remember one time wi' the scrap boats. Ye see, what we did on the scrap boats, when you were workin' two would go practically right away, at the back o' eight o'clock, for their breakfast. So they would go away and then they'd come back and then another two would go away and come back. And in between times the men that were left jist kept the job goin'. And there wis a wee coffee shop in Tower Place where they went—Eagle Buildins, that wis the name o' the coffee shop. It wis Shaw's coffee shop, but it wis in Eagle Buildins. They would go in there. They had one coffee shop at Constitution Street gate, and this one wis at Tower Street gate. And it wis quite a big place. Well, the men that were idle, ye know, they wid go in there and use it as a howff. They sat and played cards and drunk tea and had sandwiches. And they'd maybe be gamblin', ye know. Well, Thursday night they got their pay, Friday mornin' they were gamblin' and were gamblin' hard. And some o' these men were comin' in frae the scrap boat. Well, they had money, ken. So they wid have side bets, ken, on things. And then a lot o' them lost a lot o' money. Of course, they were goin' home—nae money, nae wages. And this is what happened. And the National Dock Labour Board got through tae Shaw, ken, the man that owned the coffee shop and told him: 'That's it. No more gamblin', because people are losin' their money.' The Board were bein' faced wi' the problem—well, the wives were comin' tae them. So they had tae stop the gamblin'. They stopped the gamblin' durin' teabreaks in this Eagle Buildins.

Ah could tell you individuals that lost a lot o' money. But ah don't know aboot the families at the back o' them, ye know, what happened tae them. Well, ah mean, that wis really personal. A' ah wis interested in wis me and ma family. Ah mean, there wis that many men in the docks ye never really got…. Well, ye had your own friends but ye never really got tae know everybody. Although they were acquaintances and things like that, ye never really got friendly wi' them, other than the ones ye wanted tae get friendly wi' or the ones that ye worked wi' a' the time. Like ah worked a lot wi' Saddler's and ah worked wi' a gaffer called Willie Aldershaw. Now he started the same six men for the whole day on a' his ships. Well, ah wis one o' them. Well, ah wis always wi' this five other men nearly a' the time, and then ah always worked wi' this other man John Martin. Ah worked wi' him most o' the time. When ah wis workin' wi' this gaffer ah worked wi' this man Martin. So you got tae know aboot him and his family, things like that. But the rest o' them, well, they were there and you had a banter for the day, a chat and a blether and a laugh, and that wis your day in. But you never really got intae the background, unless somethin' really bad wis happenin' and you'd maybe get a wee bit o' tittle tattle frae somebody.

There wis heavy gamblin' among some o' the dockers. And then, och, ye did get a skirmish now and again, ye know, a couple o' people that somethin' happened and it came tae fists. No' a lot—about three or four times that ah could think o' a' the time ah wis in the docks that they came tae fists. Ye know, if somebody's tryin' tae impress their will on somebody else and they jist met a brick wall.

Well, as ah say, ye had tae be down in the mornin' for 7.45. Oh, we had our normal hours. We worked, well, eight till twelve and then an hour for lunch, and then one till five. And dependin' on where ye were in the docks—if you were on a ship maybes away at the far side o' the Imperial Dock—the foreman would knock off aboot quarter tae twelve, to give ye the quarter o' an hour walkin' time at least tae get tae the dock gate by twelve o'clock. Well, ah mean, if ye were leavin' the far away side at twelve and walkin', then.... At the latter stages o' the docks they put on motors, ye ken, like a truck, a covered waggon, and ye got in the truck and that ferried ye right tae the dock gate. So ye had that extra time tae get home for your lunch and back again. The Imperial Dock wis furthest away frae the dock gates, oh, ah would say about a mile. So by the time ye'd walked right away round, ye know.... Ah mean, straight over it would be maybe a quarter o' a mile. But by the time ye walked along the dock, round that way, come back, then across and then away across a' the bridges and then right away roond the dry docks it would be about a mile. And the same goin' back. Ye had tae get back. Well, at the latter stages, as ah'm sayin', they laid on trucks wi' a tarpaulin thing over it and they took ye right over tae the furthest away boats. And Rank's mill that wis the same. They had the trucks there tae take ye in the mornin' and they brought ye back at dinnertime, and they took ye back after dinnertime and brought ye back at night.

Before that, well, most o' the dockers had push bikes. There were very few had cars when ah joined the docks. It wis a' push bikes and ye cycled. Most o' the dockers lived fairly close tae the docks. Most o' them stayed in Leith, the likes o' in Madeira Street, Fort Street, up Bonnington Road, Tennant Street, a' stayed within that area. It wisnae practical for a docker tae live far away frae the docks. Ah mean, it did happen eventually. There wis one docker—Mick Moffat—that lived in Bonnyrigg at the latter stages. Ah don't know what he did tae get in tae the docks and, ken, if he took overtime. He must ha' had tae get somebody tae gie him a lift up. He didnae have a car, he didnae drive. Ah don't know how he got in. Ah think he always lived oot there at Bonnyrigg. He wis an in-law. He got in the dock through an in-law, Mick Moffat, 'cause ah think he wis Irish, ah mean, he had an Irish twang aboot him. But ah'm positive he lived out that area at Bonnyrigg and he got the job in Leith, and, well, he wis left tae his own devices. Ah don't know how he got back and forward but he worked in Leith a lot.[184]

When you joined the National Dock Labour Board they had a nick-name: the RAT—Report, Accept, and Travel. That wis the three things that ye got drummed intae ye. Ye reported at the dock at quarter tae eight in the mornin' or quarter tae one in the afternoon, ye accepted any o' the work that wis on offer, and ye were open tae travel tae any port that they required ye tae go tae. So if Glasgow wis short o' men they would phone the nearest port, the likes o' Grangemouth. Grangemouth: 'No. We're busy. We've not got any,' ken. 'We're fully manned. We've no' got any shortages.' They wid phone further out, so they wid come tae Leith. 'We need fifty men for tomorrow or Friday. Could you get us...?' 'Oh, no, we've got nothing. Ye can have as many men as ye want.' 'Ok, then send up fifty or sixty men—two busloads.' This is Friday, so the port manager wid come out Monday dinnertime and say, 'Right. Transfer tomorrow tae Glasgow.' Then he would tell you, so your name would be nominated. He took a' the books in and take the numbers oot and then he would shout the numbers oot: 'Ferguson 930—Glasgow.' Ma brother: '33—Glasgow.' And he wid go through a' their numbers. And the next mornin' ye had tae be down at the docks at seven o'clock. Ye come down early, ye got the bus at the stance and off ye went tae Glasgow for the day. They always provided transport and they brought you back. It wis jist for the day, ye didnae stay overnight.

They did once go down tae Plymouth and they went down there for, ah think it wis two month. They had a lot o' potatoes comin' in and they were short o' men and they put out a call. And ah think they went right up through England and they got tae Leith and they were volunteers. We were goin' tae be quiet at that period, so they got men tae volunteer. Ah think it wis aboot thirty men. Ah didnae volunteer, ah didnae go tae Plymouth.

So under the National Dock Labour Board scheme they could transfer ye tae anywhere that you were required. That wis right from the beginnin' that ah wis in the docks. Well, the ports ah worked in wis Bo'ness—Bo'ness is no' there now, that's gone—Grangemouth, Glasgow. On the Fife coast ah worked in Kirkcaldy, Methil and Burntisland. Dundee ah've been up tae. Ah've never worked in Aberdeen. The furthest place that we got transferred to wis Dundee. And that wis by train. Ye went up tae the station in the mornin' and ye got the train up tae Dundee and back again at night.

Ah didnae welcome transfers. Ah mean, ye were up early in the mornin'. Ye got up there, ye were goin' tae an unknown quantity. Ye didnae know what ye were goin' tae. And at dinnertime ye had tae scout aboot tae get somewhere for ye tae eat. And then at five o'clock ye had tae go back up tae the station. The time ye got home it wis aboot seven o'clock at night. It wis a long, long day, ye know. And then ye were maybe away again the followin' day. Well, dependin' on how many men were idle—if there wis a lot o' men idle they would catch them for the followin' day. But when you were back in Leith you could get caught for the followin' day. So you would be there a day, miss a day, back a day, ye know, dependin' how much work wis in and how many men they wanted.

Nobody liked travellin'. Well, ah've never met anybody that liked travellin', ye know. They wid rather jist be idle in their ain port as travellin' up tae Grangemouth and that. Well, ah didnae welcome travellin' away up tae Dundee. If ye went tae the likes o' Burntisland, dependin' on what you were doin' ye could get away early. The likes o' if it wis a grabbin' job and it wis bauxite, if it wis grabbin' the men wid say tae ye maybe aboot two or three o'clock, ken, 'Well, ye're no' required. Away ye go. Get up and get your train. There's a train due at three o'clock. Ye can catch that train.' So ye'd get in. So that wis a' right. But other places ye know ye were goin' tae be there a' day, and it wis a long, long day. Ye didnae relish that. But ye had tae do it. Ye couldnae refuse it.

Oh, dockers from maybe Glasgow or Burntisland they a' came tae us at Leith, they came tae us jist the same way, ye know. Ah mean, they didnae like it either. And ye never get the same work oot o' somebody that's, ken, forced in. If there's only two or three o' youse go ye know ye're goin' tae be integrated intae their squad. So you've got tae sort o' work. But if you're goin' in bulk as a gang, when ye got there it wis a matter o' puttin' the day in, ye know, and that wis it. There wisnae the same enthusiasm!

Oh, everythin' wis paid by the Dock Labour Board. And at the finish up we got, well, as the years went on we got better conditions for travellin'. We got a meal allowance, and things like that. Ye didnae get that at the beginning. And mostly if ye knew you were travellin' ye carried sandwiches and that wi' ye or a drum tae make tea, and things like that.[185] And then when ye got there ye had tae find facilities. Ye had tae find somewhere ye could boil your drum and sit for your hour. Ah mean, it wis pretty crude really when ah first went. Ah mean, ah'm talkin' aboot goin' tae Grangemooth and ye were goin' away down the docks and there wis a wee bothy, ken, like a railwaymen's bothy. It wis a' waggons in Grangemouth. They used tae pull the waggons up and doon the quay and they had a wee bothy wi' a coal fire. And ye had tae get yoursel' sort o' sorted out in the mornin' that ye were goin' there for your dinner. And ye would get your drum ready, say tae the old boy in the bothy, 'Wid ye put that on for me?', ken. So that when twelve o'clock comes your kettle wis bilin'. Things like that, ye know. Ach, well, ah mean, it wis bad but it got better as the years went on. We became civilised.

Well, dependin' on the shippin'—ah mean shippin' in Leith and shippin' there at Grangemouth—ah mean, if we were quiet and they were busy ye could maybe go two or three times a week up tae Grangemouth. Grange-mouth wis about the busiest port in Scotland, ye know. Dundee wis busy when the jute come in. Now that wis, ah think, it wis spring, at the end o' the Indian summer, because that's where the jute come from. So they got a big influx o' jute at that time. So when you went up there tae Dundee you knew that's what you were goin' tae wis jute. So dependin' on what our trade wis like at that time in the docks, if we were quiet and they were busy ye were off. So you were maybe thirty days a year travellin' all over. Ye'd a' be expectin' that. Some years it wis less, but on an average maybe aboot thirty days.

In '68, ah think it was, ah wis up at Grangemouth for a year. Ah left the docks in Leith—well, ah didnae leave the docks as such but ah went tae the dock workers' trainin' school at Grangemouth. Ah wis up there for a year and ah wis an instructor in the dock workers' trainin' college. It wis ma own choice, well, through the National Dock Labour Board. See, they set the school up and there wis a large influx o' labour comin' intae the docks at that time, mostly from Glasgow. Glasgow wis bringin' a lot o' men in because they had a lot o' work and they wanted new men. So they had tae get somewhere tae train them. So ah left the docks in Leith and, still the National Dock Labour Board, ah went tae become a trainin' instructor at Grangemouth. Ah travelled there frae Leith back and forward every day, mostly by train. Ah had tae get the train in the mornin' at seven o'clock and if ah got away early ah could get back for five. But if ma lectures were on tae the last thing ah didnae get back mostly tae the back o' six at night. It wis a long day again. And that wis one o' the reasons that ah jacked it in after a year. Well, ma kid wis jist young and ah never seen him, ye know. So that wis it.

It wis good experience. I enjoyed the experience. Well, ah wis givin' the knowledge ah had gained in the docks over the period frae '55 tae '68. Ah wis givin' it tae the young ones that were comin' in the docks. And again a lot o' the men, Grangemouth men, were sailors, had been at sea, and were joinin' the docks through their fathers and in-laws. And, ah mean, ah wis lecturin' tae them aboot ships' designations and things but a lot o' them knew a' these things. So ye had tae tell them, 'You know what ah'm talkin' aboot. It's the ones that don't know've got tae learn,' ken. And then ye got a bit barter goin' wi' them and they could tell you things and they would give you mair knowledge. But a year wis plenty.

Then ah went back intae the docks at Leith—and back in as a strag. And then ah wisnae back long when the new system came out about everybody bein' made a weekly worker. It wis in '69-'70, it wis roond aboot then when ah came back. Ah wisnae back long when it took over. There wis a lot o' meetins aboot bein' made a permanent worker. Everybody wis permanent under the National Dock Labour Board, and ye were allocated tae your job every mornin' instead o' goin' in and fightin' for your job. So the fightin' part wis taken away. Ye were still employed by the National Dock Labour Board but when ye went tae the window in the mornin' they would tell you what job you were goin' tae. You were allocated then.

Oh, ah welcomed that. Everybody welcomed it, everybody, because the degradin' part o' fightin' for a job wis taken away, ye know. And it wis a fairer system, where ah wid get the good and the bad, where ah wisnae gettin' a' the bad and somebody else wisnae gettin' a' the good. The work wis gettin' shared out better. We were a' gettin' a better average earnin', 'cause somebody wis up and somebody else wis down. It wis great. Well, ah don't know what the joug fillers did then but they stopped joug fillin'! They'd have a lot more money in their pocket anyway, put it that way, because they couldnae determine who wis goin' tae be their gaffer or what job they were goin' tae. So that passed. Oh, it wis a great improvement. Everybody welcomed it, ah mean, takin' the book off us and givin' us a part o' our character back again, ye know. We were treated as human beins. We were back tae bein' that again instead o' animals fightin' for work—which wis good. It wis a huge step forward. Ah mean, everybody liked it.

But, ah mean, there were still the ones that were moanin' that they were gettin' a' the rubbish. But they had been the ones that were gettin' a' the good work a' the time and now they were findin' oot what we were gettin' they didnae like it. But the system had changed and there were nothin' they could dae tae change it back. The old system wis gone.

Well, the last year or two ah wis in the docks there wis plenty rumours, ye know. Ah mean, lookin' back on it now a' the signs were there but jist we never read them right. Ah mean, ah can accept the fact that we never read them right but ah cannae see why the National Executive o' the union never read them right, ye know. We were sort o' in their hands and they were guidin' us down a particular road. And of course we had our representative, which wis Eddie Trotter, goin' tae London tae the national meetins. And he wis comin' back and he wis sayin' the union wis behind you a hunder per cent and they were daein' this and daein' that. And the no-strike clause wis always lyin' there, that if you went on strike, ye know, they could sack ye.[186] But, well, ah personally felt that the union let us down at the last hurdle. Ye know, they should have been sayin', 'Well, get back tae work and fight for your ain conditions rather than everybody stayin' out on strike and take the conditions that they're goin' tae hand ye.' Ye know, ah would've personally felt better if ah could have determined ma ain demise at the end. When it came tae the end a' ah could do wis accept that ah wis gettin' the redundancy, the national redundancy payment and ah couldnae argue a case, whereas if ah'd been at work ah felt ah could have probably argued a better case whether tae take the money or tae stay on in the docks. And lookin' back on it now and askin' any o' the men that went out wi' the £35,000 ah think they a' would've refused the £35,000 and stayed in the docks workin'.

Well, in 1989 ah wis 52. Ah didnae want tae be redundant. At that time £35,000 sounded a lot o' money But it's no' a lot o' money really. It wis about three years' earnin' at that time. But as the years went on it turned oot that it wis only about two years' earnin', ken. But if you were fortunate tae take the money and get a job and you could invest the money it wis a good thing. If you took the money and didnae get a job and didnae invest it it wis a bad thing. Ah know a lot o' men they've no' got any money left. It's gone. They've no' got a job and the £35,000's gone as well.

Ah took anything ah could find as a job. Ah took a job where ah could've been in the house gettin' the same money as ah took a job for. Ah took a job drivin' a van, deliverin' fruit and vegetables. It wis a part-time job, seven o'clock in the mornin' till twelve noon—sometimes tae one o'clock, but very rarely. And ah drove deliverin' fruit and vegetables tae shops for about seven weeks. And then ah wis fortunate. Ah seen a job in the Job Centre for a leisure attendant wi' Edinburgh District Council. Two o' the requirements for the job were ah had tae have a life-savin' certificate and first-aid. Well, ah'd done that in the docks. When ah wis in the docks ah did a lot o' swimmin'. Ah wis the local champion for eighteen year, and ah won the national championship seven times. So ah had a' that behind me. So ah had the experience in life-savin' and swimmin', and then wi' the first-aid ah wis in the first-aid team for Leith docks, ken. We used tae compete locally. So ah had a' that experience. So when ah went for the job ah got the job nae bother. Ah left the fruit and vegetables job, ah wis oot o' work for aboot a fortnight and then ah took this job. So ah've been there ever since then, at Ainsley Park leisure centre. Oh, well, it's a job. It's an interest that ah like the swimmin' and the first-aid. Ah'm doin' a' that up there. And ah'm workin' wi' people and ah'm meetin' people and everythin' else. So it's great.

Ah've no regrets, none whatsoever, at havin' been in the docks. It wis the best job ah've had, the best job anybody could've had. And ah miss it daily. There's no' a day passes that ah never think aboot the docks. Ah'd love tae be doon there. The comradeship, everything, wis great. The fun that ye had at your work. Ye had good days. Ah mean, it wisnae every day that wis like that. Ye had your bad days. Ye had your arguments wi' people. Ye had your ups and downs. But it wis a great job. Everybody loved their job. And ah think everybody wid give their £35,000 back tae jist go back doon there again.

Well, the resentment ah feel, ah mean, we didnae only lose our job. Ah lost ma son's job, because ma son's name wis down tae go work in the docks. Eddie Trotter, people like that, he's got two sons that could ha' been in the docks. Tommy Hart's got four sons that could ha' been in the docks. So a' their jobs were lost. Ah mean, the jobs when we got made redundant in '89 that wis their jobs as well, went tae the wall. And the Leith docks job wis lost tae Leith. It's no' a Leith job now. They employ people outwith Leith.

Now ah think that's terrible. It's deliberate policy o' the Forth Ports

Authority that they don't employ people frae Leith workin' in the docks because they dinnae want the association wi' people, the likes o' maself, that were maybe a wee bit militant at times. Ah'm no' sayin' ah wis militant a' the time. But at the time when ah wis made redundant ah had a list, an application book, and ah took it round tae the port manager. Maybe bein' naive at the time ah says tae him, 'Now this is people that have applied for tae get intae the docks,' ken. Ah says, 'Ah hope that you'll consider them when you're goin' tae reinstate people.' 'Oh, certainly. Give me the book,' ken. He says, 'Ah'll go through a' the names individually.' And ah think when ah walked oot the office he must have threw it in the bucket. Because it wis after that that we found oot that the policy wis tae keep us oot the docks. And then when people did apply for jobs it wis Fife miners— not one person frae Leith—Fife ex-miners that got the jobs. They had no experience and nothin' tae do wi' Leith. They didnae know nothin' aboot Leith at all. And this is what the Forth Ports Authority did, deliberate policy for tae keep people frae Leith out because there might ha' been a connection wi' a Leith ex-docker and they could guide ye on what tae do on cargo handlin'. So that wis it. It wis shockin'.

Ah regret it now, as ah'm sayin'. Earlier in '89 if we ha' been maybe led we could have no' come oot on strike but we could have kept workin'. And then we could have argued our conditions better. We might ha' still been oot the industry right enough but we could've maybe had wir sons or somethin' in, ken. Instead when we went everybody went. That wis it. And it's sad. Ah've been doon the docks two or three times and you don't know anybody. Ah worked there 35 years and you can go intae an area and nobody knows ye. It's sad. As ah say, it wis a family job, a family job that jist went tae the wall in '89. That applies tae everybody. A' the names ah had in the application book were a' dockers' sons. And there wis at least 50, 60 names there, dockers' sons. Not one o' them got a job.

Ma own son wis at the top o' the list, funny enough. Ah'd put his name in early and his name had come up tae the top. There wis some men that had been in and left the docks or got made redundant before '89. Their names were still tae come up. We'll, if we were goin' tae have an intake they'd have been the first people we got in touch wi' and asked them if they wanted tae come back. Then we would go tae the list that ah had and ma son's name wis at the top o' that list. But a' thae other jobs went tae the wall as well, ye know. The ones that were redundant before and waited tae come back, they never got back. So it wis very sad but that wis it.

APPENDIX I

The Leith Dock and Harbour Labourers' Union, 1866

'A public meeting of the labourers connected with the Leith Docks was held on Thursday evening [8 February] in the Temperance Hall, Queen Street, for the purpose of forming themselves into a Union. The building, which is capable of containing about 200 persons, was crowded to excess, and many who came could not find admittance, every corner available being occupied. The chair, during the earlier portion of the evening, was occupied by Mr Thomas Nolan, who, along with Mr Black, appeared as a deputation from the Labourers' Friendly Union, which has its chief seat of operations in Edinburgh. Mr Nolan addressed the meeting at considerable length, and pointed out the advantages the Dock labourers would derive from forming a Union among themselves. They would be not only in a position to fix their own wages, but, by raising a fund, would be able to tell their employers that unless these wages were given they would cease to work. But besides these advantages, which, to labouring men ground down like serfs and African slaves, would be very great, there would be, in connection with the Union, a burial scheme, through which the members and their wives, on certain conditions, would receive the sum of £3 as funeral expenses. The address was received by the meeting with great enthusiasm, and at the close the speaker strongly urged upon all present to lose no time in adopting measures to establish a Union. He then read the rules of the "Edinburgh, Leith, and Vicinities Labourers' Friendly Union and Protection Society", which the meeting unanimously adopted. Mr Black, the President of the Society, in whose behalf he appeared, pointed out to the meeting the plan they should adopt in electing office-bearers, who were then elected—Mr Alex Anderson, president; Thomas Garland, secretary; and Alex Clark, treasurer; together with a committee of twelve. Mr Anderson then took the chair. After another address by Mr Nolan, Mr Connally [sic] proceeded to describe the measures that had been adopted by the men employed at the Leith Gas Works to obtain an increase of wages—measures so successful that they had obtained a rise averaging between 4s. and 6s. per week per man. Votes of thanks having been accorded to Messrs Nolan and Connelly [sic], and also to the Chairman, the meeting adjourned till Thursday next, when members will be enrolled.' *Leith Burghs Pilot*, 10 Feb. 1866.

'On Tuesday night [20 March] a general meeting of the Dock Labourers was held in Mr Gardner's Schoolroom, Constitution Street, to promote the objects of the Association— Mr Alexander Anderson in the chair. The attendance was small. After remarks by the Chairman and Mr Nolan, President of the Labourers' Union, Mr James Hart, an office-bearer of the United Operative Masons' Association, addressed the meeting, urging the necessity of combination. He had been connected with the Masons' Association since 1862, and at that time their wages were 4d. per hour, now they were 6d. per hour. That had been brought about by union. He wished that a newspaper exclusively devoted to the advocacy of the claims of the working classes were established, for he was sorry to say that not one of the Edinburgh newspapers—and he had perused them many years—was the friend of the working classes. The Edinburgh press was the friend of the employing class, for it was supported by that class. He condemned the system of "middle men" amongst the "lumpers" [i.e., small contractors, sweaters] of the Docks, and advised them to add a handle to the Association by introducing co-operation in order to abolish the "middlemen" system. A vote of thanks to the Chairman terminated the proceedings. *Leith Burghs Pilot*, 24 Mar. 1866.

'Yesterday the Dock labourers of Leith, to the number of 354, turned out on strike for an advance of wages. This course was resolved upon in consequence of no reply having been given by the employers to the circular issued by the men on 25th ult., in which attention was directed to the extreme irregularity of their employment, and the small remuneration they had for their labour, and it was urged that their wages should be raised from 4d. and 5d. to a uniform rate of 6d. per hour from six a.m. till six p.m., and time and a quarter per hour before and after six o'clock [sic]. The increase sought, they state, is necessitated on account of the high price of provisions, and the great increase in the scale of house rents. At a meeting of the men held in the Temperance Hall, Queen Street, on Saturday evening—Mr Alex Anderson in the chair—it was resolved to defer their demand for 7 1/2d. per hour for overtime at present. The Chairman strongly advised the men to conduct themselves during the dispute in a quiet and orderly manner and counselled them not to intimidate any non-unionist men who might continue to work while the strike lasted. Several of the masters having acceded to the demands of the men, about 154 labourers returned to their work yesterday. The 200 men still out on strike paraded the streets of the town yesterday, and held a second meeting at the Temperance Hall at night, at which it was stated that an attempt was to be made by the shippers who have not given the rise asked to induce the sailors to perform the work of discharging the cargoes. The sailors, however, had refused to perform this duty. The firemen and coal-trimmers on board the vessels in the port have threatened to strike if the advance asked by the labourers is not immediately granted.' *Scotsman*, 15 May 1866.

'Yesterday afternoon [15 May], the men who had resumed work on Monday [14 May] under an agreement with their employers for an advance of wages, again struck work on account of an alleged non-fulfilment of contract on the part of one of the firms in town. This firm engaged both sailors and "blacklegs" to discharge the cargo of a vessel, and the labourers consequently refused to work along with the men so employed. The total number of men now out on strike amounts to 374. Last night a crowded meeting of members of the Dock labourers' Union was held in the Temperance Hall, Queen Street— Mr Henry H. Sutherland in the chair—for the purpose of considering the course of action to be taken under the circumstances. It was unanimously resoved that the men adhere to the terms of their memorial to the masters, dated 24th April [sic], in which they demand that a uniform rate of 6d. per hour be paid from 6 a.m. to 6 p.m., and time-and-a-quarter before and after those hours. The Chairman stated that he had received that day a letter from the Glasgow Labourers' Union offering them a contribution of £200 out of their funds to assist the men in Leith during the continuance of their strike. (Cheers). He had, however, reutrned an answer respectfully declining the proffered assistance, stating that he was happy to inform the Glasgow Union that their own funds were in a flourishing condition and amply sufficient to enable their members to hold out for a lengthened period. (Loud cheers). In conclusion, the Chairman stated that he understood the firemen and coal shippers of the port, who were paid at the rate of 25s weekly, had resolved to petition their employers today for an advance of 3s on their present wages. Votes of thanks having been passed to the press for the impartial view they had taken of the dispute, and to the Chairman, the proceedings, which were of a very orderly character, terminated.' *Scotsman*, 16 May 1866.

'Last night a meeting of the Leith Dock Labourers at present out on strike for an advance of wages was held in Mr Gardner's Schoolroom, Constitution Street—Mr Alexander Anderson, president of the Labourers' Union, in the chair. The room was crowded, many being unable to gain admittance. The Chairman stated that the Union now numbered [illegible—484 ?], all of whom were prepared to stand firmly to the terms proposed in the memorial recently submitted to their employers asking for an advance of wages from 4d. to 5d. to a uniform rate of 6d. per hour from six a.m. till six p.m., and time and a quarter before and after these hours. Mr Nolan, secretary to the Edinburgh Labourers' Union, then addressed the meeting, urging the men to stand firm in their demands, and cautioned them to conduct themselves during the dispute in a manner which would show to their employers and the public that they were thoroughly in earnest. His own opinion of the merits of the strike was that they had asked too little, as the majority of workmen in Scotland were now paid time and a half for extra hours of labour. He said they need not be afraid of the "blacklegs"who were at present employed by the masters, as they were inferior workmen, and were thought nothing of when engaged alongside Union men. Mr Henry H. Sutherland then intimated that the sailors and firemen, whom the masters wished to assist in loading and discharging cargoes, had refused to do so, and left their employment rather than submit to perform work which properly did not belong to them but to the labourers. These honest "tars" deserved the highest credit for the noble stand which they had made against the attempted encroachment on the rights of their fellow workmen, and in return for such generous action, the Union had resolved to support them to the utmost of their powers. (Cheers). He laughed to scorn the threats of the employers to bring foreign workmen to supply their places, as had been done in the tailor trade [where German and Danish men had been imported]; but he assured the men that they need not fear the carrying out of that threat. He did not believe the authorities would allow the importation of Germans, who had unquestionably brought contagion along with them to Liverpool, and might do so in Leith. (Applause). After some discussion the meeting unanimously resolved not to return to work until their terms had been agreed to, and duly certified in writing by their employers. Votes of thanks to the Press and to the Chairman brought the proceedings to a close.' *Scotsman*, 17 May 1866.

'A meeting of the Dock labourers on strike was held last night in Mr Gardner's Schoolroom, Constitution Street, Mr Alexander Anderson, President of the Leith Labourers' Union, in the chair. The room was crowded. In introducing the business of the evening the Chairman stated that since the meeting held in the same place on Wednesday evening [16 May], the Union had received an accession to its ranks of 53 men, which brought the total number of labourers out on strike to 537. (Cheers). [After Mr Daniel Campbell, Operative Masons' Union, and Mr Edward Rogers, a delegate from the Edinburgh Labourers' Union, had addressed the meeting].... 'Mr H. Sutherland, who spoke next, stated that the shipowners had requested an audience of the committee that day in the Old Ship Hotel, to endeavour to come to a settlement with the men. They had attended, but after waiting in the hotel for upwards of an hour, a message was sent intimating that the shipowners declined to attend. He asked if this was conduct befitting gentlemen ? (Cries of "No, no," and signs of disapprobation). Mr Sutherland, after some further remarks, showed that while the labourers received 1s.3d. for discharging 100 tons, the "lumpers" who were employed by the masters, and engaged their men, were paid from 5s. to 7s. Votes of thanks to the Press and the Chairman terminated the proceedings.' *Scotsman*, 19 May 1866.

'For a long time the Dock and Harbour Labourers were dissatisfied with their wages, and resolved to take steps to get them raised. In February last they formed a Friendly and Protection Society, with a chairman, treasurer, and secretary. The wages were at that time 4d. an hour for all descriptions of work connected with loading and unloading vessels, except loading pig iron and whipping grain, when for such work they were paid 5d. an hour.... A meeting of the society was held on Saturday evening [12 May] in the Temperance Hall, Queen Street, when the members were warned against working for any other wages than those fixed. It was stated that the Leith, Hull and Hamburg Steam Packet Co., and the London and Edinburgh Shipping Co. had agreed to give 6d. an hour for work done, either by night or day, but that they refused to give 7 1/2d. for night work as demanded. The meeting broke up without accepting the terms offered. It was arranged that the committee of the society should meet at an early hour on Monday morning [14 May], to decide whether the strike would be persisted in so far as the two companies named were concerned. There was a resolution passed to place two pickets at every one of the dock gates, to see that none of the members commenced work at a lower rate of wages than fixed by the society. This resolution having reached the ears of Mr Grant, Superintendent of Police, he sent for the members of committee and advised them not to send out pickets, in case they brought themselves within the scope of the laws against the combination of workmen. The pickets were withdrawn. On Monday morning it was agreed that the rate of 6d. per hour should be accepted in the meantime, but it was distinctly understood that the new arrangements were to be temporary, for though 6d. an hour appeared to be high wages, yet, taking into account the weeks and months the men were idle in the course of a year, their average wage would be low. It was asserted by many of them that with wages at former rates they could not earn on an average more than twelve or fourteen shillings per week. In the forenoon, the Caledonian Railway Co., the Leith and Rotterdam Shipping Co., the ballast-master, and Mr Henderson, lumper, had agred to pay the wages offered by the Leith, Hull and Hamburg Steam Packet Co. and the London and Edinburgh Shipping Co. By midday upwards of one hundred men were at work. All day many idle hands, probably about two hundred, loitered about the Customhouse and dock gates, but their conduct was quiet and peaceful. Owing to the strike, the loading and discharging of several vessels were delayed. Besides demanding a higher rate of wages, the society men refuse to work along with non-union men. Another meeting of the society was held on Monday evening [14 May], but nothing changing the general pro-ceedings previously agreed on took place, though doubts were expressed of certain employers agreeing to acknowledge the society. It was also said that seamen were likely to be employed to do work formerly done by labourers. Should this be done, the workmen will do no work for firms employing seamen…. The labourers in the employment of the Leith Dock Commission having petitioned for an advance of wages, the Commissioners have resolved to give a rise of 1s. per week. It is but just to add that most, if not all, of the *employes* of the Leith Dock Commissioners—about 150 in number—have from time to time had their wages increased. The wages of the labourers will now vary from 16s. to 17s. per week.' *Leith Burghs Pilot*, 19 May 1866.

'Yesterday forenoon, the screw-steamer *Snowdoun* arrived at Leith from Copenhagen, with the first batch of foreign workmen at present being engaged in Denmark by the shipowners of Leith, whose firemen and labourers have struck for an advance of wages. The first batch numbers 24, of whom 12 are firemen and 12 labourers. Although the strike has continued for a week and increases daily in magnitude, yet no change has taken place in the position of the parties. The masters are determined to resist the demands of the men now on strike, and have made arrangements for a large importation of Danish workmen to supply their places.' *Scotsman*, 22 May 1866.

'Yesterday the strike of the Leith Dock and Harbour Labourers, after continuing for a week, came to an end, the men having returned to their work without obtaining the advance which they demanded. In the morning a large number applied for work at the old prices—namely, 4d. and 5d. an hour from six a.m. till six p.m.—and nearly 300 were engaged at these rates. A few of the shipowners, however, declined to have any further dealings with the [trade] Unionists, preferring the non-society men who have been employed by them during the strike. Nearly 200 still remain idle, though willing to resume work at the former prices. A strike, we understand, is threatened among the firemen and sailors at the port, and the shipowners are engaging a large number of men on the Continent in view of such an emergency. The screw-steamer *Berlin* arrived at Leith from Hamburg yesterday morning with a second batch of foreign workmen, consisting of eleven sailors and eight firemen, etc.—making a total of 43 within the past two days.' *Scotsman*, 23 May 1866.

'We are assured by the office-bearers of the Leith Dock and Harbour Labourers' Union that all the men recently out on strike have resumed work at the rate of 6d. per hour, being an increase on their former wages of 1d., and in some cases of 2d., per hour. They have, however, in the meantime waived the claim which they made when out on strike for 1 1/2d. per hour extra, or 7 1/2d. per hour for work done before six in the morning and after six in the evening.' *Scotsman*, 26 May 1866.

APPENDIX II
Leith branch of the National Union of Dock Labourers, 1889-189?

The annual Executive Reports of the Union show Branch No.7 Leith with 523 members in 1891, but there is no mention of the branch in the 1895 Report. Eric Taplin, *The Dockers' Union. A study of the National Union of Dock Labourers, 1889-1922* (Leicester, 1986), 168-9. The *Leith Burghs Pilot* reported that the mass meeting of dockers in the Trafalgar Hall, Bernard Street, on 25 May 1889, so crowded the hall that 'many failed to obtain entrance.' Among the speakers was Mr D. Blackburn, president of Edinburgh Trades Council, and the meeting was chaired by Neil M'Lean, a tailor and until shortly before secretary of the Trades Council, who 'spoke at some length of the great advantages which accrued from organisation, and impressed upon them the necessity of forming a union.' John Hunter, a labourer, seconded by a Mr Addison, moved, 'That this meeting of Leith dock labourers, recognising the necessity of united action in order to secure justice from their employers, and a fair share of the general industrial prosperity, resolves to form itself into a branch of the National Union of Dock Labourers and secure these objects, and pledges itself to do all in its power to carry this resolution into effect.' After Mr Charles Kennedy, president of the NUDL in Glasgow, had described the formation of branches there and in Greenock, Belfast, and Dundee, and had pointed out that at Greenock wages had consequently been raised by 1d. an hour all round, at Belfast those of carriers from 4s. to 5s. and of fillers and winch-weavers from 6s. to 7s., and commensurately for other dock labourers, the meeting carried the motion with acclamation. By 8 June the branch was said to have 500 members and 950 by 10 August, when another meeting of the dockers was held in the Market Hall, Riddell's Close. Edward McHugh, general secretary of the Union, told the latter meeting that its Glasgow branch had more than 3,000 members 'and by its means they had opened up unions in many of the more important seaport towns. It was the intention of the members of the Glasgow organisation to do away with stevedores, and to do the work themselves. There were some gentlemen of this kind [i.e., stevedores] who went home with £50 or £60 on a Saturday night as their week's wages.... He hoped that within five months they [the Union] would be able to issue their prospectuses to the shipowners and tell them the terms at which they could load or disload their vessels. (Applause).... It would be the object of the new central executive to start organisations at every port in the kingdom. (Applause). Mr James Nolan, labourer, Leith, in a most humorous and novel style of oratory, urged upon those present to stop by all legitimate means the influx of non-union men [into the docks],'

By the end of August another meeting of the Leith dock labourers, held in the Market Hall, Riddell's Close, learned from their secretary, Alexander Elder, that their branch 'had on the roll 1,000 names. (Loud applause). Out of that number there would be from 180 to 200 non-subscribers (groans, and a voice: "Poor-hearted")—which left 800 members paying their contributions. (Loud applause). They had a balance on hand of £65.11.9d.' Elder told the meeting 'they had such a membership that they could command the docks, and if they made regular payment of their subscriptions they would have such a fund at the back [bank ?] as would enable them to fight if necessary for an advance at a future time. They were perfectly satisfied with the wages, the only thing they had to object to was "blacklegs". It would be their duty to wait upon stevedores and shipping agents and lay their grievances before them. (Hear, hear). A few of the stevedores persisted in employing "blacklegs" before Union men, although the blacklegs could not do the work that the Union men could. He knew that a great many Union men had been boycotted in the docks, and men who never did a day's work on board ships in their lives taken on instead. They did not need to bother about the Edinburgh Dock as the men there could look after themselves. (Applause). Coming to the Albert Dock they would have a very up-hill fight, but he knew they would accomplish their end.' (Applause). Elder said he had been told that if the Union men had persisted in demanding the regular wages now paid, the Aberdeen Shipping Company 'would pay off every man and bring men from Orkney and Shetland to work their boats. (A voice: Boycott them !, and Hear, hear).' Elder said that union men employed by James Currie & Co., one of the main Leith shipowners, were beginning to feel difficulties. 'When they got "blacklegs" down in the hold beside them they got the heavy end of the stick, and that was what these gentlemen didn't like. (Applause). There were a few union men working with the London Shipping Co.—or they had been union men—and it would take some time before they got all the men into their ranks. Half of the North British Railway employees in the Victoria Docks were perfectly agreeable to come in amongst them, but the others could not see their way, while a similar state of matters existed in the Albert Dock. (A voice: Send them to the Edinburgh Dock !, and laughter). The following amended rule was proposed by the secretary, and subsequently adopted: "No ship to be stopped between meal hours (in working hours), non-union men to be struck against at starting to the boat or at start after meal hours." Commenting on the proposed change, Mr Elder said that there were a good many of them who thought they could lie in their beds till 6 o'clock or 10 or 2 o'clock in the day then quietly step into a "blackleg's" place. They must be out at the start of the boat. It was very fine lying in bed and then coming to their officials and saying, "There are 'blacklegs', try and get them out." They must, in the first place, protect their labour.'

A week later, the Leith branch of the Union was reported to have sent £10 towards the fund for the relief of the London dockers on strike.

At a mass meeting of the Leith dock labourers on 27 September, again in the Market Hall, with Neil M'Lean, Edinburgh Trades Council, once more in the chair, he urged the dockers to build up their union before rushing into a dispute with their employers. The object of the meeting, he said, was 'to endeavour to consolidate and organise the piece workers in the docks who worked for the grain porters. A considerable number of men worked for the various companies who loaded and discharged vessels, but they were liable to be dismissed at a moment's notice. They were often taken on to stop a gap while one of the company's men might be away for half an hour elsewhere and were promptly turned away on his return. That was not as it should be…. They should insist on a man when he is engaged having his four hours' work or its equivalent. (Applause). That was a very moderate request.' The meeting ended with a resolution pledging the grain porters, pieceworkers and others, 'recognising that there are many grievances which they labour under,' to join the National Union of Dock Labourers as the 'only means whereby they can improve the conditions of their employment.'

Only four other reports about the Leith dock labourers appeared in the local press before the end of 1889. One on 5 October said the labourers employed by Messrs George Gibson & Co. had struck work, 'declining to work along with non-union men.' Another was of a meeting of the labourers five days later resolving to work together to strengthen the Leith branch of the Union by securing 'the enrolment as members of all who have hitherto held aloof, that we may secure our full rights to the enjoyment of the wealth produced by our labour.' The third report was of a meeting of Edinburgh Trades Council on 12 November, at which a delegate from Leith Horsemen's Union 'complained that several members of his trade had been coerced into the Dock Labourers' Union.' And the last report was of another large meeting of the Leith dock labourers' union at Riddell's Close on 27 November, mainly it seems again to urge non-unionists to join. The meeting ended with a Mr Donald of London urging support for Labour representation: 'Let them make Government serve their turn by sending men to parliament pledged to fight for and support Labour and its honest interests.' *Leith Burghs Pilot*, 27 May, 8 Jun., 10 and 31 Aug., 7 and 28 Sep., 5 and 12 Oct, 16 and 30 Nov. 1889.

APPENDIX III
The Leith Dockers' Strike, June-July 1911

The strikes in 1911 by seamen, dockers, and some other transport workers were part of the 'Great Unrest' of labour in Britain in the three or four years immediately before the 1914-18 War. The re-establishment in April 1911 of the Leith branch of the National Union of Dock Labourers followed the formation shortly before of the National Transport Workers' Federation to which the Dock Labourers, the National Sailors' & Firemen's Union, and several other transport and general workers' unions, except the railwaymen, affiliated. On 14 June the seamen (Sailors' & Firemen's Union) suddenly began a strike throughout ports in Britain, at a time when shipping was enjoying its greatest prosperity for almost quarter of a century. The seamen's demands upon the shipowners, organised nationally in the strongly anti-trade union Shipping Federation, were for a conciliation board, a national minimum rate of wages, a manning scale, abolition of medical examinations by doctors privately appointed by the Shipping Federation, abolition of engagement of seamen at Shipping Federation offices, the right of seamen to have some of their wages while in port and to have a representative present when they were signing on, the fixing of working hours and overtime rates, and improved accommodation on board ship. H.A. Clegg, *A History of British Trade Unions since 1889. Volume II, 1911-1933* (Oxford, 1985), 33; Arthur Marsh and Victoria Ryan, *The Seamen. A History of the National Union of Seamen, 1887-1987* (Oxford, 1989), 54. The seamen's strike was speedily followed by strikes by dockers in many ports, including Leith, and illustrated the close association of interests of the two groups of workers:

'An announcement that the signal [for seamen] to strike had been given was made last night at an open-air meeting held at the foot of Leith Walk…. Several hundred people, seamen and others, attended the meeting. Mr J. O'Connor Kessack [organiser of the

Dockers' Union], who intimated that he was in no way connected with the Seamen's and Firemen's Union, said he felt a certain amount of grief that the strike was taking place at this moment; that it was not taking place at this time next year. By that time all transport workers, such as seamen, firemen, railwaymen and others, judging by the way things were going on, would have been members of the men's federation [i.e., Transport Workers' Federation], and all would have struck work at the same time.' [O'Connor Kessack added that the seamen, 'at present atrociously underpaid', were asking for wages of £5.10.0. a month on cargo boats, £6 a month on passenger boats, and more than that on mail boats, and that Leith seamen's wages were at present £4.10.0 a month.]. *Scotsman*, 15 Jun. 1911.

'The seamen's strike is still spreading at Leith, and now several hundred dock labourers have stopped work. Up till last night it was estimated that considerably over 500 seamen and firemen had joined the ranks of the strikers, while an agitation is being carried on in the port to get the dock labourers to strike also for better conditions, and against the employment of "blackleg" crews. So far, however, the labourers employed by Messrs James Currie & Co. and those of the London and Edinburgh Shipping Co. are the only men who have ceased work, and it is stated that there is little likelihood of this part of the agitation extending. Since the beginning of the strike about 30 steamers have been affected. Yesterday it was reported that the crews of seven other Leith steamers had given their notices. The principal point in connection with the agitation yesterday was the strike of Messrs Currie's labourers, involving several hundreds of men. The men state that the cause of their action is as follows:- The work of discharging the *Thorsa*, which arrived at Leith from Copenhagen on Sunday, was begun at midnight, both the 'weekly' men [i.e., those engaged on weekly contracts] and casual labourers being employed. In the ordinary circumstances the labourers would have worked right on at this vessel until about four o'clock, when they would be transferred to the discharging of the Hamburg steamer. Yesterday morning, it seems, the casual labourers were paid off about three o'clock, after the perishable cargo had been discharged, and told that they would start at the Hamburg steamer at six o'clock. This the labourers apparently objected to, alleging that there was plenty of work at the *Thorsa* and that they would not work the Hamburg steamer. When the men employed regularly by Messrs Currie heard that the "casuals" had been paid off they also stopped working, out of sympathy, they said, with the casuals. The labourers engaged by the London company have also ceased work.... During the day large crowds of the seamen, firemen, and dock labourers on strike gathered about Commercial Street and Dock Place.... It is stated that a number of men [i.e., strike-breakers, organised and imported as part of its policy on such occasions by the Shipping Federation] are now on board the steamer *Warsaw*, which is being used as a depot ship, and which is at present in Leith Roads, and shipowners are expecting more men to arrive presently. Yesterday afternoon the [dock] labourers' demands and grievances were given expression to at a large meeting addressed by Mr J. O'Connor Kessack, one of the men's leaders, who declared that it was not only in Leith that the men were disaffected; it was all over the country; and they were beginning to realise if they handled cargo that was being carried into port by "blackleg" crews they would be virtually "blacklegging" against the seamen and firemen on strike. In regard to the labourers who had struck work that morning at Messrs Currie's boats, he said some of the terms which they wanted were that the weekly men be paid 7d. per hour during the day and 10d. per hour at night, and that the "casuals" should get 6d. for the day work and 9d. at night. It was stated that probably 200 men will be engaged on picket duty on behalf of the dock labourers, and that the seamen's pickets are being augmented.' *Scotsman*, 20 Jun. 1911.

'The [dock] labourers of the London and Edinburgh Shipping Co. returned to work yesterday, the men's demands for an increase of wages having been conceded.... Yesterday afternoon a conference was held between Messrs Currie and the dock labourers, and an arrangement was come to whereby the demands of the men were conceded, and the labourers agreed to resume work this morning, the weekly men to be paid at the rate of 7d. and 10d. per hour for day and night work respectively, and for casual labour the rates of 6d. and 9d. for the same work will be paid. Various other minor arrangements were made to the men's satisfaction. It is stated that there are now 900 members on the books of the Dock Labourers' Union.' *Scotsman*, 21 Jun. 1911.

[The main development on 21 June in the seamen's strike, where 600 were by then on strike, was]... 'the importation of 17 Germans to the depot ship in the [Leith] Roads, brought by steamer from Hamburg to the [depot ship] *Warsaw*. Messrs Currie & Co.'s labourers, who struck work on Monday [19 June], resumed employment yesterday morning as agreed, but the men have since refused to work one of the ships, as they regard the crew as strike-breakers.' *Scotsman*, 22 Jun. 1911.

'At the docks yesterday all the labourers had resumed work. In the afternoon, however, the men employed by the North of Scotland Shipping Co. struck work for the union rate of wages, and that having been conceded, they returned to work.' *Scotsman*, 24 Jun. 1911.

[At Leith] '...another labourers' dispute has occurred, the men employed by Messrs M. Langlands & Sons having struck for Union wages. Up till last night the employers had not conceded the demands.' *Scotsman*, 27 Jun. 1911.

'Leith shipowners are again having difficulty with the dock labourers. Yesterday it was estimated by the men's Union that about 2,000 labourers, a large proportion of whom were Union men, struck work early in the day. ... The chief reason for the strike on this occasion seems to have been that Messrs M. Langlands have not conceded the demands of the labourers who struck work some time ago for Union wages. It is understood that Messrs Langlands, however, in the course of the day made the desired concessions. Practically all the labourers were on strike yesterday.... The agitation has also extended to the lightermen of Messrs Currie & Co. Yesterday a crowd of about 500 labourers, seamen, and others walked *en masse* through the streets, and it is alleged that wherever they came upon men working they commenced shouting and standing in the way of the workers so that they had to stop work.' *Scotsman*, 30 Jun. 1911.

'Work at Leith Docks was practically at a standstill yesterday owing to the dockers' strike, all the labourers having ceased work.... Considerable excitement prevailed in the vicinity of Leith Docks last night. A meeting of men in connection with the agitation was held on Leith Links. After the meeting had commenced a telegram, it is understood, was handed to the speaker, stating that a number of strike-breakers were expected to arrive in Leith during the night for the purpose of working cargoes of two steamers. The place of meeting was at once changed, the speaker and the crowd proceeded to the outside of the Albert Dock gate. There the meeting was continued in the presence of about 2,000 people. The entrances to the Docks were guarded by an increased force of constables to preserve order and, if necessary, to prevent the strikers from entering the docks. No disturbances of any kind, however, took place. Nevertheless it was thought advisable to further increase the force of police on duty, and policemen were brought down from Edinburgh. Some excitement was caused by the arrival of the city police. By midnight the crowd had practically dispersed, with the exception of the men on picket duty. The mood and size of the crowd were certainly such as to cause uneasiness, but the tactful methods of the police did much to preserve order. Although the dock labourers' own demands had all been conceded on Thursday [29 June], they did not resume work yesterday morning, an appeal having been made to them to remain out on strike in sympathy with the seamen. Yesterday forenoon a crowd of labourers numbering about 2,000 gathered at the entrance to the Albert Dock and proceeded, headed by a piper, on a march round the docks for the purpose of getting the coal trimmers who were at work in them to join them in the strike. They first proceeded to a steamer lying on the north side of the Edinburgh Dock. About two dozen policemen under the direction of Deputy Chief Constable Ross were standing beside the steamer. There was no disorder. A number of the men appealed to the coal trimmers to come out on strike, but the men went on with their work. A squad of trimmers who were working a ship at the Imperial Dock were also visited by the strikers, but their work was finished before the arrival of the crowd. Rumours got about that two parties of strike-breakers had arrived at Leith by train, and to satisfy the strikers that there were no "blacklegs" at the docks, several of the strikers' representatives were conducted round the docks about one o'clock this morning. The work of discharging the cargoes of three vessels was being carried on by clerks and checkers.' *Scotsman*, 1 Jul. 1911.

'Shortly before 12 o'clock last night a crowd of several hundred dock labourers gathered outside the dock gates at Leith, but none resumed work. The only work which proceeded within the docks was the discharging of a vessel by some clerks and checkers. Several representatives of the strikers were conducted round the docks by the police, and were satisfied that no strike-breakers were within their precincts.' *Scotsman*, 3 Jul. 1911.

'The position at Leith remained practically unchanged yesterday. None of the labourers had returned to work. ...[T]he men resolved yesterday to make a further demand, to the effect that the casual labourers be paid at the same rate as the weekly men—namely, 7d. an hour for day work and 10d. for night work. This would mean an increase of 1d. an hour for the casuals. The strength of the labourers' union, according to an official, is now well over 1,600. Yesterday, it was stated, about 60 Granton men entered as members. The Leith coal trimmers were still at work but they have again been asked to come out on strike.' *Scotsman*, 4 Jul. 1911.

'Leith Shipowners' Society yesterday decided to adhere to their decision not to grant higher wages to the seamen and firemen, or to concede the latest demands of the dockers that casual workers be paid at the same rate as the weekly men, namely, 7d. and 10d. per hour for day and night work respectively—an increase of 1d. per hour. The arrival at Leith of a dozen strike-breakers from Aberdeen by the steamer *Earnholm* to work cargo gave rise last night to some disturbances at the docks. When the report was spread that the strike-breakers were within the docks, a crowd of labourers gathered outside the gates. On hearing the sound of the steamer working, the crowd became somewhat excited, and thinking that they saw some of the strike-breakers approaching one of the gates to get out of the docks about 10.30, a number of the men rushed the palings which serve as a boundary to the docks, and at several points pulled them down, making fairly large gaps. In all, about 50 yards of paling was torn down. They did not attempt, however, to enter the docks, although there appeared to be but few police in the vicinity at the time. A strong force of constables soon arrived, and succeeded in keeping order. Indeed, on the appearance of the policemen a number of the men made off. Although a large force of police were stationed within the docks the numbers were increased by a contingent which arrived at the docks shortly after the palings had been torn down. Their services, however, were apparently unnecessary, for a detachment left again within a short time. The police fixed the palings up. The crowd remained for a few hours but, with the exception of the pickets, had disappeared shortly after midnight.' *Scotsman*, 5 Jul. 1911.

'Chief Constable M'Leod has been instructed by the Dock Commissioners to take steps to exclude from the docks all persons other than owners and those interested in the working of ships and cargoes, and to order the closing of any dock gates or accesses when he considers it necessary for the safety of the workmen and property, and a notice to this effect has been pasted to the notice boards at the dock gates. Leith coal trimmers ceased work yesterday.' [At the invitation of the Provost of Leith, Malcolm Smith, representatives of the shipowners, seamen and firemen, and dockers, met yesterday afternoon 'to consider the whole situation'. The shipowners' representatives refused to agree to recognise the seamen's union or to increase rates for casual dock labourers, but said they would consider if an increase in wages could be granted the seamen and a possible amendment made to the regulations concerning the medical examinations and the Shipping Federation ticket (i.e., that applicants for a job at sea had to produce one)], *Scotsman*, 6 Jul. 1911.

'The following is the official statement issued to the Press [after the break down after seven hours of the resumed negotiations called by Provost Smith]: "The shipowners declined to recognise the Seamen, Firemen, and Dock Labourers' Unions. They would consider suggestions as to the [Shipping] Federation's ticket and medical examinations. They are prepared to meet the seamen and firemen on the question of wages to the extent of £5 for monthly and 32s.6d. for weekly men. They are also prepared to concede overtime in port to seamen and firemen. But they cannot see their way to grant any increase in the rates paid to casual dock labourers, which are at present 6d. per hour and 9d. for overtime. As the seamen and firemen and dock labourers' representatives insist on the full recognition of the Union [sic], the conference terminated without a settlement of the dispute being arrived at." At a meeting of dock labourers in Albert Road, Mr E. Horner, organiser of the Union, gave a report of the conference, and thereafter the men resolved unanimously to remain on strike.' *Scotsman*, 7 Jul. 1911.

'The seamen's strike at Leith was brought to a more hopeful stage yesterday by another conference between the shipowners and the representatives of the men. ... An official statement to the Press at the end of the meeting said:- "The shipowners put before the men's representatives a series of proposals with a view to terminating the struggle. Several matters in dispute were adjusted and the men's representatives undertook to lay the proposed terms before the men." In the evening meetings of the seamen and firemen, and of the dock labourers, were held in the Assembly Rooms to receive the report of the delegates regarding the conference. At the close of the seamen and firemen's meeting, officials stated that the men had practically agreed to all the conditions laid down except the point of the Federation ticket, which they consider should be made optional. The dock labourers came to a practically unanimous decision to hold out for the 7d. and 10d. for day and night work respectively for casual labourers.' *Scotsman*, 11 Jul. 1911.

'The shipping strike at Leith was brought to an end yesterday by the majority of the dock labourers balloting in favour of a resumption of work. The balloting took place at the Union office of the dockers, commencing at six o'clock in the morning and ending about noon. Out of 1,607 men eligible, 1,242 recorded their vote, and it was found that 826 had decided in favour of a resumption of work and 412 against. The terms of agreement come to between the shipowners and the men are:-

"Seamen and Firemen [No charge to be made for the Federation ticket, 'except where this carries a contingent pecuniary benefit to the holder'; no discrimination in the issue of the ticket between Union members and non-members; except in special cases seamen to be medically examined only under Section 203 of the Merchant Shipping Act, 1894; sailors' and firemen's wages to be weekly (without food) 32s.6d., and monthly (with food) £5; other grades to have their wages increased in proportion, but by not more than 2s.6d. weekly or 10s. monthly; time in port on shifting ship, cleaning holds or working cargo, between 6 p.m. and 6 a.m. shall be counted as overtime, to be paid at 9d. per hour]. Dockers—The rates of wages for casual dock labourers to be 6d. per hour, with 9d. overtime for all work done between 6 p.m. and 6 a.m. and on Saturday also between 2 p.m. and 6 p.m. The dinner hour, if worked at the request of the shipowner, shall be counted as overtime unless spaled [i.e., if a section of the men were sent away for an hour for a meal while the others continued working until the return of the first section enabled them likewise to go for a meal: spaling, by ensuring continuous working, was intended to let ships sail away on the tide]. The shipowners undertake to endeavour to limit the overtime worked. In the event of either the shipowners or the seamen or dock labourers desiring to alter any of the above conditions, or any other conditions which may be in force at any time, the party desiring the alteration shall give notice thereof; and no strike or lock-out shall take place until at least two weeks after such notice, so as to allow of the matter being discussed between representatives of the parties. The shipowners give the assurance that there shall be no victimisation in connection with the present strike, and that as far as possible all men shall be reinstated in their former positions. In the event of any question arising as to the interpretation of any clause of this agreement which cannot be settled by the parties concerned, no stoppage of work shall take place, but the matter shall be referred to the Sheriff of the Lothians."

'The declaration of the close of the strike was made from a window of the Mercantile Marine office, and was received with cheering by a large crowd.... Work was resumed at the docks almost immediately after the settlement of the strike.' *Scotsman*, 13 Jul. 1911.

'So far as the dockers are concerned, it may be said that with the settling of the strike and the resumption of work at the docks, the local branch of the National Union of Dock labourers has entered upon the most important period of its history. Although the time rates for dock work are fixed for the present, the piece rates applying to the grain workers still require adjustment; and in this connection the Union officials will have their hands full in the immediate future. Now that the Union is recognised, several matters causing great dissatisfaction in the ranks of the grain casuals can be discussed by the men's officials and employers' representatives, and settled—favourably to the men if they stand together and show that determination for which the Leith dockers have made themselves famous and for which they are openly admired in local Labour circles. The rapid growth of the local branch of the National Union of Dock labourers is one of the phenomenal things that happen from time to time in the Labour movement. Starting with a few names some three months ago, it now numbers 1,800 members. The employers are perhaps hoping that there will be an equally rapid decline, but I think in this they will be rather sadly disappointed.... The agreement as it stands with all its shortcomings is a victory for the dockers.' *Local Labour Notes, by Labourist, Leith Burghs Pilot*, 15 July 1911.

APPENDIX IV
The Leith Dockers' Strike, June-August 1913

'A general strike of dockers at Leith and Granton took place yesterday morning, about 3,000 men being affected. Although a stoppage of work was looked for, it was not expected that the strike would be so soon, as it had been decided—on the suggestion of Mr J. O'Connor Kessack, organiser of the men's Union, at a meeting of the dockers on Tuesday [24 June]—to await word from the Transport [Workers'] Federation before taking action. The men, however, precipitated matters. Some of the dockers yesterday morning were on their way to the docks to commence work, and it was only on their approaching the gates that they were informed of the stoppage. The dockers are demanding an increase of 1d per hour in the pay for day work, making the rate 8d. per hour, and they have also put foward other demands. The agreement under which the dockers had worked was up on 28th February, and the men then gave 14 days' notice that they were to terminate it. It was immediately after that they sent out their fresh demands. In addition to the increase in pay, there were raised the questions of some increase in rates for working dirty cargo, one o'clock stopping on Saturdays, the matter of non-union labour, and other items. Negotiations were carried on for several months between representatives of the men and the employers, but a settlement could not be brought about. The employers absolutely refused to concede the 1d. increase, although willing to negotiate on the other items, and the men insisted upon getting the 1d. Coal trimmers have joined the strikers. They number about 130 at Leith. ... [At] Granton...the discontent which has prevailed among the local dock labourers for some time owing to the difference in the rate of pay ruling at various ports in the Forth reached a climax yesterday, when all the men, numbering over 100, came out on strike.' *Scotsman*, 27 Jun. 1913.

'Yesterday there was practically nothing going on at Leith Docks. The only cargo discharging work taking place was that which was being done by the clerical staff.' *Scotsman*, 1 Jul. 1913.

[The chief development in the strike yesterday was]... 'the importation of about 300 strike-breakers. During the day these men were engaged in discharging cargo from a number of vessels. It was decided by the authorities to keep the dock gates closed in the meantime to all except persons on business. Since the beginning of the strike there have been numerous stories of strike-breakers being on their way to Leith, and pickets have been kept on the alert, especially during the night. On Tuesday [1 July] there were many rumours that men were to be imported, and the usual strict watch was kept on all the approaches to the docks....so the dockers were not surprised when, about four o'clock yesterday morning, their "scouts" brought them word that about 200 strike-breakers had arrived by train at North Leith station. The men, it was learned, came from Cardiff, Newcastle, Liverpool, Middlesbrough and Berwick, and it was stated by one of the strikers that the vans in which the men were conveyed to North Leith were labelled "Fish—Urgent". There was an immediate stir among the waiting dockers, and by various signals they soon called together about 200 strikers who were out on picket duty. The railway station is situated only a few hundred yards from the dock gate in Commercial Street, so that the police were able to form a strong guard, closely lining the short distance the strike-breakers had to go to the docks. The police formed a double line across the street, and the imported men quickly passed within the dock gates amidst the booing of the strikers. A number of the newcomers are said to be regular dock labourers, but others are stated to be ship-painters and general labourers. One of the men from Liverpool remarked that the work there was scarce just now, as it usually was in the summer season. About the same time the train arrived at the station the steamer *Paris*, bringing about 90 strike-breakers from Greenhithe, London, came into the docks at Leith. That vessel is to be used as a depot ship, and there the strike-breakers will have sleeping and messing accommodation. It seems that the ship has been on similar service at other ports, and it is said to be fitted to accommodate several hundred men. Over one part of the dock there is an awning and there the men yesterday had their meals served to them. It appears that it is the employers' organisation [the Shipping Federation] who have brought the men to

Leith, and that individual employers have not brought any of the strike-breakers to the port. After breakfast the men were marshalled in squads and, escorted by policemen, were marched to the various ships where they were to discharge cargo.... Strikers sent pickets into the docks, six men being allowed in each party, with a police escort for their protection, and they endeavoured to persuade the imported men to cease work. About a score of the men who had come from Berwick decided to return home, and the Dockers' Union provided them with a meal and 2s. each. It appeared that the men had been supplied with return railway tickets. They, it is stated, gave an assurance to the dockers that when they arrived home they would spread the report that there was a strike. Between 30 and 40 of the other men, after being visited by pickets also, it is stated, ceased work and returned to the depot ship. ... In the agreement between the Shipping Federation and the strike-breakers, it is stated, the wages are for the first week 35s., and the rate of pay after that 5s. per day, while the working day is from six a.m. to six p.m. ... There are now well over 100 extra police in Leith. ... A large crowd of strikers were addressed by Mr J. O'Connor Kessack outside the dock gates yesterday afternoon. He said the Executive [of the Dockers' Union] had agreed to endorse the strike and to give strike pay.' *Scotsman*, 3 Jul. 1913.

[No sign of a settlement of the strike. First payment of strike pay made yesterday to the dockers. Over 150 children of dockers have been granted school meals by Leith School Board.] 'J. O'Connor Kessack, Scottish organiser of the National Union of Dock Labourers, suffered serious head injuries yesterday when returning by motor cycle from Grangemouth to Leith near Cramond Brig and is in the Royal Infirmary.' *Scotsman*, 4 Jul. 1913.

'There was a serious disturbance in Leith yesterday morning on the arrival at North Leith railway station of 300 strike-breakers from English ports.... Altogether the scene was one of great disorder, and the police had to draw their batons to keep the crowd in check.' [The crowd had begun to gather early in the morning at the Citadel station, and the strikers' corps of cyclists kept an eye on the railway line to the station. Between 4 and 5 a.m. about 80 police came from the docks to the station and at 5.30 a.m. a long corridor train arrived. 'Many of the crowd seemed to become suddenly furious.' The train was bombarded with stones, bottles, bricks, etc., as it approached the station and they were then hurled at the strike-breakers as they got out on to the platform.] 'Whatever sort of reception the strike-breakers had anticipated, they had probably never expected so hostile a demonstration as that with which they were met. Many of them were said to be practically terror-stricken, and those who were on the platform rushed frantically for cover. In some cases the nearest cover was below the carriages, and the men quickly availed themselves of it, lying down between the rails. Others could not reach such a place of safety right away and there was a shout to run into the tunnel at the end of the station, advice which was at once followed. A number of the labourers had not left the carriages, and they threw themselves flat on the floors. ...[T]he police had difficulty in marshalling the strike-breakers together in order to proceed across the street into the docks. For some time the men simply declined to pay any heed to calls to come out of their places of security. An eye-witness remarked that if the train had been moved in the station there would have been a serious accident, as so many men were lying below the carriages. Whilst the attack was proceeding at the station, the crowd succeeded in bursting open a small side gate, and they made a determined attempt to enter the station, but a strong party of police, with the aid of their batons, quickly drove the attackers back to the street. Some of the strikers received cuts.... About 40 windows in the train were broken. The police themselves at times ran great risks of injury. The men were eventually marshalled into some kind of order. Between the railway station and the dock gates there is only the width of Commercial Street, and two lines of police were drawn up, between which... the strike-breakers passed within the docks, but although there was only a short distance to go, the crossing of the street was a serious matter, for there the crowd could get to closer quarters. It was there... that the worst encounter took place, and the crowd was well supplied with stones, which could be readily got at the Promenade or at the Logs near the Constitution Street gate of the docks, and they used them freely. A number of policemen were struck on the breast and a baton charge had to be made. In the melee one striker was knocked down and when the crowd were driven back he was left lying on the street. He was carried within the docks, and afterwards went to the hospital, where a wound about 2 1/2 inches long in his head had to be stitched. After the strike-breakers were got within the docks, the crowd outside gradually dispersed. The imported labourers were said to be from Leeds and Cardiff, and a small number from Berwick. There are now beteen 500 and 600 strike-breakers at Leith.... At a meeting of strikers yesterday afternoon near the dock gates at Constitution Street... Councillor Kibble, Secretary of the Dockers' Union, Leith Branch, appealed to the men not to use violence.' *Scotsman*, 9 Jul. 1913.

'The three-masted ship *Lady Jocelyn* [is] being used as a depot ship [for strike-breakers at Leith docks]... Since the *Lady Jocelyn* was taken over by the Shipping Federation about 18 years ago she has been modernised to some extent to fill the requirements of a depot ship. She has accommodation for over 500 people.' *Scotsman*, 11 Jul. 1913.

'Efforts were made in the direction of a settlement of the Leith dockers' strike yesterday, but without success. On the initiative of Provost Malcolm Smith, Leith, a conference was held between between representatives of the Leith Dock Labour Employers' Association and representatives of the dockers..... [But] Neither side would agree to any compromise.' *Scotsman*, 12 Jul. 1913.

[A disturbance last night at the Caledonian station, Commercial Street, during which police charged the crowd several times. The trouble arose when a train laden with goods for the docks arrived at the station about 11 p.m. and 2,000 people gathered... 'strikers appeared to form only a small proportion of the crowd... There were many women present, and a number of them were active among the stone throwers.' During the melee some of the dockers' officials tried unsuccessfully to stop the crowd throwing missiles.]. *Scotsman*, 16 Jul. 1913.

[Serious disturbances at the docks last night. Earlier in the evening a meeting of 7,000 or 8,000 strikers and sympathisers, including 'several hundred miners from Musselburgh district', had marched through some of the main streets carrying placards and banners and held a meeting at Leith Links. The placards declared: "No Surrender", "We want that penny and we mean to have it", "Prosperous profits but poor wages", "We want a share in the profits", "We are out for a living wage", "We want better conditions". At the Links 'many in the crowd indicated the sort of temper they were in by such ejaculations as "Rush the docks !", "We can easily force an entrance !", and "These strike-breakers should be thrown in the docks !" ' 'A considerable portion of the crowd', accompanied by a fife band, went down Constitution Street towards the docks.]. 'The crowd gathered on the open ground in front of the gates, and a few minutes later an assault upon the police stationed at the gates was begun... it seemed evident that a number of the crowd had come down to the gates for the purpose of trying to force their way within the docks. A heavy piece of timber was pulled forward toward one of the gates, and the apparent intention was to use it as a battering ram. At the same time volleys of stones showered on the police on duty outside the gates.' [Police reinforcements arrived, there was a baton charge into the crowd, driving them up Constitution Street.] 'The open space just outside the dock wall had for a minute or two something of the aspect of a battlefield, for here and there men were lying stretched upon the ground. There was much excited shouting in which the voices of women and girls were heard, and at one time the din was added to by a number of young men, who were beating in kettledrum fashion on old tins. Once the police got the crowd into Constitution Place, a comparatively narrow area, they soon had them in check. There was a wild rush up the street to get out of reach of the truncheons, but the policemen had to clear the road right up to Bernard Street before anything like order was re-established. Near the Burns Statue the policemen were formed up in lines in military style, and apparently their numbers and business-like formation overawed the rowdy element, for the crowd then confined themselves to indulging in occasional hooting.... Altogether over 200 police were engaged in baton charges in and around the Shore, Bernard Street, Tolbooth Wynd, Henderson Street, Bridge Street, and the dock gates at Constitution Place.... While the police were engaged in the dispersing of the mob through various streets, showers of all sorts of missiles were flung at them from windows of houses. These missiles included jugs, decanters, flower pots, plates, and pots; in fact a great variety of domestic utensils were being utilised in the fight.... In the disturbances on the streets women were said to have been seen with aprons full of stones.... From later inquiries at the Hospital it appeared that 30 men had been treated. Some had severe cuts and bruises about the head.... [Shortly after midnight]...'the mob in the affected area seemed to get out of hand altogether and in the vicinity of Tolbooth Wynd and Henderson Street a large number of shop windows were smashed, and in many cases goods were being thrown on to the streets.' *Scotsman*, 17 Jul. 1913.

'The officials at the office of the Dock Labourers' Union stated last night that the dockers wished entirely to dissociate themselves from the irresponsible action of the mob on Wednesday night [16 July].' *Scotsman*, 18 Jul. 1913.

[Sir George Askwith, a government official at the Board of Trade, met representatives of the two sides in the Leith docks dispute on 30 July for seven hours in Edinburgh, while a big demonstration of dockers, sailors and firemen, Edinburgh tramwaymen (then also on strike) and other workers, including boilermakers, marched through the streets of Leith, led by 300 children of striking dockers. The negotiations chaired by Sir George Askwith continued next day for eight hours. A hundred strike-breakers left the docks by train for their homes. On 1 August when over 2,000 dockers at a meeting in the Gaiety Theatre, Leith, were told by James Sexton, general secretary of the National Union of Dock Labourers, who had taken part in the Askwith negotiations, that the employers had refused to consider their claim for an extra penny an hour or the alternative of a minimum period of employment for four hours instead of two but had offered to discuss a separate issue of working an elevator in handling ships' cargoes, the men unanimously resolved to reject the employers' offer and to continue on strike]. *Scotsman*, 30 Jul., 1 and 2 Aug. 1913.

'Leith dockers' strike was brought to an end yesterday, the men deciding by a majority to resume work. Intimation was made to the employers that the men would present themselves at the docks for employment on Monday morning [18 August], and no reference having been made to the terms, the men are apparently prepared to go back to work on the old terms.... The decision to end the strike was come to at a meeting of the men in Leith Gaiety Theatre yesterday forenoon… there was a large attendance of dock labourers—so many, indeed, that not only was the accommodation of the theatre fully taken up, but a considerable number of men could not gain admission to the theatre at all…. The strike, which had yesterday morning entered on its eighth week, had been a costly one to the shipowners, the dockers, and to many merchants, and every day its effects were becoming more and more serious…. [At the meeting in the Gaiety Theatre]… it was gathered that Mr J. O'Connor Kessack [union organiser, who had recovered from injury in a road accident] had pointed out to the men that they could not hope to carry on the fight against the Shipping Federation. The Federation, it was remarked, was prepared to give very strong support indeed to Leith shipowners, if the strike was continued, and it was noted that a ship to accommodate free labourers was reported to be ready to sail from Newcastle to Leith with 300 men at a moment's notice. It is said that there was a large majority in favour of ending the strike.' *Scotsman*, 15 Aug. 1913.

APPENDIX V

Extracts from a table of the number of ships arriving at Leith docks and of goods (excluding cattle and miscellaneous packages) imported to and exported from there in 1913 and in most years between 1923 and 1959 (from Leith Dock Commission Minutes, November 1960—November 1961, Appendix No. VII):

Year ending 15 May	Vessels arriving		Imported	Coal Cargo and Bunkers	Exported General	Total	Imported and Exported
	No.	Reg. Tons	Tons	Tons	Tons	Tons	Tons
1913	7552	2,729,669	1,590,401	2,230,798	867,373	3,098,171	4,688,572
1923	5558	2,464,650	1,055,406	2,270,355	366,777	2,637,132	3,692,538
1924	4992	2,428,375	1,084,897	1,992,825	367,191	2,360,016	3,444,913
1925	5354	2,460,552	1,186,638	1,889,008	362,822	2,251,830	3,438,468
1926	5490	2,290,603	1,140,027	1,599,107	363,093	1,962,200	3,102,227
1928	5575	2,286,237	1,184,647	1,723,451	375,683	2,099,134	3,283,781
1930	5897	2,332,236	1,083,846	2,021,033	365,384	2,386,417	3,470,263
1932	6056	2,165,113	1,066,994	1,730,713	328,774	2,059,487	3,126,481
1935	6158	2,211,248	974,732	1,906,514	317,379	2,223,893	3,198,625
1936	6355	2,347,603	1,128,767	1,930,879	342,095	2,272,974	3,401,741
1937	6055	2,332,030	1,222,769	1,775,116	370,725	2,145,841	3,368,610
1938	5826	2,283,537	1,242,528	1,607,347	379,192	1,986,539	3,229,067
1939	5503	2,241,564	1,115,832	1,500,316	360,873	1,861,189	2,977,021
1940	7251	1,873,540	989,071	1,280,377	280,902	1,561,279	2,550,350
1941	8541	1,483,538	803,888	613,482	358,460	971,942	1,775,830
1942	8735	1,450,248	527,283	282,497	487,607	770,104	1,297,387
1943	8044	1,292,693	470,645	256,702	576,655	833,357	1,304,002
1944	7835	1,437,943	661,690	218,453	702,780	921,233	1,582,923
1945	5889	1,293,722	524,815	125,310	564,427	689,737	1,214,552
1946	5066	1,294,631	644,643	158,376	409,195	567,571	1,212,214
1947	3307	1,006,259	658,840	154,367	236,685	391,052	1,049,892
1948	3578	1,066,610	893,023	179,616	227,381	406,997	1,300,020
1949	4521	1,032,674	942,459	274,560	192,455	467,015	1,409,474
1950	4060	1,086,674	972,695	240,687	191,964	432,651	1,405,346
1951	3604	1,090,556	954,007	190,804	222,580	413,384	1,367,391
1952	3644	1,129,368	1,039,597	212,907	216,217	429,124	1,468,721
1953	3445	1,085,243	869,191	191,426	207,514	398,940	1,268,131
1954	3748	1,245,316	918,106	235,155	217,092	452,247	1,370,353
1955	3763	1,346,918	1,183,720*	280,852	223,675	504,527	1,688,247
1956	3642	1,443,235	1,364,447*	350,679	230,099	580,778	1,945,225
1957	3479	1,448,962	1,324,996*	391,854	215,057	606,911	1,931,907
1958	2772	1,390,435	1,252,217*	317,688	183,314	501,029	1,753,246
1959	2539	1,407,166	1,315,404	69,446	153,132	222,578	1,537,982

* Includes coal imported: 1955—266,939 tons; 1956—328,388 tons; 1957—176,908 tons; 1958—26,490 tons.

APPENDIX VI

Principal cargoes imported or exported at Leith in one or more of the years 1927-8, 1937-8, 1947-8, and 1960, in any one of which either two or three or (in 1960) all seven of the veteran dockers above were at work in the docks. (Information about cargoes extracted from appendices to the Leith Dock Commission Minutes for those years):

Agricultural implements
Ale, beer, porter
Aluminium
Ammonia, sulphate of
Asbestos
Asphalt
Bacon and pork
Beef, preserved
Beetroot pulp
Biscuits
Blubber
Books
Bottles
Bricks
Bulbous roots
Butter
Cable
Cake
Canvas
Carriages, motors, tractors, etc.
Cement
Cheese
Chemicals (unspecified)
Clay
Coal, cargo and bunker
Cocoa
Coffee
Coke
Draff
Earth, ballast
Eggs
Esparto
Farina
Fat
Feeding stuffs
Felt
Fertilisers
Fish
Flax
Floorcloth and linoleum
Flour
Fruit

Furniture
Glass
Glucose
Grain
Hams
Hemp
Hides
Horses and ponies
Horse flesh
Husks of grain and seed
India rubber
Iron and steel
Jute bags, hessian and cloth
Lambs
Lard
Lead, ore and pig
Locust beans
Manures
Margarine
Meal
Milk
Miscellaneous packages
Motor spirits
Muriate of potash
Nitrate of soda
Nuts
Ochre
Oil, mineral, vegetable, and fuel
Ore, burnt
Oyster shells
Paints and colours
Paper
Paraffin, scale or wax
Paris, white
Phosphate, rock and slag
Pigs' heads and feet
Potash, sulphate
Preserves
Provisions, preserved
Pulp of wood
Pyrites
Rags

Rice
Ropes
Rosin
Salt
Sand
Seeds
Sewing machines
Sheep
Slate
Soap
Soda ash
Spirits and wines
Stationery
Stones, causeway and kerb
Stores (government)
Straw
Strawboards
Sugar
Sulphur
Superphosphate of lime
Syrup
Tan, extract of
Tapioca
Tar
Tea
Tin
Tow
Treacle
Vegetables
Whiting
Wood: pit props, boards, logs, plywood, staves, sleepers, fir lumber, deals, battens, etc.
Wool
Wrappers
Yarn
Zinc

APPENDIX VII
Numbers of Dockers at Leith and Granton, 1861—1971

1861: 453
[Aged 10-14: 6; 15-19: 21; 20-24: 46; 25-29: 57; 30-34: 81; 35-39: 69; 40-44: 51; 45-49: 39; 50-54: 42; 55-59: 19; 60-64: 14; 65-69: 4; 70-74: 2; 75-79: 2]
Source: *Census of Scotland, 1861* (Edinburgh, 1862), 266.

1871: 574
[Aged 10-14: 2; 15-19: 21; 20-24: 48; 25-34: 173; 35-44: 174; 45-54: 107; 55-64: 36; 65-74: 12; 75- : 1]
Source: *Census of Scotland, 1871* (Edinburgh, 1874), Vol.II, 398.

1881: 804 *
[Aged 5-14: 3; 15-19: 44; 20-24: 81; 25-44: 420; 45-64: 240; 65- : 16]
* Includes Lighthouse Service employees.
Source: *Census of Scotland, 1881* (Edinburgh, 1883), Vol.II, 557.

1891: 1,194
[Aged 15-19: 92; 20-24: 178; 25-29: 601; 45-64: 300; 65 upwards: 23]
Source: *Census of Scotland, 1891* (Edinburgh, 1893), Vol.II, Part II, 169.

1901: 2,052
[Aged 14: 6; 15-19: 118; 20-24: 221; 25-34: 573; 35-44: 501; 45-54: 402; 55-64: 165; 65 and upwards: 66]
Source: *Census of Scotland, 1901* (Glasgow, 1903), Vol.III, 234

1911: 2,073*
[Aged 14: 1; 15: 3; 16: 11; 17: 16; 18 to 19: 47; 20 to 24: 152; 25 to 44: 1,104; 45 to 64: 667; 65 to 69: 48; 70 and over: 24]
* In addition there was one female, aged 18-19.
Source: *Census of Scotland, 1911* (London, 1912), Vol.I, Part 14-24, 819.

1921: 1,910
Source: *Census of Scotland, 1921* (Edinburgh, 1924), Vol.III, 106.

1931: 1,600 *
* In addition there are said to be 195 coal loaders and dischargers.
Source: *Census of Scotland, 1931* (Edinburgh, 1934), Vol.III, 103.

1951: 1,024 *
* In addition, there are said to be two females.
Source: *Census of Scotland, 1951* (Edinburgh, 1956), Vol. IV, 270.

1961: 850 *
* This total is said to include stevedores.
Source: *Census of Scotland, 1961* (HMSO, 1966), Vol.6, 6.

1971: 400 *
* This total is said to include stevedores.
Source: *Census of Scotland, 1971* (Edinburgh, 1975), Part II, 3.

Notes

1.   The report of the Shaw Inquiry in 1920, whose chairman was the judge Lord Shaw of
     Dunfermline, denounced casual labour at the docks, declaring that '…labour fre-
     quently or constantly underemployed is injurious to the interests of the workers, the
     ports and the public and it is discreditable to society. It undermines all security and
     is apt to undermine all self-respect upon the workers' part. It is only among those
     who have sunk very far, and whom the system itself may have demoralised, that it can
     be accepted as a working substitute for steady and assured employment. In one
     sense it is a convenience to authorities and employers, whose requirements are at
     the mercy of storms and tides and unforeseen casualties, to have a reservoir of
     unemployment which can be readily tapped as the need emerges for a labour supply.
     If men were merely the spare parts of an industrial nachine, this callous reckoning
     might be appropriate; but society will not tolerate much longer the continuance of
     the employment of human beings on those lines. The system of casualisation must,
     if possible, be torn up by the roots. It is wrong…. The spectacle of men who, after all,
     have the obligations of citizenship resting upon them, being assembled at the dock
     gates, uncertain whether they are to enter the ranks of labour for even half a day …is
     not one which can be treated by any independent and humane mind with equanim-
     ity.' *Report and Minutes of Evidence of the Inquiry concerning Transport Workers' Wages and
     Conditions of Employment of Dock Labour* (London, 1920) Cmd 936, Vol.I, x. Malcolm
     Macdonald, Honorary Secretary of the Leith Dock Employers' Association, who gave
     evidence to the Shaw Inquiry, declared that the question of casual labour then at
     Leith 'is anything but serious, it is almost negligible; and when it occurs… in the
     immediate vicinity of Leith there are a number of works, such as the Paraffin Oil
     Works, Chemical Manufacturing Works, the Gas Works at Granton, and other large
     public undertakings, which in the late autumn and winter and early spring months
     are at their busiest, and the casual man finds employment, if he wants it, in that way.'
     Of overtime, Macdonald said, it '…is not systematic by any means, but from time to
     time it is absolutely necessary.' Statements which he submitted to the Court of
     Inquiry about standard wage rates of dock labourers at Leith and Granton in 1912-20
     indicated that the pre-war rate was 7d. an hour and in 1920 was 1s 7 3/4d. an hour,
     with the daily rate of wages in 1920 13s.2d. Working hours at Leith docks had been
     reduced between 1913 and 1919 from 56 to 44 per week, and Macdonald stated that
     in 1920 for a 44 hours' week the docker's pay was £3.12.5d. He also said that the
     average rent paid by Leith dock labourers was from £10 per annum up to perhaps as
     much as £14 per annum, including all rates and taxes. Macdonald was bitingly cross-
     examined by Ernest Bevin, a dockers' union leader who conducted their case at the
     Inquiry. When Macdonald admitted that the rents he had referred to were generally

for two-apartment houses, Bevin asked him: 'It is not the sort of Eldorado that a ship-owner would live in, is it ? It is not a place where you would like to live and regard as satisfactory ?' Macdonald: 'I was brought up in one of the three-roomed houses referred to.' Bevin: 'Directly you could afford to get out of it you got out of it ?' Macdonald: 'Certainly.' When Bevin asked him whether what he had said was true about there being little casual labour at Leith docks when his own information from the dockers' union secretary there was that 'for the last three months we have had 400 to 500 men left idle every day—roughly about 20 per cent ?', Macdonald admitted that 'the last eight or nine weeks have been abnormally slack in Leith.' When Macdonald went on to say that 'a docker could live in Leith in very considerable comfort at the present time...on, say, £3 a week,' Bevin asked him: 'Really do you think that rich people, ship-owners and others, go through anything like the time of stress and strain that a docker's wife would have to go through on £3 a week ?' *Shaw Inquiry*, op. cit., Vol.I, 447-51 *passim*.

2. Eric Taplin, *The Dockers' Union. A study of the National Union of Dock Labourers, 1889-1922* (Leicester, 1986), 168-9. See also Appendix II above.

3. The 1866 strike thus raised several issues, such as 'the extreme irregularity of their employment', overtime rates, importation of strike-breakers, and relations between dockers and seamen, that recurred during the following century and most of which are touched on in the recollections by the seven veteran dockers above. The impor-tation of strike-breakers in 1866 recurred in the Leith dockers' strikes of 1911 and 1913, and was a main cause of the violent scenes that marked the latter of these—see above, Appendices I, III and IV. The later 1860s and early 1870s were years of relative trade union boom among unskilled workers, and to some extent foreshad-owed the New Unionism of the late 1880s.

4. Two factors appear to lie behind the formation, or re-formation, then of the Leith branch of the National Union of Dock Labourers. One was probably the establish-ment at the beginning of that year of Leith United Trades and Labour Council, which proceeded to undertake 'a militant campaign for the extension of trade union or-ganisation.' *Leith Burghs Pilot*, 1, 18 and 25 May 1911. The other factor was the appointment by the Dockers' Union more than a year earlier of an able young full-time organiser, James O'Connor Kessack. In one week in April O'Connor Kessack addressed Leith dockers at 'four large and enthusiastic meetings' and the Leith branch of the Union was founded, or re-founded, then. *Leith Burghs Pilot*, 1, 15 and 20 Apr., 11 May and 17 Jun. 1911. O'Connor Kessack (1879-1916), was born in Aber-deen, a son of a baker whose business failed, leaving the family in deep poverty. First a drover, then a navvy and a stoker, O'Connor Kessack, on whose wages the family existed, maintained his seven younger brothers and sisters after the death of his father. Moving to Glasgow in search of work he became a socialist in 1901 and a member of the Independent Labour Party and, for a time, of the Socialist Labour Party and the Industrial Workers of the World. The ILP paid for his visit in 1908 to the United States of America to recover from illness, and on his return he was unsuccess-ful Labour candidate at Glasgow Camlachie in the two parliamentary elections in 1910. From 1909 until he enlisted in the army in November 1914, O'Connor Kessack held 'with growing distinction and authority' the job of organiser for the National Union of Dock Labourers, whose general secretary, 1893-1922, was James Sexton, and whose headquarters had moved to Liverpool two years after the Union's forma-tion in Glasgow in 1889. As a result of O'Connor Kessack's work, Leith became the largest branch of the NUDL in Scotland, following the collapse in 1911 of the

Glasgow branch and the formation that year of the separate Scottish Union of Dock Labourers, which organised most dockers in the west of Scotland. Serious injury in a road accident put him out of action for several weeks during the Leith dockers' strike in the summer of 1913. O'Connor Kessack was killed in the last days of the battle of the Somme in November 1916. 'Had it not been for his untimely death there is little doubt that he would have played an important role in the creation and development of the Transport & General Workers' Movement in the inter-war period.' Eric Taplin, in Joyce M. Bellamy and John Saville (eds), *Dictionary of Labour Biography* (London, 1982), Vol. VI, 150-2. See also Appendices III and IV above.

5. For some information about the ages of Leith dockers in Census reports until the earlier 20th century, see Appendix VII above.

6. The Scottish Working People's History Trust has interviewed and recorded the recollections of several Onion Johnnies who worked in Scotland, and will publish these in a forthcoming volume of oral history.

7. Cannon Street has been replaced with modern housing. It ran some yards to the west of what is now Portland Street and was roughly parallel to it, approximately on the site of what is now Lindsay Street and Lindsay Place.

8. Oldest of Scots biscuit manufacturers, William Crawford & Sons of Leith was founded in 1813 at the Shore but the factory was later established in Elbe Street, where it employed 'hundreds of Leith men and girls'. J. Russell, *The Story of Leith* (Edinburgh, 1922), 443.

9. Mount Vernon, at Liberton, is the largest Catholic cemetery in Edinburgh.

10. Rosebank cemetery is bounded by Pilrig Street and Broughton Road at their junction with Bonnington Road.

11. William M. Little, BSc, AMICE, AMIEE, born 1909, son of W.J.S. Little, headteacher, was depute transport manager from 1946 of Edinburgh Corporation, manager from 1948, and chairman from 1964 of the Scottish Bus Group. *Scotsman*, 5 Nov. 1948, 3 Jun. 1972.

12. 'By October 1922, through the signing of Jimmy McColl from Partick Thistle...the [Hibs] team which was to contest successive Cup finals had come together.' Hibs, with their team exactly as Jock McDougal recalls, were defeated in the finals of the Scottish Cup in seasons 1922-3 and 1923-4. John R. Mackay, *The Hibbees. The Story of the Hibernian Football Club* (Edinburgh, 1986), 103-4, 256.

13. Leith Provident Co-operative Society, founded in 1878, its head office at Bangor Road from 1881 to 1968, later merged into St Cuthbert's Co-operative Association, which in 1981 became part of the present ScotMid Co-operative Society.

14. Ramage & Ferguson Ltd, founded in 1877, were at West Pier docks; Cran & Somerville Ltd, founded in the early 1880s, were at Queen's Dock, and Hawthorns & Co. Ltd at Junction Bridge, Great Junction Street. Other Leith shipbuilders listed in the *Edinburgh and Leith Post Office Directory, 1920-1* (Edinburgh, 1920), 861, were Bain & Brown Ltd, Menzies & Co. Ltd, Henry Robb Ltd, and James G. Marr & Son. Bain & Brown had closed by 1922. See also, Sue Mowat, *The Port of Leith. Its History and its People* (Edinburgh, n.d.), Appx I: *Leith Shipowners and Shipbuilders in the Nineteenth and Twentieth Centuries*, by Captain John Landels, 430-42.

15. The black book was the proof of a docker's formal registration and was intended to give him priority over unregistered casuals at the daily selection of workers at the stances. As at most, though not all, other ports in Britain a system of registration of dockers was established at Leith in the years after the Shaw Inquiry in 1920 (see above, Note 1). Introduced in Mar. 1926, immediately before the General Strike,

with the support of all 38 employers, registration at Leith was administered by a joint committee of four representatives each from employers and the union. In 1930-1, a Port Labour Inquiry appointed by the Ministry of Labour and chaired by Sir Donald Maclean, MP, reported that Leith then had 1,417 registered permanent and casual dockers. Nominations to the register were 'by employers and trade union. No recruitment has taken place for over 2 years.' The Maclean Report said there were then 'Three recognised stands at Leith and Granton Dock. Some unregistered men find employment while registered men are unemployed owing to lack of facilities.... General trade situation and unregistered labour have created difficulties for the scheme. Nearly 1,000 of the men [are] over 40 years of age. Employment—first six months of 1929: Maximum 1,690, Minimum 430.' *Ministry of Labour. Port Labour Inquiry. Report* (London, 1931), Appendix III, 77.

16. George Gibson & Co., a Leith shipping company founded in 1820, merged with a Glasgow company in 1920 to become the Gibson Rankine Line. Granton, two miles west of Leith docks, was base for Firth of Forth trawlers. Mowat, op. cit., 431-2.

17. Weekly men were those dockers, unlike the casuals, engaged on a weekly contract.

18. Stragging (probably from the Scots word *strag*—a vagabond, roaming person) meant casual or very casual employment at the docks.

19. See above, Note 15, and Appendix VII, *Census of Scotland* for 1921 and 1931.

20. The checks or discs, tickets, chitties or tabs were stamped with the name of the stevedoring or shipping companies that employed the foremen and were a certificate of employment for that day or half-day for the dockers selected. See also above, p.64.

21. Stevedores were those firms, including shipping companies such as Gibson, that employed dockers to load and discharge ships. Stevedores and contractors listed as such in the *Edinburgh and Leith Post Office Directory, 1930-1* (Edinburgh, 1930), 1,215, were Young & Leslie, Tower Street; J. Kennedy & Co. Ltd, Edinburgh Dock; Alexander Orr & Son, Old Dock; and Saddler & Co., Tower Street—but that list did not include all the stevedoring companies then in Leith or any of the shipping companies or shipping agents that were also stevedores.

22. M. Langlands & Sons Ltd, shipping agents, and Coast Lines Ltd, were both at 80 Constitution Street, Leith, and at Edinburgh Dock. *Edinburgh and Leith Post Office Directory, 1928-9* (Edinburgh, 1928), 1,180-1, 1,378-9.

23. Jock McDougal has overlooked the Victoria Dock. The several Leith docks with their year of opening were: East Old Dock (1806), West Old (Queen's) Dock (1817), Victoria Dock (1852), Albert Dock (1869), Edinburgh Dock (1881), Imperial Dock (1902). J.F. Birrell *An Edinburgh Alphabet* (Edinburgh, 1980), 128-33.

24. The Currie Line Ltd, so titled from 1940, had begun originally in 1836 as the Hull and Leith Steam Packet Co., changed its name in 1852 to Leith, Hull and Hamburg Steam Packet Co, and after James Currie joined the company a decade later it became one of the most important Leith shipping companies. A.F. Henry & Macgregor, founded as stevedores and shipping agents in 1904 (A.F. Henry had begun as such in 1893), became shipowners from 1907. The china clay boat shipped the product of English China Clays Ltd, whose head office was at St Austell in Cornwall but which had an Edinburgh office in St Andrew Square. The Ben Line Ltd (William Thomson & Co.), whose ships began to be prefixed with *Ben* in the second half of the nineteenth century, had originated as a shipping company in 1839. After the 1914-18 War it concentrated on Far East trade, the British base for which was London not Leith. *Post Office Directory, 1928-9*, op.cit., 1,071; Mowat, op. cit., 432-4, 437.

25. The Bureau, or Labour Exchange, was in Eagle Buildings, Tower Place. See also above p.70.

26. Huddie or haddie—haddock.

27. Furness, Withy & Co. Ltd, shipowners and shipping agents, were at 35 Constitution Street, Leith, and at the Albert Dock. *Post Office Directory, 1928-9*, op.cit., 778, 1,180, 1,378-9.

28. A rhymester among the Leith dockers during the General Strike appears to have penned the following lines, which appeared in the Edinburgh University *Student*, Vol. XXII, No. 10, of 2 Jun. 1926, where they were said to have been 'lifted from the Leith Central Strike Committee' (i.e., of the dockers):

> Four and twenty blacklegs,
> Working night and day,
> Fed on eggs and bacon,
> Getting double pay,
> That the boss may STARVE you,
> Helping all they can,
> Isn't it a dirty trick
> to play their fellow-man.
>
> Four and twenty blacklegs,
> Feeling very sore,
> Most of them are gaffers,
> Never worked before.
> Think they'll get promotion,
> Wait a while and see,
> They'll maybe get the BAG
> Before the likes of you and me.
>
> Four and twenty blacklegs,
> Guarded by the Crown,
> Fishermen, militia,
> Marching up and down,
> Helmets on their thick heads,
> Bayonets gleaming bright,
> If some one burst a sugar bag,
> The lot would die of fright.

29. *Collins English Dictionary* (Glasgow, 1994), 129, defines basic slag as 'a furnace slag produced in steel-making, containing large amounts of calcium phosphate; used as a fertiliser.'

30. Young & Leslie, stevedores and contractors, 6 Tower Street, Leith.

31. Kenet or kanit appears to be a corruption of kyanite or cyanite, which *Collins English Dictionary*, op. cit., 394, defines as 'a grey, green or blue mineral, consisting of aluminium silicate in triclinic crystalline form. It occurs in metamorphic rocks and is used as a refractory.' The *Shorter Oxford Dictionary* (Oxford, 1978), 479, defines cyanite as 'A native silicate of aluminium, usually blue....A fire-proof priming for paint, etc.'

32. Originally formed in 1828, Leith Dock Commission was remodelled by Act of Parliament in 1838, which placed ownership and control of the docks and harbour in the hands of eleven commissioners, of whom three each were appointed by Leith and Edinburgh, and the other five by the government. From 1876 until its replacement in

1968 by the Forth Ports Authority the number of commissioners was fifteen, of whom three were elected representatives of Edinburgh Corporation, three of Leith ship-owners, three others one each of whom represented Leith and Edinburgh Chambers of Commerce and the Edinburgh Merchant Company, and six Dock ratepayers or port users. Mowat, op. cit., 302, 305, 312; Leith Dock Commission, *The Port of Leith* (Edinburgh, 1962), 5.

33. Newhaven harbour and fish market were a mile west of Leith docks and the same distance east of Granton harbour.

34. Buroo—the Labour Exchange at 66 The Shore. *Edinburgh and Leith Post Office Directory, 1932-3* (Edinburgh, 1932), 1,023.

35. The use of maggots to clean out wounds had been pioneered by Dr Alexander Tudor Hart, a volunteer with the Republican army medical services during the Spanish Civil War, 1936-9. I. MacDougall, *Voices from the Spanish Civil War* (Edinburgh, 1986), 85, 337.

36. Blighty—Britain.

37. The Allied seaborne landings on Sicily took place on 10 Jul. 1943.

38. 'In the 1960s, British shipping awoke suddenly to the potential of unitisation and containers, pioneered in the United States on the West Coast and Atlantic seaboards. They switched investment to vessels which maximised earning capacity by needing only one or two days to load and discharge in port and correspondingly fewer dockers to perform the work.' David F. Wilson, *Dockers. The impact of industrial change* (London, 1972), 10-11.

39. The delegate was the dockers' elected union representative.

40. *The Children's Newspaper* was published weekly from 1919 to 1965, edited until his death by its founder, Arthur Mee (1875-1943).

41. The provision of free footwear for necessitous children was known as the Police Aided Clothing Scheme. B. Hyam, tailor, clothier, hosier and hatter, was at 124 and 126 High Street.

42. Sugarallie water was a children's drink made by dissolving a piece of liquorice in water. Mairi Robinson, ed., *The Concise Scots Dictionary* (Aberdeen, 1987), 684.

43. Not Sir Alex but Sir Alan Cobham (1894-1973), a pioneer aviator, son of a tailor, began his working life in a clothier's store then as a pupil farmhand then as a warehouseman, volunteered into the army in 1914, later transferred to the Royal Flying Corps, and by 1919 was a skilled pilot. After the war Cobham became a 'joy-riding' pilot, carrying thousands of passengers, but was also a pioneering aviator, flying in 1924 to Rangoon and back, in 1925-6 to the Cape of Good Hope and back and to Australia and back, and in 1931 he became the first aviator to fly round Africa. In the 1930s Cobham's aviation company carried almost a million passengers and gave flying circus displays. He pioneered refuelling in the air. Cobham won several major flying competitions, such as the King's Cup race, 1924. A search of the local press has not succeeded in confirming the date of his landing at Granton (evidently in 1919-24) that George Baxter recalls.

44. *Comic Cuts*, published weekly, 1890-1953. D. Gifford, *The Complete Catalogue of British Comics* (Exeter, 1985), 135.

45. William Carnie, fish salesman, 6 Pier Place, Newhaven. *Post Office Directory, 1928-9*, op.cit., 1,107.

46. Scranning—scrounging about for. Robinson, op. cit., 590.

47. See also above, Note 18.

48. Putting a rack in a chain meant to shorten it by in effect tying a knot in it.

49. Rule 28 has not been found in any surviving national rule book of the Transport & General Workers' Union for that period, nor is any Leith branch local rule book of the Union known to survive for those years. Rules in the 1923 edition of the T&GWU rule book run only to No.25 and none of those is relevant. See also above, Note 15.

50. Roof-spotters were positioned on roofs or high up in buildings, to watch out for or during air raids.

51. On 16 Oct. 1939 one of several German Dornier, Heinkel and Junkers 88 bombers attacking Royal Navy ships in the Firth of Forth at Rosyth and the Forth Bridge was attacked by RAF Spitfires of 603 (City of Edinburgh) Squadron, based at Turnhouse, and it crashed into the sea off Port Seton. Three survivors of the crew of four were rescued by local fishermen. This was the first enemy plane to be shot down over Britain in the war. Andrew Jeffrey, *This Present Emergency. Edinburgh, the River Forth, and South-East Scotland and the Second World War* (Edinburgh, 1992), 16-20; Ian Nimmo, *Scotland at War* (Edinburgh, 1989), 49. In July 1940 three separate bombing raids were made by German planes on Leith. On the 18th twelve bombs were dropped of which two fell in the sea, one demolished the west end of No. 6 shed at Victoria Dock, others landed at the junction of Commercial Street and Portland Street, one (which failed to explode) at Nicoll Place, others on houses in George Street, on the LMS railway coal depot and on railway embankments beside Hawthornvale. At George Street seven people were killed and several others injured. On 22 Jul. a fireman was killed and eight others injured when a bomb was dropped on a corner of the Albert Dock; another bomb was dropped at a corner of the Edinburgh Dock, and many others at Seafield, east of the docks. On 23 Jul. several people were injured when a hundred incendiary bombs were dropped around Granton Harbour, although the target was believed to be Granton gasworks. Jeffrey, op. cit., 67-9.

52. British, Australian, Indian and some other forces defending Singapore, a main symbol of British imperial power in the Far East, surrendered to the invading Japanese army on 15 Feb. 1942. The surrender was followed by the overrunning of Burma by the Japanese. B.H. Liddell-Hart, *History of the Second World War* (London, 1973), 224-36.

53. Major-General Orde Wingate (1903-1944), leader of the Chindits, specially trained jungle fighters employed as long range penetration forces against the Japanese in Burma in 1943-4. Wingate, not universally popular among his troops, as George Baxter indicates, was killed in Mar. 1944 when his plane crashed in the jungle during the second Chindit campaign. In May 1941 Wingate, a 'passionate and committed horseman', had been mounted on a white charger when he led the victorious troops in Ethiopia who had defeated the Italian forces there and restored the Emperor Haile Selassie to his throne in Addis Ababa. Liddell-Hart, op.cit., 366, 516-17; Trevor Royle, *Orde Wingate* (London, 1995), 30, 204.

54. The Bengal Famine in 1943 cost about three million lives.

55. The demands of total war enabled Ernest Bevin, Transport & General Workers' Union general secretary appointed Minister of Labour and National Service in the Coalition government formed in May 1940 by Winston Churchill, then to make registration for dockers and employers compulsory, and to oblige dockers to accept transfer between ports as need arose. Various wartime measures passed concerning docks and dockers made unlikely a return to pre-war conditions, and in summer 1947 the National Dock Labour Scheme was established. The scheme was controlled by the National Dock Labour Board, whose chairman and vice-chairman were appointed by the Ministry of Labour, and which had four members representing the

employers and four others the dockers. The Board controlled recruitment and discharge from the registers of dockers at the ports, and was also responsible for training and for welfare and provision of amenities. Each port, or group or ports, had its local Dock Labour Board, formed of an equal number of representatives of employers and dockers and from among whom its chairman was appointed. Legally, all dockers were employees of the National Board until they were actually hired at the daily calls at the stances in the docks. Dockers not hired then had to report to the local Board office to get their card stamped as their entitlement to attendance money for that half-day. The 1947 Scheme also obliged dockers to accept any work offered at another port, provided it was within daily travelling distance of their home port. The scheme thus contained many of the features proposed or piloted during the previous half century or so, not least in ensuring greater regularity of employment for dockers and 'to secure that an adequate number of dock workers is available for the efficient performance of dock work.' Many employers were and remained very critical of the Scheme, not least because of the important role it gave dockers and their unions. National Dock Labour Board, *The Scheme. An Abstract of the Dock Workers (Regulation of Employment) Scheme, 1947* (London, 1947); Wilson, op. cit., 93-133.

56. This system was known as spaling. See above, Appendix III, p. 218.
57. Three men, all from Glasgow, lost their lives when the lighter *Serb* sank in Leith docks on 18 Aug. 1919, almost a decade before George Baxter began work there. 'The accident occurred when a boiler weighing 65 tons was being lifted off the lighter at the Albert Dock. When the boiler was a few feet above the deck something went wrong with the crane, and the boiler crashed back into the *Serb*. The vessel canted to one side, filled with water, and sank. The three men killed were in the hold at the time.' *Edinburgh Evening News*, 8 Dec. 1959. The fatal accident caused by shunting railway waggons was evidently the same one recalled by Bobby Rodger—see above, p. 75. Fatal accident inquiry reports for this period appear not to have survived, nor has a report of this accident so far been found in the press or any other source.
58. A systematic search of the local press from 1952 to 1962 has failed to find any further information about this disaster.
59. The 'foot o' the Walk'—Leith Walk, at its junction with Constitution Street, Great Junction Street and Duke Street, a common place for open-air public meetings in Leith. John Cormack (1894-1978), born in Edinburgh, son of a Baptist lay preacher, served, 1909-22, in the Argyll and Sutherland Highlanders, including in Ireland, where he appears to have become rabidly anti-Catholic. About 1922 he joined the Scottish Protestant League and in 1933 founded Protestant Action. He worked in the General Post Office in Edinburgh from 1922 but was suspended on a charge of theft—although not prosecuted he was not reinstated. Elected in 1934 Protestant Action town councillor for North Leith ward, he demanded repeal of the 1918 Education Act, removal of Roman Catholics from the armed forces and expulsion of Catholics from Scotland. In 1935 Cormack organised a mass protest against the Catholic Eucharistic Congress in Edinburgh, and in the following year he was convicted, fined and briefly imprisoned for inciting a riot during the visit to the city of the prominent Catholic theologian Monsignor Ronald Knox. In 1937 Cormack lost his seat in Edinburgh town council (he stood then in two separate wards), but he was returned the following year for South Leith and remained a councillor until he retired in 1962. He was appointed a bailie in 1955, two years after he had been fined £3 for

breach of the peace arising from one of his regular open-air meetings at the Mound. Tom Gallagher, *Edinburgh Divided. John Cormack and No Popery in the 1930s* (Edinburgh, 1987), passim; *Edinburgh Evening News*, 21 Oct. 1961 and 4 Aug. 1969; *Chambers Scottish Biographical Dictionary* (Edinburgh, 1992), 94-5.

60. The two years George Baxter refers to were evidently 1954-5, when he was a delegate from Leith docks branch, Transport & General Workers' Union, to Edinburgh and District Trades Council. See *Edinburgh and District Trades Council Annual Report,* 1954 and 1955, p. 20, in National Library of Scotland, MS Acc. 11177.50.

61. Coal trimmers were dockers who specialised in stowing coal in the holds of ships or carrying it to the hatches when discharging. In Mar. 1958 a claim by 35 coal trimmers employed at Leith docks that they should become members of the general dock labour force was supported by the dockers and led to a strike there that lasted several days. *Edinburgh Evening News*, 5, 8 and 10 Mar. 1958. See also above, p. 20.

62. John Watt's Hospital, built and opened in 1862 as a result of a bequest from a Leith merchant of that name, stood on the southern corner of Leith Links and was for destitute men and women aged 50 and over, with priority given to those named Watt then to natives or residents of South Leith, Edinburgh, or Midlothian. In 1906 the upper storey of the Hospital was taken over by Leith Academy, and in 1931 the Hospital was replaced by a new Leith Academy Secondary School (now Leith Campus of Queen Margaret University College). Leith Academy, or its predecessors, can be traced back to the early 16th century, when the school was titled Leith Grammar School. By the early 19th century it had become the High School of Leith, but in 1888 it was renamed Leith Academy. The High School building, built at Leith Links in 1821, was demolished in 1896 and replaced two years later by what is now Leith Primary School but was until 1931 Leith Academy. The present Leith Academy, formally opened in 1992, stands on a new site at Academy Park, off the foot of Easter Road. Charles McAra, *Leith Academy 1560-1960* (Edinburgh, 1960), 1-16; James Grant, *Old and New Edinburgh* (London, 1883), 265-6; James Marshall, *The Life and Times of Leith* (Edinburgh, 1986), 106.

63. Rudyard Kipling (1865-1936), author of *Kim, Captains Courageous, The Jungle Book, Soldiers Three, Plain Tales from the Hills,* and over 40 other books.

64. *The Boys' Own Paper*, at first a weekly then from 1913 a monthly, was published from 1879 until 1967. *The Gem* was a boys' weekly paper, published from 1907 until 1939. *The Magnet*, a school story magazine, was published weekly from 1908 until 1940.

65. John Russell (1864-1946), FEIS, FSA Scot., FSGS, author of *The Story of Leith* (Edinburgh, 1922), trained at Moray House College, taught at Ratho and Fisherrow then Leith—first at Links Place School, afterwards, when it moved to new buildings, Links School, where he became head teacher in 1921.

66. The Boys' Brigade, for boys aged 12 to 18, was founded in 1883 by Sir William Alexander Smith. By the time Bobby Rodger joined in the 1920s the Brigade had some 70,000 members. Its constitution declared that: 'The Object of the Brigade shall be the advancement of Christ's Kingdom among Boys, and the promotion of the habits of Obedience, Reverence, Discipline, Self-Respect, and all that tends towards a true Christian Manliness.' The junior reserve, formed in 1918, of the Boys' Brigade became titled the Life Boys from 1926, and enrolled boys aged between 9 and 12 'to train as suitable recruits for the Boys' Brigade.' *The Boys' Brigade. Manual for the Use of Officers* (n.p., 1933), 16; *The Life Boys Manual* (n.p., 1947), 7.

67. Sir Thomas Lipton (1850-1931), born in Glasgow of Irish parents, knighted 1898,

owner of a chain of grocery stores, and of tea and rubber estates in Ceylon; a keen yachtsman.

68. It is not clear when the strife that Bobby Rodger recalls took place. There is no mention of conflict with police in press reports of dockers' strikes at Leith in Apr. 1921, Jul. 1923 or Feb. 1924.

69. Captain William S. Gavin, MBE, MC, CA, educated at Edinburgh Academy, a lieutenant in 1st Leith Boys' Brigade from 1912, captain from 1928; a special constable, 1926-52, and superintendent in charge of Leith Division, 1939-45; awarded the MBE in 1960 for his service to the Boys' Brigade. Gavin, who had won the Military Cross for conspicuous gallantry with the Royal Scots in the 1914-18 War, was senior partner in J.A McLaren & Gavin, chartered accouantants, Alva Street. He died in Nov. 1961.

70. Robertson & Scott, 73 Hanover Street, Edinburgh, established 1819.

71. See above, Note 14.

72. The number of unemployed men and women in Edinburgh in May in 1930, 1931 and 1932 was respectively 16,907, 21,909, and 21,662, of whom the number of juveniles was 749, 756, and 799. At the end of Oct. 1930 and 1931 weekly Ministry of Labour returns showed that in Leith there were respectively 6,414 and 7,251 unemployed, of whom 177 and 178 respectively were boys. *Ministry of Labour Gazette*, Jun. 1930, Vol. XXXVIII, No. 6, 220, Jun. 1931, Vol. XXXIX, No.6, 232, and Jun. 1932, Vol. XL, No. 6, 219; *Edinburgh Evening News*, 31 Oct. 1930, 30 Oct. 1931. Among Leith dockers unemployment, according to an article by Councillor A.H. Paton in the *Edinburgh Evening News* 24 Jan. 1933, was four days out of six in 1932 'and since then matters have grown rather worse.'

73. The Anomalies Act, implemented in Oct. 1931 when the 'National' government elected that month took office, had been passed in Jul. that year by the previous Labour government. In its first six weeks the Act resulted in unemployment benefit being disallowed to 77,572 claimants, including part-time and seasonal workers many of whom were women. The Unemployment Act of 1934, passed by the 'National' government, set up a national Unemployment Assistance Board to administer benefits to all unemployed people other than those receiving unemployment insurance—that is, to those on 'transitional benefit' who had exhausted their unemployment insurance benefit, and those able-bodied unemployed who had been supported from the local rates by the former Public Assistance authorities. Under the new UAB scales the incomes of many unemployed people were drastically cut, and a stringent means test was to be applied to all UAB applicants. B.B. Gilbert, *British Social Policy, 1914-1939* (London, 1970), 94-6, 163, 180-4; Wal Hannington, *Ten Lean Years* (London, 1940), 26, 125-141. 'For being subsisted the unemployed man and his family had to prove need, once insurance benefits were exhausted. ...[W]hat made the means test hated and loathed by the working classes was its form and its administration. It was a household means test. It took account of any earnings by members of the household (sons and daughters, for instance) as well as of savings, pensions, income from house property or other assets. Thrift was penalised and improvidence rewarded. Family solidarity was undermined: growing sons and daughters were forced to support their parents in a way which frayed the tempers of both generations and might break up the family: sons and daughters would move into lodgings in order not to be "dragged down" by having to support their parents. The test was an encouragement to the tattle-tale and the informer, the writer of anonymous letters and the local blackmailer.... It stimulated petty tyranny and insolence

on the part of Labour Exchange clerks and managers; the weekly visit to the Exchange would bring the sudden, curt announcement by the clerk: "They've knocked you off dole." ' C.L. Mowat, *Britain between the Wars* (London, 1956), 483-4.

74. William Dickson & Son, 11 & 18 Bristo Street. *Edinburgh and Leith Post Office Directory, 1930-1* (Edinburgh, 1930), 731.

75. SCWS—Scottish Co-operative Wholesale Society (1868-1973).

76. 1935 was the silver jubilee of the reign of king George V.

77. See above, p. 6.

78. See above, Notes 16, 21, 22, and 27. The General Steam Navigation Co. Ltd were at Albert Dock and 37 Constitution Street; the London & Edinburgh Shipping Co. Ltd, at 8 and 9 Commercial Street; and the North of Scotland and Orkney and Shetland Steam Navigation Co. Ltd at Albert Dock, 1 Tower Place, and 22 Waterloo Place. *Edinburgh and Leith Post Office Directory, 1928-9*, op.cit., 778, 1,180-1, 1,378-9.

79. Hugh C. and Robert A. Somerville, shipowners, (Gibson & Co. Ltd), 64 Commercial Street. *Edinburgh and Leith Post Office Directory, 1935-6* (Edinburgh, 1935), 549.

80. See above, Note 15, and also pp. 66-7.

81. Two landmines were dropped on Leith by German bombers on the evening of 7 Apr. 1941. One badly damaged David Kilpatrick's School, the second fell on a railway embankment at Largo Place. Three people were killed, 37 others were seriously injured, and a further 95 needed first-aid, many of them for injuries caused by flying glass. Twelve houses were demolished by the landmines, 40 seriously damaged, and a further 500 needed minor repairs. The number of people made homeless was 600. Jeffrey, op. cit., 83.

82. Manufacture of furniture, except for 22 items each with a prescribed content of timber, was prohibited by the government from Aug. 1942 as part of the scheme of wartime economy and rationing. Two qualities, and usually three designs, were specified for each 'Utility' item. The designs were decided by a committee chaired by an eminent industrial designer. Bomb victims and newly weds were among priority groups given 'dockets' or permits to buy furniture up to the value of a certain number of 'Utility' units. Angus Calder, *The People's War. Britain 1939-45* (London, 1969), 281-2.

83. The porters had a lengthy history, and by the time Bobby Rodger joined them had long been self-employed dockers who could and did employ other dockers as work demanded—see also above, pp.80-2. The United Company of Porters were based at the Edinburgh Dock. *Edinburgh and Leith Post Office Directory, 1948-9* (Edinburgh, 1948), 1,067.

84. A wimble—a gimlet or augur for boring, piercing or making a hole with. *The Shorter Oxford English Dictionary*, op. cit., 2551.

85. See above, Note 59. Not Johnny but James Marr was a leading figure in Protestant Action. Marr was elected a councillor for Central Leith ward in a by-election in Apr. 1935 and, following John Cormack's election the previous year in North Leith, became the second Protestant Action councillor in Edinburgh town council. The by-election had occurred through the death of the sitting Moderate councillor. During polling in the by-election 'a horse and cart toured the streets carrying bills which declared: "Marr advancing; Rome retiring" and "Wake up, Protestants. Protect your rights, your liberty, and your money." ' Marr did not seek re-election in the Nov. 1937 municipal elections. *Edinburgh Evening News*, 2 and 3 Apr. 1935, 3 Nov. 1937.

86. The Corner Rooms were at No.3 Junction Street North, immediately beyond Junction Bridge. Protestant Action were using the Rooms at least as late as 1969 when it

was said, the Society 'can pack in 50 to 60 on a Sunday night.' *Scotsman*, 22 Jan. 1969; *Edinburgh and Leith Post Office Directory, 1939-40* (Edinburgh, 1939), 824.

87. Edinburgh Trades Council, composed of delegates from trade unions in the area that were affiliated to it, had met regularly since at least the middle of the 19th century and was one of the leading labour organisations in the city. *Annual Reports* of the Trades Council in National Library of Scotland (MS Acc. 11177.49) show that Bobby Rodger was a delegate from Leith dockers' branch, Transport & General Workers' Union, to the Council from 1943 to 1947 inclusive.

88. After the Nazi invasion of the Soviet Union in Jun. 1941 the Communist Party in Britain campaigned vigorously for the opening by the Western Allies of a Second Front on the continent of Europe that would relieve the enormous burden of war borne by their eastern ally.

89. Fred Douglas (c. 1902-1971), a Communist from the early 1920s, a leader of the unemployed between the two World Wars in Edinburgh, and Party organiser there until he resigned from the Communist Party in 1945. He later ran a bookshop in the city.

90. Trotskyists—supporters of the views of Leon Trotsky (1879-1940), president of the first Soviet, formed in St Petersburg during the 1905 Revolution, principal leader with Lenin of the Bolshevik Revolution in 1917, organiser of the Red Army; exiled from the Soviet Union in 1929 by Stalin and murdered in Mexico by an agent of Stalin. Trotsky's distinctive view was the advocacy of permanent or continuing revolution on a world scale, in contrast to Stalin's view of 'Socialism in one country'.

91. The Independent Labour Party, a parliamentarian socialist party founded in 1893 by James Keir Hardie and others, became affiliated to the Labour Party on the latter's formation in 1900, but after the fall of the second Labour government in 1931 disaffiliated from it the following year and thereafter fell into distinct decline.

92. In fact, demobilisation of those called up to the armed forces during the 1939-45 War began in Jun. 1945 and was completed by the end of 1947. Calder, op. cit., 571.

93. The coamings are the raised borders about the edge of the hatches and scuttles of a ship, which prevent water from running below. *The Shorter Oxford Dictionary*, op. cit., 356.

94. Bobby Rodger's accident was reported in the *Leith Gazette*, on 15 Aug. 1959: 'Working in the hold of m.v. *Wilhelm Wesch*, at the Imperial Dock on Monday, 46 year old dock labourer Robert Rodger was struck by a crane grab. Rodger suffered a fractured right ankle, and was taken to Leith Hospital where he was detained.'

95. See above, Note 57.

96. No further information about this accident has so far been found.

97. The four office workers—three women and a man—drowned in this accident were employed at Fisons Fertilisers. The car, driven by Joyce Whitelaw, a secretary, plunged 35 feet to the bottom of the dock when it missed the Edinburgh Dock bridge in the fog. Davina Forsyth, also a secretary, Euphemia Moffat, a wages clerkess, and Albert Cameron, a clerk, were the other victims of the accident. 'Men on the spot watched horrified as they saw the rear light of Miss Whitelaw's green Morris Minor disappear over the side of the dock. Dockers ran to the spot, but because of the fog could not see any sign of the car. In a desperate attempt to help, dockers used a grappling hook to search for the car. They managed to get hold, but were unable to lift the car up. Firemen, ambulancemen and police were called, and for an hour and a half they battled in the cold to pass a hawser round the car and haul it up to the quay side. The four dead were still inside the car when it was brought to the surface.' *Edinburgh Evening News and Dispatch*, 11 Dec. 1963.

98. Benjamin Lewis Steed, dock labourer, aged 63, of Restalrig Square, Edinburgh, died in Leith Hospital in Jun. 1945 from a fractured skull suffered three and a half months earlier in the accident at the docks recalled by Bobby Rodger. Information provided by Mr John D. Stevenson, Edinburgh.

99. The Women's Land Army, which had existed in the 1914-18 War, was re-instituted in Jun. 1939 and by 1941 consisted of about 20,000 volunteers. Their numbers increased from the end of that year with the introduction of conscription for women aged between 19 and 30. Calder, op. cit., 267-8, 428.

100. See above, Notes 1 and 15. Ernest Bevin (1881-1951), successively, 1910-21, district and national organiser and assistant secretary, Dock, Wharf, Riverside and General Workers' Union, general secretary, 1922-40, Transport & General Workers' Union, MP, 1940-51, Minister of Labour and National Service, 1940-45, Foreign Secretary, 1945-51.

101. In Leith Branch, National Union of Dock Labourers, *Port Rules and Rates, 1911* (a small printed booklet of 20 pages, presumably issued directly after the re-formation of the branch that year) there is an entry on p.9 that seems to suggest there may have been a very limited amount of travelling by Leith dockers to another port even before the 1914-18 War: 'TRAVELLING ALLOWANCES: Away from home—2s.6d. per day; Burntisland—1s. per day.' The booklet, one of the earliest known surviving documentary sources created by Leith dockers themselves, is in National Library of Scotland, MS Acc. 11457/8.

102. These changes in 1967 marked the outcome for decasualisation arising from the Devlin Report, 1965.

103. See above, p. 6.

104. See Note 83 above.

105. The Shore Porters' Society of Aberdeen, which has been in existence since 1498, claims to be 'the oldest established business of its kind in the United Kingdom'. Previously known as pynours, warkmen and warkwomen at the Shoar, or Porters at the Shore, the Society adopted its present name in 1836. 'For centuries they were a semi-public body under the control of the Town Council of Aberdeen but gradually over the years...the association lessened and about 1850 they became completely independent. ...[B]anding themselves together for their mutual protection, the old Pynours founded what must be one of the oldest co-operatives in existence. In character the Society has changed but little, the mutual element is ever present, though...it is now a Private Partnership with an indefinite number of members, each with a share in the business. There are no outside shareholders or other interested parties.' George Gordon, *The Shore Porters' Society of Aberdeen, 1498-1969* (Aberdeen, n.d. (1969)), 7, 8. The metters were originally a specialised branch of the Porters, their work to measure grain and salt imported into Leith so that dues to be paid on them could be calculated. As early as the mid-16th century the Leith metters were sworn in by Edinburgh Town Council. A new constitution granted the Society of Sworn Metters (or Meters) and Weighers of Leith in 1822 contributed to their survival for almost a century and a half afterward. Mowat, op.cit., 262-8. *Leith Dock Commission Minutes*, 10 Jun.1927, lists the then 31 members of the Meters' Association of Leith. One was aged 74, two 61 and 62 respectively, twelve between 50 and 58, two in their 40s, eight between 30 and 39, and six between 25 and 29. The dates of the licences granted them ranged from 1878 to two in 1925. All 31 are described as 'efficient', and all but one (who lived in Edinburgh) were resident in Leith.

106. See above, Note 38.
107. It was Lingerwood colliery, which began production in 1798 and closed in 1967.
108. Woolmet pit, which closed in 1968, was on the northern edge of Danderhall in Midlothian.
109. Hamilton Street, demolished in 1984, was just beyond the northern edge of Leith Fort, on the site of which now stand flats titled Fort House.
110. Clockers—cockroaches.
111. A German Zeppelin raid on Leith and Edinburgh on 2 Apr. 1916 cost the lives of ten people, including three children, and seriously injured eleven others. None of those killed was in Leith. Two bombs fell on a whisky warehouse at The Shore and flattened it; two other bombs fell on Leith Hospital but one did not explode. *Edinburgh Evening News*, 2 May 1987 and 24 Dec. 1992; *Leith Dock Commission Minutes*, 7 Apr., 12 May and 14 Jul. 1916; Russell, op. cit., 460.
112. Leith Fort had been hastily built in 1780 during the War of American Independence, following the appearance in the Firth of Forth of John Paul Jones, Scots-American naval officer, with a squadron of warships. Part of the outside wall of the Fort can still be seen in North Fort Street. A.W. Scotland, A.J. Taylor, W.G Park (eds), *The Streets of Edinburgh* (Edinburgh, 1984), 136; Marshall, op. cit., 130.
113. Alan Morton (1893-1971), 'the wee blue devil', played outside left for Queen's Park then, 1920-32, for Rangers, and 31 times for Scotland. He was a director of Rangers FC from 1932 until his death. John Cairney, *A Scottish Football Hall of Fame* (Edinburgh, 1998), 89-92.
114. George Alfred Henty (1832-1902), author and journalist, took part in the Crimean War, wrote ten novels and over 70 books for boys. Robert Michael Ballantyne (1825-1894), author, apprenticed as a clerk in the Hudson Bay Co. and traded with Indians; worked, 1848-55, for the Edinburgh printing and publishing firm, Thomas Constable, and from 1855 onwards published many novels for boys.
115. For *The* Magnet, see above, Note 64. *The Adventure*, published from 1921, and *The Rover* (1922-1980s), were D.C. Thomson publications, as was *Dixon Hawke*, which was first serialised in *The Adventure* from the 1920s. The first *Sexton Blake* story appeared in 1893, first in *The Halfpenny Marvel* then in *The Union Jack*, both boys' papers published by Harmsworth. After *The Union Jack* ceased publication in 1933, the adventures of *Sexton Blake* continued in *Detective Weekly* and in the *Sexton Blake Library* until 1963. David Pringle, *Imaginary People. A Who's Who of Fictional Characters* (Aldershot, 2nd ed., 1987), 22-3, 108.
116. By 'kister', Tommy Morton evidently meant his brother David was familiar with a corn kist or box for horses' feed.
117. Buchan & Johnston, merchants, 12 Tolbooth Wynd. *Edinburgh and Leith Post Office Directory, 1930* (Edinburgh, 1930), 72.
118. Sir Robert William Philip (1857-1939), MD, LL.D, MA, FRCP, born in Glasgow, educated at Royal High School, Edinburgh, after graduation from Edinburgh University studied at several continental universities. A pioneering specialist in the study and treatment of tuberculosis, a disease which then caused more deaths in Britain than any other, he founded in 1887 in Edinburgh the first TB dispensary, which by 1912 had dealt with over 23,000 cases. Philip's methods were adopted as national policy in or after 1912. He played a leading role at the Royal Victoria Hospital for Consumption [TB], opened in 1894. In 1910 the farm colony was established at Springfield (near Bonnyrigg). In 1917 Philip, who was knighted in 1913, was unanimously elected first holder of the Chair of Tuberculosis at Edinburgh University—

the first professor of that subject to be appointed at any university. There is a memorial plaque to him at No. 13 Bank Street, Edinburgh, site of the first TB dispensary in the world. Obituary in *Scotsman*, 26 Jan. 1939; *Edinburgh Evening News*, 24 Jul. 1957

119. The financial crisis of 1931 led to government cuts by two instalments of roughly five per cent each in police pay in 1931-2, 'the first instalment now operative making a reduction of 4s.3d. per week in the case of constables, whose pay begins at 70s. per week and rises to 90s. or 96s. per week.' The second instalment of the cuts, imposed from Nov. 1932, was 'subject to the overriding condition that the total deduction now to be made shall in no case exceed 10 per cent.' *Scotsman*, 21 and 25 Oct. 1932.

120. Tommy Tait stood several times in the municipal elections either as a British Section, International Socialist Labour Party, or as a Revolutionary Socialist candidate. In the South Leith ward election in Nov. 1934 when Tait received 152 votes, Sir Louis Gumley, Moderate (Lord Provost of Edinburgh, 1935-8) won with 3,518. In a Central Leith ward by-election on 2 Apr.1935 Tait received twelve (not thirteen) votes, but his winning opponent then was not Gumley but James Marr, Protestant Action (see above, Note 85). Tait's other results were: Calton ward, Nov. 1929—29 votes, South Leith, Nov. 1932—50, Nov. 1933—235 votes, Nov. 1935—149 votes, Nov 1936—115 votes, Nov. 1937—158 votes. *Scotsman*, 6 Nov. 1929, 2 Nov. 1932, 8 Nov. 1933, 7 Nov. 1934, 6 Nov. 1935, 4 Nov. 1936, 3 Nov. 1937.

121. See above, Note 59. The Nov. 1936 municipal elections marked the summit of Protestant Action success in Edinburgh: out of nine PA councillors then, five represented Leith wards—one (John Cormack himself) in North Leith, two (George Horne and Rev. J.C. Trainer) in South Leith, and two (James Marr and William Dunlop) in Central Leith. By 1937, however, Protestant Action entered into a distinct and lasting decline. I. MacDougall, *Voices from Work and Home* (Edinburgh, 2000), 540-1.

122. Scaffies—scavengers, street sweepers.

123. The toon—i.e., Edinburgh.

124. Ernest Brown (1881-1962), a Baptist lay preacher, Liberal MP for Rugby, 1923-4, Liberal, 1927-31, and Liberal National, 1931-45, MP for Leith; Minister of Labour, 1935-40, Secretary of State for Scotland, 1940-1, Chancellor of the Duchy of Lancaster, 1943-5, Minister of Aircraft Production, 1945; Brown was described in the *Edinburgh Evening News*, 16 Feb. 1962, as 'the loudest and one of the fastest speakers ever to sit in the House of Commons.'

125. The *Leith Observer* newspaper, not Leith Town Council, ran a campaign for a plebiscite among townspeople after it became known in 1919 that Edinburgh Town Council was seeking a Boundaries Extension Act that would absorb Leith. In the plebiscite, 'a futile gesture', 5,357 voted in favour of amalgamation, 29,897 against— but the amalgamation took place in 1920. Marshall, op.cit., 184; Russell, op.cit., 459. (According to Russell the vote in the plebiscite was 4,340 for amalgamation and 26,810 against).

126. Smith appears to have been James Smith, 3 West Bowling Green Street, of Leith branch, National Unemployed Workers' Movement. He stood as NUWM municipal candidate in North Leith ward in the Nov. 1931 elections and received 314 votes, and in South Leith in Nov. 1932, when he received 258 votes. Smith, presumably branch secretary, and George Sutherland, chairman of Leith branch, NUWM, were among speakers from a deputation of unemployed workers to Edinburgh Town Council Public Assistance Committee on 19 Oct. 1932. Founded in 1921 as the National Unemployed Workers' Committee Movement (NUWCM) it changed its

title in 1929 to NUWM. *Scotsman*, 4 Nov. 1931 and 2 Nov. 1932; *Edinburgh Evening News*, 28 Sep., 19, 20, and 21 Oct. 1932.

127. Hibs beat Rangers 8-1 at Easter Road on Saturday, 27 Sep. 1941: 'The Ibrox men were cut to shreds by bewildering footwork [by the Hibs] and the score might well have been doubled.' *Scotsman*, 29 Sep. 1941.

128. Henry Clarke died in Nov. 1964 and was buried at Seafield cemetery. 'Work was curtailed at Leith Docks yesterday as hundreds of dockers downed tools to attend the funeral of dockers' leader Henry Clarke, who died at the week-end.' *Edinburgh Evening News and Dispatch*, 26 Nov. 1964.

129. Mrs Gertrude Currie (1859-1939), wife of James Currie, Leith shipowner, 'displayed a keen and practical interest in social welfare early in life.... She was the first woman member of the Leith Hospital Board of Management. She inaugurated and ran at her own expense a convalescent home at North Berwick for the children of Leith, particularly those coming out of Leith Hospital....' Her obituary is in *Scotsman*, 11 Jul. 1939.

130. William Cooper & Son, shipping agents, were based at 38 Commercial Street in the earlier 1920s but by the mid-1940s had become William Cooper & Son (Kirkwall) Ltd, 24 Constitution Street. *Edinburgh and Leith Post Office Directory, 1922-3* (Edinburgh, 1922), 87, and *1946-7* (Edinburgh, 1946), 95.

131. For indications of the extension from the 1960s of Leith docks—work on which had begun before, but had been delayed by, the Second World War—see below, Notes 163 and 181.

132. James Cleland Burns (1864-1919), 3rd Baron Inverclyde, principal director of the shipping firm G. & J. Burns Ltd, and a director of Cunard Steamship Co. Ltd; lord lieutenant of Dunbartonshire; his recreations included yachting.

133. Dobson, Molle, & Co. Ltd, wholesale stationers, bagmakers, lithographers, poster specialists, printers, and paper shaving manufacturers, St Clair Works, St Clair Street, off Easter Road. *Edinburgh and Leith Post Office Directory, 1920-1* (Edinburgh, 1920), 104, 704.

134. Soldiers in the Australian and New Zealand Army Corps.

135. Durrant, 4 Castle Street: 'Ladies' tailor and court dressmaker. Modes, Manteaux, Costumes, Fourrures [i.e., furs]'. *Edinburgh and Leith Post Office Directory, 1930-1*, (Edinburgh, 1930), 159.

136. A Labour motion had been carried by 13 to 11 votes in the Education Committee on 21 Oct. 1946, that fee paying in Corporation schools [such as Leith Academy] be ended—but it was defeated in the full Council on 31 Oct. by 35 votes to 28. The Education Committee on 15 Dec. 1947 resolved by 16 votes to 7 to increase fees payable in Corporation schools from session 1948-9, and this was approved by the full Council on 3 Jun. 1948, subject to approval by the Secretary of State for Scotland. The new fees to be charged at Leith Academy infant and primary departments were to be £1.10.0 per term and £4.10.0 per session, with books provided by the Education Authority. At the Education Committee meeting on 15 Dec. 1947 the Director of Education, J.B. Frizell, 'reported that the cost of education in fee-paying schools was not greater than in non-fee-paying schools. The advantages which pupils in fee-paying schools obtained were, accordingly, social rather than educational. The average fees paid in respect of each pupil attending a fee-paying school in 1934-35 had been £4.2.10d, compared with £6.5.7d. in 1946-7. Fees had last been increased in 1943.' It appears, therefore, that the fees paid by Eddie Trotter's parents for his primary schooling were probably about £4 a year and about £8 a year during those

years when he and his sister were both attending the primary school. No fees were payable for Leith Academy secondary school. *Minutes of Edinburgh Town Council*, 31 Oct. 1946, 3 Jun. 1948; *Edinburgh Evening News*, 15 Dec. 1947.

137. C. & J. Brown of Newington Ltd, 29-37 South Clerk Street and Bernard Terrace, were a prestigious firm of house furnishers. *Edinburgh and Leith Post Office Directory, 1945-6* (Edinburgh, 1945), 1,025.

138. NAAFI—Navy, Army and Air Forces Institutes, which provided canteens, shops, and sometimes recreational facilities for members of the armed forces at home and overseas.

139. Young & Leslie were based at 6 Tower Street, and Peter Saddler & Co. Ltd at 4 Bernard Street. *Edinburgh and Leith Post Office Directory, 1955-6* (Edinburgh, 1955), 1,025-6.

140. Parsons Peebles Ltd, a member firm from 1969 of the Reyrolle Parsons Group, had originally been Bruce Peebles & Co. Ltd, East Pilton, and was by the mid-1970s, 'the largest manufacturer of heavy electrical equipment in Scotland. Their principal products are transformers, generators, reactors and motors.' By 1982 Parsons Peebles Ltd had become NEI Peebles Ltd. *Edinburgh Evening News*, 21 Apr. 1975, 29 Sep. 1982.

141. The sulphur strike by 900 dockers at Leith concerning payment for discharging 5,000 tons from the m.v. *Somersby*, which had been chartered by Scottish Agricultural Industries Ltd, began on 20 Jun. 1956 and was not finally settled until 10 Jul. The strike was said to be the first for eleven years at the docks. The sulphur, from Galveston in Texas, was 'the first cargo of its kind to reach Leith for many years.' The dockers had asked for 'double manning and the minimum of £4 per man for eight hours a day, and overtime in proportion. The employers had offered a rate comparable to that paid at Aberdeen and elsewhere for the same commodity.' Mr R. Batchelor, secretary of Leith dockers' branch of the Transport & General Workers' Union, said at the beginning of the dispute that the dockers 'were willing to work any ship in the dock provided that the *Somersby* was isolated', and that the dispute was in fact 'a lock-out by the employers.' The dockers agreed to return to work on 25 Jun. and to move the sulphur 'provided an arbitration board stands by to see the conditions under which they work', and if the arbiters were not present they would strike again. Two arbiters duly watched 37 dockers working that day in the holds of the *Somersby*, from which 'white clouds of sulphur dust rose…. Working in goggles, newly supplied instead of the former light cellophane covering for the eyes, the men shovelling the sulphur into the centre of the *Somersby's* hold were soon moving in a light mist of sulphur dust. Outside the hold the stirring wind combined with the sun to generate conditions which affected at least one onlooker. A reporter, eyes naked to the dust, had to retire with eyes streaming. He went to a local hospital, where he was treated with eye drops to relieve the irritation.' The dockers twice walked off the *Somersby* that week 'out of patience with the arbitrators in reaching a decision.' 'Several men have had medical treatment for inflamed eyes, and officials and bystanders near the ship have also been suffering when airborne clouds of the powder set up an irritation to their eyes…. Workers on the sulphur ship were "absolutely fed up" and several of them voiced the opinion that if there was no quick settlement they would "clear out". "This is murder," said one of them. "We're only doing it for the sake of the extra money—otherwise it's not worth it." ' *Scotsman*, 21, 25 and 26 Jun. 1956; *Leith Gazette*, 23, 30 Jun.,7 and 14 Jul. 1956.

142. T&G—Transport & General Workers' Union.

143. Robert Wylie, aged 28, dock labourer, 98 Constitution Street, 'was killed by a falling

bale of paper yesterday while working in the hold of the motor ship *Finland* at Leith Docks.' *Glasgow Herald*, 18 Jun. 1958.

144. See above, Note 55.

145. In 1949, when Arthur Deakin (1890-1955) was general secretary, 1945-55, of the Transport & General Workers' Union, the Union's national conference voted in favour of prohibiting Communists from holding office in the Union. The prohibition was rescinded in 1968 with the support of Jack Jones, who became general secretary of the Union the following year. Jack Jones, *Union Man* (London, 1986), 133, 200.

146. James Hoy (1909-1976), a house-painter, Labour MP for Leith, 1945-70; Parliamentary Private Secretary to the Secretary of State for Scotland, 1947-50, Joint Parliamentary Secretary, Ministry of Agriculture, Fisheries and Food, 1964-70; created a life peer, 1970.

147. Rt Hon. Lord Ronald King Murray, born 1922, PC, a senator of the College of Justice in Scotland, 1979-95; educated at Edinburgh and Oxford Universities; served in army, 1941-6; called to the Scottish Bar, 1953, QC, 1967, Advocate Depute, 1964-7, Senior Advocate Depute, 1967-70, Lord Advocate, 1974-9; Labour MP for Leith, 1970-9. Ron(ald) Brown, born 1940, served apprenticeship as an engineer with Bruce Peebles & Co. Ltd; convener of shop stewards, Parsons Peebles Ltd; town councillor, Central Leith, and Lothian Regional councillor, 1974-9; Labour MP for Leith, 1979-92.

148. The Scottish Transport & General Workers' Union was formed by Glasgow dockers in Jan. 1932, following a secession the previous year from the Transport & General Workers' Union. The new union, which at its outset had almost 4,000 members, 'evolved from an Anti-Registration League which repeatedly rejected the officially accepted scheme of registration of dockers, with a view to decasualising labour. The same attitude was adopted by the Aberdeen branch of the Transport & General Workers' Union; both adhered to an agreement of 1922 with the employers, which gave priority of engagement to [trade] unionists, and adopted restriction of membership.... These schisms [including the formation of a Scottish Busmen's Union about 1933 by seceders from the Transport & General Workers' Union], and unofficial strikes, which occurred more than once, were not so much manifestations of nascent nationalism as protests against over-centralisation and neglect of local and sectional interests in so large and heterogeneous an organisation [as the T&GWU].' W.H. Marwick, *A Short History of Labour in Scotland* (Edinburgh, 1967), 94. In 1945-6, when the Transport & General Workers' Union had a total of 80,000 members in Scotland affiliated to the Scottish Trades Union Congress and was represented there by 25 delegates, the Scottish Transport & General Workers' Union became affiliated to the STUC and had 5,500 members and two delegates. In 1911 the Glasgow dockers, formerly organised in the National Union of Dock Labourers, had formed a separate union, the Scottish Union of Dock Labourers, in which dockers in other west of Scotland ports were enrolled; and it needed two ballots of its members in 1921-2 before they agreed to merge into the Transport & General Workers' Union. The Scottish Transport & General Workers' Union merged into the T&GWU in 1972. 'The history of dockers' unions in Glasgow is one of intermittent dissidence.' Ken Coates and Tony Topham, *The Making of the Labour Movement. The Formation of the Transport & General Workers' Union, 1870-1922* (Nottingham, 1994), 866-7; *Scottish Trades Union Congress 49th Annual Report, 1946* (Glasgow, 1946), 7, 45-6.

149. The Dock, Wharf, Riverside and General Labourers' (later Workers') Union originated in 1887 in London and after the 1889 dock strike enrolled members in ports in

southern and eastern England, as well as in the Bristol Channel, and (unlike the National Union of Dock Labourers, of which Leith dockers first became members in 1889, and which confined its recruitment to dockers) it also enrolled carters and workers in some manufacturing industries. It was through this Union that Ernest Bevin established his reputation as a leader. It merged into the Transport & General Workers' Union at its formation in 1922. The Amalgamated Society of Watermen, Lightermen and Bargemen, formed in 1872 from three centuries of craft traditions, also merged into the Transport & General Workers' Union at its formation—but broke away in 1923 to amalgamate with the National Amalgamated Stevedores and Dockers (the 'Blue Union'—so called because of the colour of its membership card). That amalgamation in turn broke up in 1926-7 and the Watermen, Lightermen, Tugmen and Bargemen's Union became independent until it merged into the Transport & General Workers' Union in 1971. Coates and Topham, op. cit., 859-60; *Voices from Work and Home*, op.cit., 515.

150. The several reports that resulted from the Devlin Inquiry, set up by the Labour government in 1964, and the beginning of the implementations of their recommendations, took place between then and 1969. Patrick Arthur Devlin (1905-1992), called to the Bar, 1929, KC, 1945, Justice of High Court, Queen's Bench Division, 1948-60, a Lord Justice of Appeal, 1960-1, a Lord of Appeal in Ordinary, 1961-4, a judge of the Administrative Tribunal of the International Labour Organisation, 1964-86; chairman, Committee of Inquiry into the Dock Labour Scheme, 1955-6, and of Inquiry into the Port Transport Industry, 1964-5; chairman, Press Council, 1964-9. Jack Jones, born 1913, worked in engineering and at Liverpool docks, 1927-39, was a Liverpool city councillor, 1936-9, fought with the International Brigades in the Spanish Civil War, was Coventry District Secretary, 1939-55, Midlands Regional Secretary, 1955-63, Executive Officer, 1963-9, and General Secretary, 1969-78, of the Transport & General Workers' Union. At a Ministry of Transport public inquiry at Leith in Jul. 1967, Mr C. Adshead, manager of the East of Scotland Dock Labour Board, said the new system arising from the Devlin Report would begin at Leith docks in Sep. and 'allowed for 500 dock workers in the port. The licensing authority [i.e., Leith Dock Commission] had agreed to 50 per cent going to Leslie & Saddler Ltd, and the other 50 per cent to Forth Stevedores (Leith) Ltd. The men normally employed by the five firms who had not been granted licences would be integrated into the two larger companies.' *Glasgow Herald*, 21 Jul. 1967; Wilson, op. cit., 12-13; *Voices from Work and Home*, op. cit., 515.

151. The scheme was begun in Jun. 1969. As early as 1930 the Transport & General Workers' Union nationally had proposed pensioning off all dockers aged 65 or over with 25s. a week. A pension scheme was introduced in 1960 by the National Joint Council; it was linked to the compulsory retirement of dockers aged 70 or over, a retirement age that was brought down by 1974 to 65. Wilson, op. cit, 87, 118, 120.

152. See above, p.6. Norman Fowler, born 1938, Conservative MP for Sutton Coldfield, from 1970; Secretary of State for Transport, 1979-81, for Social Services, 1981-7, and for Employment, 1987-90; chairman, Conservative Party, 1992-4.

153. Ernie Copeland appears to be a slip of the tongue for Ernie Ross, (born 1942), Labour MP for Dundee West since 1979.

154. The Forth Ports Authority had been established in 1967-8 to replace Leith Dock Commission, but was responsible not only for the ports of Leith and Granton but also those others in the Firth of Forth—Grangemouth, Burntisland, Kirkcaldy, and Methil. In 1992 Forth Ports Authority became Forth Ports PLC.

155. Christian Salvesen & Co. Ltd (originally founded in Leith in 1846 as Messrs Christian Salvesen & Co., but a limited company from 1960), which a few years before the 1914-18 War had founded Leith Harbour in South Georgia, almost 1,000 miles east of the Falklands Islands, 'had a strong sentimental attachment to whaling, which had been their livelihood for so many years. But they saw that the end of Atlantic fishing was in sight.... For Salvesen the timing of their withdrawal from whaling worked out well.' Wray Vamplew, *Salvesen of Leith* (Edinburgh, 1975), 153-4, 256-7; Leith Dock Commission, *The Port of Leith* (Edinburgh, 1962), 73.
156. Donkeyman—a seaman in charge of a donkey engine, a small steam engine, e.g., for feeding the boilers. *Shorter Oxford Dictionary*, op.cit., 595.
157. A 925-ton naval sloop, *Dolphin* had been built at Middlesbrough in 1882 and was berthed at the West Old Dock at Leith from 1925 as a merchant naval training ship. It had been the Leith Troop of Sea Scouts that had asked Leith Dock Commission's permission for the vessel to be placed there at a nominal annual charge. It was later rented by Leith Nautical College, whose staff helped train merchant navy recruits on the ship. *Leith Dock Commission Minutes*, 3 Apr., 13 Nov. 1925; *Edinburgh Evening News and Dispatch*, 4 Aug. 1965.
158. The first V2 rocket launched against Britain fell on Chiswick, south-west London, on 8 Sep. 1944, killing three people and injuring seventeen. Between then and 27 Mar. 1945 a total of 1,054 rockets fell on England (an average of about five a day), and of that total 517 hit London. More than 2,700 Londoners were killed in these attacks. *Oxford Companion to the Second World War* (Oxford, 1995), 1,252-3.
159. The '*Southern Venturer* was completed by the Furness Shipbuilding Co. [Haverton] in time to operate in 1945/6.... A sister ship, *Southern Harvester*, followed for the 1946/7 [whaling] season.' Vamplew, op. cit., 234.
160. In Sep. 1979 Christian Salvesen & Co. Ltd had signed an agreement with an Argentine businessman, Constantine Davidoff, under which he could dismantle and take away the buildings and equipment of three abandoned whaling stations in South Georgia—at Leith Harbour, Husvik and Stromness (which were all grouped together in Stromness Bay). Davidoff agreed to pay just over £100,000 and to remove the material before the end of Mar. 1982. Davidoff's civilian workers landed at Leith on 17 Mar. They also erected a flag pole and ran up on it an Argentine flag. This action set in train a series of escalating events that led to the outbreak a few days later of the Falklands War between Britain and Argentine. Martin Middlebrook, *The Fight for the Malvinas. The Argentine Forces in the Falklands War* (London, 1989), 7ff.
161. Tom Hart may be mistaken about Woolard's prowess: no Test cricketer of that name appears in the comprehensive list of them given in *The Wisden Book of Test Cricket* (London, 1995), Vol.II, 725-39.
162. After the outbreak of the Korean War in summer 1950, the period of National Service was increased from eighteen months to two years.
163. A government inquiry into harbours that was chaired by Lord Rochdale reported in 1962 recommending financial support for a scheme to transform Leith into a deep water port. The scheme, costing £7 million and completed in 1969, 'converted the entire harbour area into an enclosed basin eliminating four existing lock entrances. Behind a new sealing dam across the previous entrance the water level in the harbour may be held at one foot above high water and vessels entering and leaving the port pass through the new entrance lock capable of taking ships up to 30,000 tons.' *Scotsman*, 29 May 1969. In Sep. 1971 the Forth Ports Authority curtailed the 24-hour system at the entrance lock to the hours of 5 a.m. to 9 p.m., as 'the small number of

ships using the lock between 9 p.m. and 5 a.m. does not justify a 24-hour operation.' *Edinburgh Evening News*, 25 Aug. 1971.

164. Burlap—coarse canvas; dunnage—mats or light material.

165. The port officer or manager of the National Dock Labour Board.

166. Several Onion Johnnies who worked in Scotland, including Leith, have been interviewed by the Scottish Working People's History Trust and their recollections of their working lives will be published as a forthcoming volume of oral history.

167. See above, Note 58.

168. 'The catcher fleet was also remarkably free from casualties. The only real disaster was the loss of the *Simba*, which capsized when turning to chase a whale. Only one boy, who had been in the crow's nest at the time, survived.' Vamplew, op. cit., 240.

169. Stephen Gow, aged 22, of Edinburgh, a port operator grade I, was killed in an accident on 28 May 1991 at the Imperial Dock, Leith, during the unloading of huge metal pipes from the m.v. *Santa Helena*, which had arrived the previous day from Bremen. *Edinburgh Evening News*, 28 and 29 May 1991; and information from Lothian and Borders Police.

170. The Leith roperie at Leith Links was founded in 1750 to make ropes and sailcloth. The roperie was taken over in 1926 by British Ropes Ltd but was destroyed by a fire ten years later, at which time it employed 500 workers. The roperie was rebuilt but it was finally closed in Nov. 1960. Some 400 workers, more than half of them women, lost their jobs there. *Edinburgh Evening News*, 3 Nov. 1937; *Edinburgh Evening Dispatch*, 20 Jun. 1950; *Scotsman*, 21 Jun. 1950, 19 Nov. 1960.

171. See above, Note 66.

172. Opened in 1907 as a private fee-paying school in Afton House, Ferry Road, Holy Cross Academy was transferred to the control of Leith School Board under the Education (Scotland) Act, 1918. Building of a new and much larger school for primary and secondary pupils began in 1938 but was interrupted by the war and not completed until 1950. In 1954 it had 1,130 pupils. 'For almost seventy years Holy Cross Academy provided secondary education for Roman Catholic children from an area far beyond the bounds of Leith.' Marshall, op. cit., 111; *Minutes of Edinburgh Town Council*, 29 Oct. 1936, 2 Nov. 1939, and of its *Education Committee*, 16 Jan. 1950; *Leith Gazette*, 7 Sep. 1957; *Edinburgh Pictorial*, 23 Apr. 1954.

173. See above, Note 24.

174. The filling in of the Old West Dock began in the later 1960s, and of the Old East Dock afterward. See, e.g., *Scotsman*, 31 Jan. 1970.

175. See above, Note 157. The third old dock was the Victoria Dock. The *Dolphin* was moved from the Old West Dock to the Old East Dock in the late 1960s, but became redundant in 1977 when Leith Nautical College, 4,000 of whose students or cadets since 1944 had spent part of their merchant navy training aboard her, moved to a new site at Brunstane. That year the *Dolphin* 'made her last voyage to a breaker's yard at Bo'ness, where she is now being dismantled for scrap.' *Edinburgh Evening News*, 21 Mar. 1968, 12 Mar. 1969, 11 Oct. 1979.

176. See above, Note 141. Dan Burnside was not (Scottish) regional secretary of the Transport & General Workers' Union but its Docks Group regional secretary.

177. Apart from strikes by the then 1,000 Leith dockers for about a fortnight in Mar-Apr 1945 over wage deductions for breaks, and for three weeks in Oct.-Nov. 1945 in sympathy with action by dockers in England, there appear to have been few, if any, strikes at Leith docks between the end of the 1939-45 War and the sulphur strike in 1956. There was a five-day strike by the then 800 dockers in Mar. 1958 against the

refusal by the Dock Labour Board to allow some coal trimmers to join the general dock labour pool at Leith, and a five-hour strike in Jun. that year in solidarity with striking dockers in London and Plymouth. A strike in Dec. 1961 by over 500 dockers concerning discharge of a grain cargo at Leith lasted two and a half days. A brief strike took place in Jun. 1967 over a 'dirty' cargo, and a one-day strike in Nov. that year over several grievances at Leith, including the decasualisation scheme; and another one-day strike in Jun. 1968 over the refusal of the Dock Labour Board to reinstate a dismissed worker. A decade later, in May 1978, the docks were closed for three weeks by a strike of 150 lock gate, crane and elevator workers concerning productivity bonuses, and in Feb. 1983 by the same group of workers (dockers themselves were not involved) over dismissal of a workmate and suspension of another by the Forth Ports Authority. *Glasgow Herald*, 22 Mar., 2 Apr., 13 Oct., 6 Nov. 1945; *Leith Gazette*, 8 and 15 Mar., 14 Jun. 1958, 2 and 9 Dec. 1961; *Edinburgh Evening News and Dispatch*, 15 Jun. 1967; *Scotsman*, 3 Nov. 1967, 29 Jun. 1968, 19 May 1978; *Edinburgh Evening News*, 3 Nov. 1967, 29 Jun. 1968, 18 Feb. 1983.

178. Carlsberg Scottish Importers Ltd were at 1-2 Charlotte Street, Leith. *Edinburgh and Leith Post Office Directory*, 1951-2 (Edinburgh, 1951), 76.

179. Scottish Agricultural Industries' fertiliser works opened at Leith docks in 1958, and Fisons Fertilisers Ltd bulk storage and high-speed bagging plant five or six years later. Leith Dock Commission *The Port of Leith*, op.cit., 105; *Leith Gazette*, 22 Mar. 1958.

180. By 1971 2,000 Volkswagen cars were passing through Leith docks each year but by 1973 Leith lost that trade to Ramsgate and Grimsby, although a weekly roll-on roll-off service from Sweden was said to be bringing imported Volvo and Scania vehicles through Leith. After Rootes car factory opened at Linwood, Renfrewshire in 1963 and the British Motor Corporation factory at Bathgate, the export of Hillman Imps and other vehicles through Leith contributed to an increase there from 4,000 tons of 'motor vehicle' goods in 1962 to 6,500 tons in the first half of 1964—but by the summer of 1965 the Dock Commission was complaining of a distinct decline in exports of British cars from Leith. *Edinburgh Evening News and Dispatch*, 24 Jun. 1964, 7 Jul. 1965.

181. The Norwegian owned *Gullfoss*, which could take 218 passengers, was 'the largest passenger handling vessel' calling at Leith and had been doing so since 1950, but only once a fortnight. The P&O cruise ship *Uganda*, of 17,000 tons and with accommodation for 1,224 passengers, and its sister ship *Nevassa*, 21,000 tons, both sailed in and out of Leith for some time in the late 1960s and early 1970s, although in Sep. 1971 the *Uganda* was holed in the bows in a collision with a breakwater on entering the harbour, and 'her owners threatened never to bring her back to Leith again.' The German liner *Europa*, 21,514 tons, by 1969 'the largest passenger vessel ever to have entered the port', and the British India-owned *Renaissance*, 12,000 tons, were among other passenger ships bringing passengers into and out of Leith in those years. In 1977 fourteen passenger liners docked at Leith, compared with seven in 1975. *Leith Gazette*, 16 May 1953; *Edinburgh Evening News and Dispatch*, 7 Jun. 1967; *Scotsman*, 4 Jun. 1968, 15 Jul. 1969, 7 Jan. 1970, 6 Sep. 1971, 10 May 1972, 21 Jul. 1978; *Edinburgh Evening News*, 29 Apr. 1969, 10 May 1972, 21 Jul. 1978.

182. Alexander Cowan & Sons. Though based in Penicuik, the firm had an office at 19 Duke Street, Leith. *Edinburgh and Leith Post Office Directory, 1954-5* (Edinburgh, 1954), 997.

183. See above, p. 8.

184. Bonnyrigg is eight miles from Leith as the crow flies.
185. A drum—a billycan.
186. That is, an agreement with their employers obliged Leith dockers to give certain minimum notice and to fulfil certain other procedures before going on strike.

Index

66, 107, 199; first-aid team for, 205; first days at work by, 8, 9, 66, 104, 105, 106, 126, 127, 180; football team of, 37; formerly or later seamen, 77, 114, 135, 203; and freemasonry, 72, 135; and grain workers, 138, 212, 218; hatchmen, 29, 49, 110, 183; hour's notice for, 40; insistence on equality by, 169; and Joint Registration Committee, 141; 'Jubilee', 1935, 63; 'jug-filling' and, 10, 171, 192, 193, 204; lightermen, 215; and National Joint Council, 244; nicknames of, 12, 23, 42, 48, 71, 110, 114; numbers of, 13, 21, 28, 40, 63, 66, 105, 126, 130, 139, 141, 168, 178, 190, 225, 229, 231, 242, 244, 246, 247; pensions for, 12, 52, 144, 159; political affiliations and activity of, 72, 73, 74, 109, 136, 137, 195; pride in work of, 13, 83, 165; recruitment of, 6, 63, 66, 71, 72, 126, 132, 133, 143, 145, 157, 170, 177, 178, 194, 195, 205, 206, 229, 233; redundancy scheme and payments to, 52, 116, 140, 141, 142, 143, 144, 169, 204, 205, 244; registration of, 6, 63, 65, 66, 68, 77, 79, 114, 138, 168, 177, 178, 228, 229, 232, 243; relations of with seamen, 12, 28, 29, 78, 114, 135, 165, 187, 227; retirement age of, 2, 12, 48, 77, 80, 81, 82, 114, 115, 117, 126, 140, 169, 173, 244; retrospects by, 31, 52, 82, 116, 144, 169, 170, 205; safety men, 75; and sectarianism, 49, 50, 71, 72, 135, 136; sick benefit for, 80; spaling of, 218, 233; succeeded by port operators, 143, 246; tools of, 164, 165, 166, 189; training and school for, 203, 233; transfers of, 12, 68, 69, 80, 110, 111, 139, 140, 166, 200, 201, 202, 203, 232, 233, 238; unemployment among, 134, 229, 235; union of, 1, 3, 20, 23, 49, 51, 65, 104, 105, 133, 143, 169, in 1858, 7, activity in, 8, 30, 31, 50, 194, and Appeals Committee, 74, chairman of, 137, 143, 144, 184, 193, 195, 241, and closed shop, 8, 40, 43, 63, 121, 137, 144, 166, 194, committee of, 43, 50, 74, 111, 137, 139, 194, and daily selections for work, 9, 128, 243, delegate of, 31, 110, 137, 231, discipline by, 30, 31, 137, 138, dues payable to, 77, 108, 109, 137, 138, 194, entry to, 20, 21, 30, 40, 43, 44, 63, 66, 72, 111, 117, 137, and Local Joint Council, 74, 142, 169, 194, meetings of, 20, 72, 73, 195, minute secretary of, 59, and National Port Shop Stewards Committee, 169, office of, 187, 188, and payroll facilities, 138, and political affiliations and issues, 74, 136, 137, 195, 196, registration committee, 6, 74, 132, rules

of, 43, 232, safety sub-committee, 131, secretary of, 30, 68, 109, shop stewards in, 139, 162, 163, 166, 169, two Leith branches of, 138, see also Dock and Harbour Labourers' Union, Dock Labourers, National Union of, Transport & General Workers' Union, Leith 7/45 branch; variety of work of, 13, 21, 24, 44, 67, 83, 107, 158, 182, 189; victimisation of, 143, 218; wartime, 1939-45, 1, 6, 73, 77, 84, 104, 108, 109; weekly men, 20, 28, 31, 43, 66, 115, 129, 179, 190, 193, 194, 203, 214, 216, 229; weighers, 190; winchmen, 76, 135; work in pairs by, 67, 77, 188, 199; years of work by, 1, 2, 3, 5, 6, 8, 15, 20, 31, 52, 82, 108, 109, 116, 142, 144, 169, 206; see also accidents and injuries; blacklegs; cargoes; General Strike, 1926; hours of labour; metters; Porters; shipping and stevedoring companies; strikes and lock-outs; wages

Dock and Harbour Labourers' Union, Leith, (1866), 7, 207-11

Dock Labour Board, National, 47, 128, 140, 141, 163, 166, 168, 169, 177, 178, 179, 189, 197-8, 199, 200, 202, 203, 232, 233, 246, 247; East of Scotland, 163, 233, 244; port manager of, 163, 189, 197, 198, 201, 246

Dock Labour Scheme, National, 1947, 6, 79, 110, 133, 232, 233; abolition of, 1989, 13, 80, 141, 142, 143, 144, 168, 204-5, 206; and 'duck eggs', 133, 134, 162, 163, 179, 198

Dock Labourers, National Union of, 7, 8, 212, 218, 220, 227, 244; branches of, Belfast, 211, Dundee, 211, Glasgow, 211, 228, 243, Greenock, 211, Leith, 7, 211- 23, 227, 238, 244; general secretary of, 211, 222, 227; organisers of, 213, 214, 217, 218, 220, 223, 227

Dock Labourers, Scottish Union of, 228, 243

Dock, Wharf, Riverside and General Labourers'/Workers' Union, 139, 226, 238, 243, 244

Donald, Mr, London, 213

Donaldson, Jackie, 109

Donaldson, Mr, a foreman, 22

Dornan, Hibs footballer, 17

Douglas, Fred, 73, 77, 237

Drummond, Honest John, 48, 134

drunkenness, 10, 20, 84, 110, 145, 150, 151, 171, 192

Drysdale, Mr, a docker, 71

'duck eggs', see Dock Labour Scheme, National

Dumfries, 82

Dumfriesshire Dairy Co., 92

Hawthorn & Co. Ltd, *see* Leith, places in, shipyards
Hebrides, 13
Henderson, Mr, a lumper, 210
Henty, George Alfred, 90, 239
Hermand & Co., 54
Hibernian FC, 17, 103, 228, 241
Highlands, 13, 70
Hillman, 186
Hitler, Adolf, 63
holidays, 70, 79, 80, 108, 121, 122, 161, 174; *see also* school
Holland, 64, 125, 129, 130
Holt, William, 18, 19
Horne, George, 240
Horner, E., 217
hours of labour: accountant's office, 59; bakers' van boy, 93; barber, 39, apprentice, 37, 38; bargemen, 42; biscuit factory, 151; blacklegs, 220; checker, haulage, 103; children's, 4, 18, 91, 92; cold store, 101, 102; dockers', 9, 20, 21, 22, 30, 40, 41, 65, 68, 79, 82, 105, 127, 134, 140, 158, 182, 187, 191, 196, 197, 199, 200, 201, 202, 208, in 1866, 211, in 1889, 212, in 1913, 219, in 1920, 226, Glasgow, 110; docks training instructor, 203; fruit merchant, 19; glassware merchants, 151; and meal or tea breaks, 37, 38, 47; milk delivery, 91, 92; Mondays, 22; overtime, 30, 60, 65, 68, 82, 102, 134, 182; part-time, 205; in plywood firm, 103; pork butchers, 149; Porters, United Society of, 82; printing, 121; radio factory, 176; seamen, 213; shifts, night, 182, 191, 196, 8-hour, 101, 12-hour, 154; Sundays, 79, 105, 187, 188; van driver, 205; warehousemen, 62, 95, message boy, 60; per week, seven days, 4, 18, 92, six days, 37, 91, 93, three days, 20, 69 hours, 37; weekends, 191; whaling factory ship, 153, 154
housing, 3, 4; backgreen, 119; and bathing, 4, 16, 17, 35, 40, 55, 88, 118, 119, 146, 147, 196; bombed, 69, 236; box-room in, 55; buying of, 169; cockroaches in, 87; cooking facilities in, 16, 34, 55, 146; council, 39, 118, 120, 147; demolished, 15, 84, 87, 228, 239; for foremen, 4, 55; improved, 39, 40; kitchen in, 55; lighting, gas, 16, 34, 55, 87, 88, electric, 40; lodging house, 133; lodgings, 235; miners' 84; Onion Johnnies and, 165; overcrowded, 4; prefab, 70; rents, 208, 226; room and kitchen, 4, 16, 34, 87, 118, 146; shared, 174; of shipowners, 227; sleeping arrangements in, 4, 16, 34, 55, 87, 88, 118, 146; slum, 4; sub-let, 196; tenement, 4, 16, 54, 55, 87, 118, 146, 173; three-roomed,

88, 173, 227; two-roomed, 34, 55, 227; toilets, 4, 16, 34, 55, 87, 88, 118, 146, 147, 173; water supply for, 4, 16, 34, 55, 146
Hoy, James, MP, 137, 243
Hubbelrath, 125
'Huddie Box', a docker, 23, 26
Hudson Bay Co., 239
Hull, 113; docks, 110, 141
Hume, Hughie, 41
Hunter, John, 211
Hunter & Foulis, 176
Husvik, 245
Hutton, Jack, 53

Iceland, 186
illness, disease and disablement, 3, 107, 227; alcoholism, 164; arthritis, 165; artificial hand, 32, 37; back troubles, 165; breathing problems, 11, 25; catarrh, 176; claustrophobia, 39; contagious, 209; dermatitis, 11, 159; headaches, 176; heart attack, 48, 194; loss of an eye, 12, 32, 110, 160, of sight in one eye, 5, 175, of a limb, 102; pneumonia, 86; scarlet fever, 87; tuberculosis, 4, 32, 34, 87, 96, 97, 103, 107, 108, 239, 240; venereal, 47; war wounds, 32; *see also* accidents and injuries
Inch, Bob, 51, 52
Inchkeith, 49
Independent Labour Party, 72, 73, 74, 98, 227, 237
India, 45, 46
Indians, Canadian, 239
Industrial Workers of the World, 227
Innerleithen, 80
International Brigades, 244
International Labour Organisation, 244
International Socialist Labour Party, British Section, 240
Inverclyde, Lord, 114, 241
Iona Community, 120
Ireland, 145, 146, 172, 173, 174, 233
Irish, 72, 100, 145, 146, 172, 173, 174
Irvine, Andy, 29
Israel, 185
Italy, 27

Jamieson, George, 61
Jamieson, Mrs, ('Granny'), 58, 61
Jews, 121
Jones, Bob, ('Stamp on the Bacon'), 42
Jones, Jack, 139, 243, 244
Jones, John Paul, 239
'jug-filling', *see* dockers

David Chisholm Stevedore